조선의 직사, 사암 박순

조선의 직사, 사암 박순

黃 義 東 지음

개미

사암 박순(思菴 朴淳, 1523~1589)은 16세기 사화시대의 대표적인 유학자이다. 그는 평생을 거의 관직에 종사한 관료학자이다. 32년간 공직에 머물렀고 15년 동안 재상으로 국정의 중심에서 나라와 백성을 위해 봉사했다.

그는 인품이 매우 훌륭하고 불의의 사화시대를 살면서도 올곧게 살아 다양한 표현으로 칭송을 받는다. 그에게 붙여진 별명을 보면 '세도재상(世道宰相)', '강정(剛正)한 직사(直士)', '사림(士林)의 영수(領袖)', '선류(善類)의 종주(宗主)', '일대(一代)의 고사(高士)' 등으로 칭송된다. 이 가운데 어느 하나에 해당되어도 영광스러울 텐데, 박순은 많은 사람들이 그리고 역사에서 그렇게 일컫고 칭송한다.

그는 기묘명현(己卯名賢)의 한 분인 눌재 박상(訥齋 朴祥)의 조카로 전남 나주에서 태어났다. 그리고 같은 동향의 기묘명현 복재 기준(服齋 奇遵)은 또 하나의 정신적 지주였다. 이러한 도학의 유풍(遺風)을 듣고 보며 그는 생장했다. 일찍이 학문에도 부지런하여 당대의 처사(處士) 화담 서경덕(花潭 徐敬德)의 문하에서 수업했는데 문하의 적자(嫡子)로 평가받는다.

　박순이 관직생활을 했던 시기는 명종, 선조 연간으로 마지막 을사사화의 시대였다. 윤원형(尹元衡), 이기(李芑), 이양(李樑) 등 권간(權奸)들의 전횡이 심각했던 상황에서 그는 윤원형 등 권간들을 조정에서 축출하고, 그 자리에 율곡 이이(栗谷 李珥), 우계 성혼(牛溪 成渾) 같은 선류(善類)들을 초치하여 사림정치의 기틀을 세웠다. 그가 권간들을 준엄하게 꾸짖고 권좌에서 내쫓은 것은 올곧고 용기 있는 직사(直士)였기 때문이며, 뭇 사림들의 중심에서 세도(世道)의 구현에 앞장섰던 사림의 영수였기에 가능했다.

　박순은 당쟁의 와중에서도 공정한 처사를 위해 노력했지만, 율곡, 우계와 함께 소위 한 당이 되고 말았다. 박순은 평생 관직생활을 했기 때문에 강학활동도 하기 어려웠고 제자 양성도 할 수 없었다. 그리고 체계적인 학문연구도 어려웠을 것이다. 무엇보다 박순에게는 아들이 없었고, 또 문인이 없어 그의 학문적 자취가 제대로 전해지지 못한 아쉬움이 많다. 더욱이 그가 죽은 후 3년 만에 닥친 임진왜란으로 그가 쓴 글들이 온전하게 보존되지 못했다. 이에 그의 학문적 자취를 아는 데는 한계가 있다. 젊은 시절 그가 율곡과 나눈 세 편의 편지 속에 성리학에서의 극본궁원(極本窮源)에 대한 견해가 단편적으로 보인다. 매우 소중한 자료다. 그의 우주 자연에 대한 이해, 이 세계의 궁극적 근원에 대한 형이상학적 사유가 잘 나타나 있다. 물론 이것은 화담의 기학(氣學)에 기초한 세계이해라고 할 수 있다. 그는 또 예학(禮學)에도 조예가 깊어 왕실의 전례(典禮)에 대해 자신의 예설을 주장하여 관철하는 것을 볼 수 있다. 또한 경세에 관한 탁월한 견해도 엿볼 수 있다.

　뿐만 아니라 박순은 문학에도 조예가 깊어 많은 시문을 남기었으며, 특히 당시 조선의 문예사조가 송시풍(宋詩風)이었는데, 이를 당시풍(唐詩風)으로 변화시키는데 크게 기여하였다. 그러므로 박순은 이른바 삼당시인(三唐詩人)으로 추앙받는 최경창(崔慶昌: 1539~1583), 백광훈(白光勳: 1537~1582), 이달(李達)에게 영향을 미친 것으로 평가받는다.

요컨대 박순은 중부(仲父) 박상(朴祥)의 도학정신을 배우고 자랐다. 또 화담의 문하에서 기학(氣學)을 배우고, 한편 퇴계를 매우 존숭하면서 후배인 율곡, 우계와 함께 도학의 길, 세도(世道)의 길을 묵묵히 걸었다 할 수 있다. 유학이 수기(修己)와 치인(治人), 내성(內聖)과 외왕(外王)을 본질로 한다고 볼 때, 박순이야말로 이에 가장 충실했던 진유(眞儒)요 도학지사(道學之士)였다 할 것이다.

그럼에도 불구하고 박순은 일반 대중에게 생소한 이름이다. 그에 관한 연구도 매우 미흡하다. 이에 '장애인식개선오늘' 박재홍 대표와 박지영 사무국장의 제안으로 감히 이 책을 쓰게 되었다. 사암 박순 선생을 공부하고 또 미흡하나마 책으로 엮어 발간하게 된 것을 매우 기쁘게 생각한다. 강의와 연구에 분주한데도 불구하고 성심껏 자료를 제공해 준 황수영 박사에게 감사한다. 모쪼록 이 책이 사암 박순 선생을 이해하는 데 좋은 길잡이가 되고, 나아가 전통문화의 이해, 한국사상의 이해에 유익한 자료가 되기를 기대한다.

2025년 12월 5일
聖東山 台巖道莊에서, 황의동 드림

제1장

도학(道學)의 가풍(家風)에서 자라다

사암 박순(1523, 중종 18~ 1589, 선조 22)은 16세기 조선의 대표적인 유학자로서 거의 평생을 나라와 백성을 위해 봉직했던 대표적인 관료 학자였으며, 또 많은 시작(詩作)을 통해 문인으로서도 높이 평가받는다. 그럼에도 불구하고 그는 세상에 잘 알려지지 아니한 미지의 인물이다.

그의 자는 화숙(和叔)이고, 호는 젊어서는 청하자(靑霞子)라고 했으나 뒤에 사암(思菴)이라 스스로 불렀다. 그의 호를 '사암'이라 한 연유는 우암 송시열(尤庵 宋時烈)이 쓴 「사암박공신도비명병서(思庵朴公神道碑銘幷書)」에 잘 나타나 있다. 송시열은 여기에서 "은산공(殷山公)이 회덕(懷德) 선암천(船巖川) 서록(西麓)에 묻혔는데, 공이 일찍이 그 앞에 집을 짓고, 그 이름을 '영사암(永思庵)'이라 하여 학자들이 '사암 선생'이라 불렀다"고 적고 있다. 여기에서 은산공은 박순의 증조부인 박소(朴蘇)를 말하는데, 그의 묘소(대전 유성구 도룡동 우성이산 북쪽 배나골)[1] 앞에 집을 짓고, 1549년 겨울 부

---

1 최근묵, 「사암 박순의 역사적 위상」 『한국사상과 문화』, 제28집, 한국사상문화학회, 2005, 130쪽.

친상을 당해 3년 상의 여묘(廬墓)를 마치고 집에 돌아와 책을 들고 산으로 가 한 해가 넘도록 공부하고 돌아왔다고 한다.[2]

박순은 본관이 충주인데 선대의 족보는 실전(失傳)되어 알아볼 수 없다. 족보에 올릴 수 있는 이는 부정(副正) 박영(朴英)부터 시작하는데, 박순에게는 11대조가 된다. 이후 대대로 인물이 나왔으며 첨의평리(僉議評理) 박득승(朴得升)과 지도첨의사사(知都僉議司事) 박세량(朴世梁)이 유명하였다. 박세량의 아들이 박광리(朴光理)인데, 여말에 벼슬하여 민도의랑(民都議郎)의 벼슬을 지냈고 사복시정(司僕寺正)을 추증하였으니, 이가 박순의 고조가 된다.

박광리는 두 아들을 두었는데 참의공(參議公) 박진(朴蓁)과 증판서공(贈判書公) 박소(朴蘇)이다. 박순의 증조인 박소의 묘소가 대전 회덕의 정민역(貞民驛)에 있었고, 충주 박씨의 선대는 일찍이 대전을 비롯한 호서지역에 세거하다가 박순의 조부인 찬성공(贊成公) 박지흥(朴智興)이 부인 서씨(徐氏)의 고향을 따라 호남의 광주(光州)로 옮겨 세거하게 되었던 것이다. 박지흥은 박정(朴禎), 박상(朴祥), 박우(朴祐) 3형제를 두었는데, 큰 아들 박정은 일찍 세상을 떠났고, 박상, 박우 대에 나주(羅州)로 옮겨 살게 되었는데, 이것도 박우의 부인 김씨(金氏)의 고향이 나주였기 때문이었다.

朴蓁

朴世梁-朴光理--朴禎

朴蘇--朴智興--朴祥(訥齋)

朴祐(六峰)--朴淳(思庵)

　　박순은 1523년(癸未, 중종 18년) 10월 모일 전남 나주에서 아버지 박우와 어머니 당악 김씨(棠岳 金氏)의 장남으로 태어났다. 중부 눌재 박상(訥齋 朴祥: 1474~1530)은 기묘명현(己卯名賢)으로 조광조(趙光祖)와 더불어 지치(至治)의 실현에 앞장섰는데 도학적 측면에서 그의 정신적 지주가 되었다.

　　그의 아버지 의정공(議政公) 박우(朴祐: 1476~1547)는 호가 육봉(六峰)인데 1507년(중종 2) 사마시(司馬試)에 장원을 하여 진사가 되었고, 1510년 식년문과(式年文科)에 병과(丙科)로 급제, 예문관(藝文館)에 등용된 후 전적(典籍), 우승지(右承旨)를 지냈다. 이때 김안로(金安老)가 권세를 부리자 자청하여 남원부사(南原府使)로 나갔고, 뒤에 도승지(都承旨)로 있을 때 탄핵을 받고 공주목사(公州牧使)로 좌천되었다가 이어 파면되었다. 그 뒤 다시 기용되어 해주목사(海州牧使), 대사성(大司成)을 거쳐 병조(兵曹), 이조(吏曹)의 참의(參議), 한성부 우윤(漢城府 右尹), 개성부 유수(開城府 留守) 등을 지냈다. 인종 때 한성부 좌윤(漢城府 左尹) 겸 동지춘추관사(同知春秋館事)가 되고, 명종 때 전주 부윤(全州 府尹), 동지중추부사(同知中樞府事) 등을 역임하였다.[3] 이로 미루어 볼 때 아버지 박우도 박상 못지않게 의분(義憤)에 차 있었고 도학적 가풍을 이루고 있는 것으로 보인다.

　　문장과 행실로 이름이 나, 이들 형제를 세상에서는 미산 이소(眉山 二蘇)[4]로 일컬었다.[5] 박우의 행실과 업적은 석천 임억령(石川 林

3　이희승 등 편집, 『한국인명대사전』, 신구문화사, 1992, 287쪽.

4　송대의 문인 소식(蘇軾)과 소철(蘇轍)을 말함.

5　李選 撰, 「行狀」.

億齡)이 지은 비문에 잘 나타나 있다.[6] 어머니 당악 김씨는 생원 효정(孝禎)의 딸이고 현감 종(琮)의 손녀이다.

「행장」에 의하면, 박순은 태어나면서부터 남다른 자질이 있었고, 6살 때에는 어머니 김부인이 죽자 광주의 서모 집에 가서 의탁하였는데, 이때 여러 아이들과 놀이를 하게 되면 으레 읍양(揖讓) 진퇴(進退)하는 절차를 하고는 했다 한다. 이를 통해서 그가 어려서부터 예의범절에 투철했음을 알 수 있다. 8살 때에는 입을 열어 사물을 읊조렸는데 글을 불러대면 사람들을 놀라게 하여, 이웃에 아이들을 가르치는 자가 있었는데 도리어 가르치지를 않고 "내가 감히 그의 선생 노릇을 하겠는가?"하고 말하였다 한다.

아버지 의정공은 기묘사화를 겪고부터는 늘 시국을 개탄하여 오직 매일같이 술만 마시고 아무 일도 하지 않았다. 어느 날 술김에 음주시(飮酒詩)를 지으라고 명하자, 어린 박순은 '네' 하고 대답하고 글을 지었는데, 의정공은 혀를 내젓고 "늙은이의 무릎을 꿇어야 하겠구나" 라고 말했다 한다.[7] 이와 같이 「행장」이 전하는 그의 어린 시절은 매우 총명하고 예의가 반듯했음을 알 수 있다.

1547년(명종 2) 박순 25살 때 아버지 의정공이 세상을 떠났다. 그는 항상 어려서 어머니를 잃은 것을 슬퍼하여 제사를 지낼 때마다 슬피 울어 옷소매를 적셔, 보는 사람들이 감동하곤 하였었다. 아버지의 상을 당해 또 큰 상처를 입게 되어, 물이 입에 들어가지 않는 것이 사흘이나 계속되었고, 소상이 지나고서도 그대로 죽을 먹었으며, 3년이 다하도록 책을 치워버리고 감히 읽지를 않았다. 사람들은 그의 웃는 얼굴을 못 보았으며, 제물은 반드시 친히 마련하

---

6 李選 撰, 「行狀」.
7 李選 撰, 「行狀」.

였고, 묘막(墓幕) 아래에서 굶어 죽는가 의심할 정도여서 지팡이를 짚고서야 일어섰다.[8] 이를 통해서 볼 때 박순의 부모에 대한 지극한 효성을 볼 수 있다.

1549년(명종 4) 그가 27살 때 그해 겨울 상을 마치고 집으로 돌아왔고, 월여(月餘) 후에 곧 책을 가지고 산으로 들어가 공부하였는데 한 해가 넘도록 하고 나서 돌아왔다고 한다.[9] 그런데 이때 박순이 공부한 곳이 대전 유성에 있는 그의 증조부 박소의 묘소 앞에 지은 서실이라는 것이다. 그리고 이 서실의 이름을 '사암(思庵)'이라 이름하고 스스로 호를 삼았다고 한다.[10]

중봉 조헌(重峰 趙憲: 1544~1592)은 「병술봉사(丙戌封事)」에서 박순이 기대항(奇大恒: 1519~1564), 이탁(李鐸: 1508~1576)과 함께 도학의 가풍을 계승하여 사화시대의 격랑에서 올곧은 처신과 용기 있는 행동으로 사림정치의 기틀을 마련했다고 다음과 같이 말한다.

임백령(林百齡)에게 악시(惡諡)를 주는 일은 유림을 거의 멸망시킬 만큼 참벌(斬伐)하는 위세와 기상이 엄청났었기에, 중학(中學)의 선비들이 모두 모였을 때 온 좌석이 겁이 나 오그라들어 감히 붓을 잡지 못했습니다. 기대항, 이탁, 박순은 목숨을 홍모(鴻毛)같이 가볍게 보고, 오직 국가를 편안하게 하고 사직(社稷)을 안정시키는 것만을 일삼아, 글을 올리고 구름을 헤쳐 죽기를 겁내지 않았습니다.

대항은 그의 아비 준(遵)의 비명을 슬퍼한 것이었고, 박순인 즉은 부

---

8 李選 撰, 「行狀」.
9 李選 撰, 「行狀」.
10 『思庵集』, 卷5, 「神道碑銘幷書, 宋時烈」, "殷山公葬在懷德船巖川西麓 公嘗築室其前 名曰思庵 故學者稱爲思庵先生."

형과 사우(師友)가 다 친히 사화를 당한 자들이었기 때문에, 본래부터 분개하여 간악한 자들을 제거하기에 힘을 다한 것이니, 그가 어찌 심의겸(沈義謙)에게 의탁하려고 한 것이겠습니까? 순(淳)의 숙부 상(祥)은 선인(善人)을 힘써 보호하고 종신토록 배척을 받았으며, 그의 사우(師友)인 서경덕, 임억령, 정지운(鄭之雲)은 다 활에 다친 새가 굽은 나무를 보고도 피할 줄 알았던 격의 사람들이었습니다. 강직한 기질은 일찍부터 가풍으로 전해졌고 강개(慷慨)에 찬 뜻은 확립된 지 이미 오래입니다.[11]

그런데 박순의 유년기는 물론 평생 그의 삶과 학문에 지표가 된 것은 중부 박상과 같은 광주 출신으로 기묘명현의 한 분이었던 복재 기준(服齋 奇遵)이었다. 사화시대의 불의에 맞서 정의를 구현하고자 앞장섰던 도학정신은 그의 학문적 기준이 되었고, 이러한 도학정신은 박순, 송시열에 의해 세도(世道)정신으로 이어졌던 것이다.

---

11 『重峰集』, 卷5, 「辨師誣兼論學政疏(丙戌 十月)」.

제2장

화담 서경덕(花潭 徐敬德) 문하의 적자(嫡子)

　박순이 본격적으로 학문에 접하게 된 것은 18세 무렵 화담 서경덕의 문하에 들어가 공부한 것이 계기가 된 것으로 보인다. 당시 조선의 학문은 성리학이 중심이었다고 볼 때 그도 화담을 통해 성리학적 교양을 닦았다.

　화담 서경덕(花潭 徐敬德: 1489~1546)은 16세기 성리학 전성기의 대표적인 유학자이다. 여말 원나라에서 들어 온 성리학은 조선의 정치이념이 된 후 본격적으로 계발되었다. 회재 이언적(晦齋 李彦迪: 1491~1553)은 리(理)를 중시하는 입장에서 리의 선천성을 강조했다면, 이와는 대조적으로 기(氣)를 중시하는 입장에서 기를 통한 세계의 이해, 사물의 이해를 추구한 대표적인 학자가 서경덕이다. 물론 이것은 송대 장횡거(張橫渠) 기(氣) 철학의 전통을 계승한 것으로 매우 독특한 것이었다. 더구나 당시 조선은 리를 강조하는 주리론(主理論) 성리학이 대세를 이루고 있는 상황에서 개경의 서경덕이 주기학(主氣)의 깃발을 든 것은 매우 이채로운 일이고 조선 성리학의 단조로움을 해소하는데 크게 기여하였다.

　화담은 평생 벼슬길에 나아가지 않고 재야에서 학문연구에 전념

했던 순정(醇正)한 유학자였다. 특히 그의 철학적 관심은 '자연(自然)'에 있었다. 그는 이 세계와 사물을 기(氣)로 설명한다. 기가 모이고 흩어지고 기가 열리고 닫히고 기가 움직이고 고요함에 따라 만물이 생겨나고 없어진다고 보았다. 화담에 있어서 기는 일체 존재를 있게 하는 가장 근원적인 실재이다. 기의 본체는 맑고 텅 비어 있으며 고요하다고 하여 담일청허(湛一淸虛), 담연청허(湛然淸虛)라고 설명한다. 즉 기는 소리도 없어 들을 수 없고 냄새도 없어 맡을 수도 없는 감각적 경험을 초월한 것으로 맑고 텅 비어있다는 것이다. 그리고 기는 시간적으로 시작도 없고 끝도 없어 영원한 것이다. 기의 본체는 모였다 흩어졌다 할 뿐 그 자체의 있고 없음은 없다. 한 포기의 풀, 한 그루의 나무 같은 미미한 것일지라도 그 기는 끝내 흩어지지 않으니, 사람의 정신이나 지각같이 크고 또 오래 걸려 뭉쳐진 것은 더 말할 필요가 없다. 비록 한 조각 촛불의 기일지라도 촛불 자체가 눈앞에서 사라져 버림은 볼 수 있지만, 그 남은 촛불의 기는 끝내 흩어지지 아니하니, 어찌 다 없어졌다고 말할 수 있느냐 하였다.[1]

그러면 만물은 어떻게 생성되는가? 화담은 기의 본체를 태허(太虛)라 하고 이것이 운동 변화하면서 만물이 생성된다고 설명한다. 이때 기가 아직 운동 변화하지 아니한 고요한 상태를 선천(先天)이라 하고, 기가 열렸다 닫혔다 움직였다 고요했다 오르고 내려 만물이 생성 변화하는 때를 후천(後天)이라 하였다. 화담도 기와 함께 리(理)를 말하는데, 그 리는 기가 능히 열리고 닫히고 움직이고 고요하고 능히 낳고 극복하는 까닭의 근원을 이름하여 태극(太極)이

---

1 『花潭集』, 卷2, 「原理氣」.

라 한다 하였다.[2] 화담에 있어서의 리는 기의 올바른 운동 변화를 갖게 하는 내재적인 질서요 조리다. 따라서 화담의 리는 성리학 일반에서 말하는 형이상자로서의 리와 형이하자로서의 기, 이런 차원에서의 리가 아니다. 다만 기 속에 잠재해 있는 기 운동의 내재적인 질서로 매우 약화된 의미의 개념이다.

이러한 화담의 철학은 대부분의 많은 유학자들이 인간의 윤리도덕이나 민생, 부국강병을 말하는 것과는 구별되는 독특한 경향이었다. 물론 화담에게도 예설(禮說)이 보이기도 하고 수양론이 보이기도 하지만 화담의 저술 속에서 보면 자연이나 사물에 대한 관심, 그리고 존재 문제에 대한 관심이 대부분이다. 그리고 이 자연과 인간 그리고 사물 등 만물을 기로써 설명하는데 특징이 있다. 이러한 화담의 기학풍(氣學風)은 그대로 박순에게도 영향을 미쳐 율곡과의 우주 자연의 궁극적 근원에 대한 담론에서 이러한 특징을 잘 보여 주고 있다.

박순은 이러한 화담의 학풍을 이어받았고, 그것은 뒤에서 소개할 율곡과의 논변인 그의 극본궁원론(極本窮源論)[3]에 잘 나타나 있다. 그의 「행장」과 「시장(諡狀)」에는 서경덕의 문하에 입문하게 된 사연을 다음과 같이 기록하고 있다.

> 18세에 진사에 합격하여 명성이 대단하여졌다. 그러나 즐거워하는 것은 거기에 있지 않아서 서화담(徐花潭) 한테 가서 수업하는데 화담이 대단히 칭찬하였다.[4]

---

2 『花潭集』 卷2, 「原理氣」.

3 極本窮源論이란 우주 자연의 존재 이해에서 궁극적 근원에 대한 탐구를 의미한다. 특히 박순과 율곡이 편지 왕래를 통해 토론한 내용이 바로 이 극본궁원론이다.

4 李選 撰, 「行狀」.

공은 일찍부터 학문하는 방법을 알아 화담선생으로부터 수업하여 성리의 설을 들을 수 있었다. 더욱이 역경(易經)을 깊이 연구하여 명철(明哲)한 나머지 토구(討究)함이 정세심오(精細深奧)해서 투철하게 깨달아 스스로 터득한 힘이 더욱 많았다.[5]

박순이 화담 문하에 들어가게 된 과정이나 수업의 구체적 내용은 전해지는 바가 없다. 「행장」이나 「시장」을 통해 그가 18세 무렵 화담의 문하에 출입을 해 성리학을 공부했고, 『주역』 공부를 깊이 하고 투철하게 깨달아 성리의 이해에 출중했다고 전한다. 『실록』에서는 이에 관한 기사를 다음과 같이 전해주고 있다.

처음에 서경덕을 따라 배우던 자가 매우 많았으나 서경덕이 죽자 모두 들 배반하고 떠났는데, 오직 허엽(許曄)과 박순(朴淳)만이 변치 않았다. 그래서 지금까지도 화담의 제자를 말 할 때에는 이 두 사람으로 으뜸을 삼는다. 그러나 박순은 타고난 자질이 청제(淸濟)하고 절조(節操)가 강경(剛勁)하여 허엽이 미칠 바가 아니었다. 허엽은 비록 힘써 학문을 하였으나 기절(氣節)이 전혀 없었고 성품도 집요하였다. 이황(李滉)이 여러 번 그의 잘못을 지적했으나 끝내 고치지 않았다.[6]

이와 같이 처음에는 화담의 문인들이 많았으나 화담 사후 모두 떠나버리고 남은 사람은 박순과 허엽뿐이었다는 것이다. 그래서 사람들은 화담의 제자를 말할 때에는 이 두 사람을 으뜸으로 삼는다 하였다. 특히 박순은 타고난 자질이 깨끗하고 절조가 굳세어 허엽

---

5 李恒福 撰, 「諡狀」.
6 『명종실록』, 28권, 명종 17년 1월 25일 조.

과는 비교가 되지 않는다 하였다. 이렇게 볼 때, 박순은 학문적으로 스승인 화담의 깊은 학문과 고결한 인품을 이어받았고, 많은 제자 중에서도 스승에 대한 변함없는 의리를 지킨 화담 문하의 적자였다고 할 수 있다.

그러므로 박순은 스승 화담의 현창에도 남다른 관심과 노력을 기울였다. 1575년(선조 8) 여름 화담의 증직(贈職)을 올려주기를 청해 우의정(右議政)으로 추증(追贈)하도록 허락을 받았고, 뒤에는 '문강(文康)'이라는 시호(諡號)를 받았다. 또 숭양(嵩陽)서원을 송도에 세워 포은 정문충공(圃隱 鄭文忠公)을 제사하고 화담을 배향하기를 제청하였다.[7]

화담의 문인으로는 민순(閔純), 이지함(李之菡), 박지화(朴枝華), 종성령(鐘城令), 박민헌(朴民獻), 남언경(南彦經), 정지연(鄭芝衍), 박순(朴淳), 허엽(許曄), 정개청(鄭介淸), 홍인우(洪仁佑), 서기(徐起) 등이 있다.[8] 화담을 비롯해 그의 문인인 이지함, 서기 등이 재야의 고고한 처사로 보낸 것과는 달리, 박순은 거의 평생을 관료학자로 생애를 보낸 것은 그들과 다른 점이라 하겠다.

또한 화담학파가 대부분 동인으로 활동했으나, 박순은 율곡 이이, 우계 성혼, 송강 정철 등 서인 계열의 학자들과 교분이 두터웠다는 점에서 특징적이고, 박순은 기호 사림을 키우는데 큰 역할을 하여 당시 사림의 종장(宗匠)으로 추앙받았지만 사실은 기호 사림의 종장으로 우뚝 섰던 것이다.

---

7 李選 撰, 「行狀」.
8 김병호 편, 『儒敎淵源錄』, 역경연구원, 단기 4313년.

제3장

32년의 공직, 13년 '세도재상(世道宰相)'의 길

　박순은 독단적인 외척정치를 척결하고 사림의 공론에 따라 운영
되는 사림정치와 조화적 붕당정치를 추구한 세도재상(世道宰相)이
었다.[1] 그는 16세기 명종, 선조 대에 걸쳐 32년간 공직생활을 하였
고, 그 가운데 13년 동안 재상으로 국정에 참여했으며, 또 영의정
으로 6년간 봉직을 했다. 박순의 관직생활에 대한 햇수는 자료마다
달라 다소 혼동을 주고 있다.[2] 필자는 『실록』과 「행장」, 「시장」을 참
고하여 그의 관직생활을 검토해 보았다. 박순은 1553년(명종 8) 정
시에 장원급제하여 그해 8월 26일 성균관 전적에 임명된 것이 그
의 관직생활의 시작이다. 그리하여 1585년(선조 18) 여름 스스로
사퇴하여 체직되고, 영중추부사까지 해임되어 용호에 은퇴하게 되
니, 이로써 32년간에 걸친 그의 관직생활이 끝나게 된다. 또한 재상

1　한기범, 「사암 박순의 관료활동과 경세관」, 『한국사상과 문화』, 제34집, 한국사상문화학회, 2006.

2　사암의 관직생활에 대한 햇수는 문헌마다 달라 다소 혼란스럽다. 필자가 실록을 근거로 검토해 본
　결과, 관직생활의 시작은 1553년(명종 8) 과거에 급제한 후 8월 27일 성균관 전적에 임명된 것이
　다. 그 후 1585년(선조 18) 여름 스스로 사퇴하여 영의정에서 체직 되었고, 그 후 다시 영중추부
　사까지 해임되어 용호에 은퇴하였다. 이렇게 볼 때 사암의 관직생활은 총 32년이고, 재상 경력은
　1572년(선조 5) 우의정에 제수된 후 1573년(선조 6) 좌의정이 되고, 1579년(선조 12) 영의정이 된
　후 1585년(선조 18) 은퇴하였으니, 재상으로 13년, 영의정으로 6년을 봉직한 것이 된다.

경력은 1572년(선조 5)에 우의정이 되고, 그 이듬해인 1573년 좌의정이 된다. 그리고 1579년(선조 12) 영의정이 되어 1585년 퇴임하게 되니, 재상으로 13년을 봉직한 것이 된다. 그리고 그 가운데 영의정으로 국정을 총괄한 것이 6년간이다.

이렇게 볼 때, 박순이야말로 31살부터 세상 떠나기 3년 전인 63살까지 나라와 백성을 위해 봉직했으니 공직자의 삶으로 일관했다고 할 것이다. 조선조 많은 유학자들이 있지만 이렇게 전 생애를 공직에 몸담아 봉사한 경우는 드물다. 대개 벼슬하다가 물러나 강학을 하고 아니면 유배를 당하거나 다시 또 부르면 나아가 조정에 참여하는 것이 상례다. 이와 같이 전 생애에 걸쳐 공직에 종사한 관료 출신의 유학자로는 세종 시대의 명상 방촌 황희(厖村 黃喜: 1363~1452)가 있는데,[3] 이와 유사한 경우가 바로 박순의 경우라 할 수 있다. 박순이 이렇게 명종과 선조 시대의 대표적인 관료 학자로 오랫동안 봉직하게 된 것은 무엇보다 그 자신의 인품과 능력이 출중했기 때문이며, 또한 임금의 존경과 신임이 없으면 불가능한 일이다. 우리는 흔히 선조시대 하면 율곡을 떠 올린다. 말하자면 선조와 율곡이 궁합이 잘 맞는 임금과 신하라고 생각하지만, 사실은 선조에게는 율곡이 아니라 박순이 가장 신임하는 신하요 존경하는 신하였다. 오히려 율곡은 현실과는 거리가 먼 이상주의자로 인식되어 선조는 율곡의 능력을 인정은 했을지 몰라도 신임은 하지 않은 것 같다. 이제 구체적으로 박순의 관직생활에 대해 검토해 보기로 하자.

---

3 방촌 황희(厖村 黃喜: 1363~1452)는 60여 년의 관직생활에 6조 판서를 두루 역임하였고, 재상만 24년, 영의정을 18년이나 하였다. 특히 세종의 존경과 신임을 받아 聖君과 賢相의 協治를 통한 자랑스런 세종시대를 여는데 크게 기여하였다.

박순의 관료 활동 시기를 다음과 같이 셋으로 구분해 설명해 볼 수 있다. 첫째는 출사(出仕) 초기 시기(1553, 명종 8~1564년, 명종 19)로 과거 급제 후 성균관 전적을 비롯 홍문관 직제학, 사간원 정언, 이조참의, 승정원 우승지 등 중앙관부의 청요직(淸要職)을 역임해 활동하던 시기이다.[4]

둘째는 삼사(三司)의 수장(首長), 전장(銓長)으로 활동하던 시기(1565년, 명종 20~ 1571년, 선조 4)로 성균관 대사성, 사간원 대사간, 사헌부 대사헌, 홍문관 부제학, 한성부 우윤 등 양관(兩館: 홍문관, 예문관)의 문형(文衡)과 이조의 인사권을 장악해 훌륭한 인재들을 선발하고 추천하는데 크게 기여하였던 시기이다.

셋째는 재상으로 활동한 시기(1572년, 선조 5~ 1585년, 선조 18)로 1572년(선조 5) 50세 때 우의정이 되고 그 이듬해에 좌의정이 되고, 1579년(선조 12) 57세 때 영의정이 되어 1585년(선조 18) 면직될 때까지 6년간 근무하였던 시기이다.

박순의 활동 시기는 조선 역사에서 사화와 당쟁으로 점철된 정치적 시련기였다. 1545년 을사사화 때 그의 나이 23살이었고, 동서 분당이 이루어졌던 1575년(선조 8)은 그의 나이 53세였고, 그가 세상을 떠난 1589년(선조 22)은 정여립(鄭汝立) 사건으로 알려진 기축옥사(己丑獄事)가 있던 해 였다.

박순은 1558년(명종 13)에 병조 정랑에서 이조 좌랑으로 전임하였고, 또 홍문관 수찬, 교리, 이조 정랑으로 옮겼고 호당(湖堂)에서 사가독서(賜暇讀書)를 하였다. 사가독서는 학문에 조예가 깊은 신하들에게 임금이 내리는 매우 영광스런 특전이었다. 이듬해 가

을 박순은 임금의 명을 받들어 「소열방제갈도십운배율(昭烈訪諸葛圖十韻排律)」을 지어 그림 족자에 써서 바쳤다. 명종은 취로정(翠露亭)에 나와 사가독서하는 여러 신하들에게 전강(殿講)과 제술(製述)을 명하였는데 그도 여기에 참여하였다. 명종은 상을 후하게 내리고 친히 푸른 술잔을 잡아 술을 가득 따라서 마시게 하여 몹시 취하게 했다. 날이 저물어 파하고 돌아갈 때에는 각각 촛불을 내려 집에 돌아가게 하였으니, 이는 옛날 중국 소식(蘇軾)의 '금련촉 고사(金蓮燭 故事)'에 따른 것으로 한 때 매우 영예롭게 여겼다.[5]

박순은 32년의 공직생활 동안 청렴한 생활과 올곧은 인품으로 임금과 세인들의 존경을 받았다. 그가 이조판서가 되었을 때 청탁을 끊어버리고 오직 공도(公道)를 세우는 데 힘썼다. 그는 평생 중앙 정계에서 벼슬하면서 재상을 13년간이나 했지만 청백리(淸白吏)로 기록되었으며,[6] 임금의 매우 두터운 신임을 받았다. 그는 행정함에 있어 청탁을 막아버리고 한결같이 공도에 따랐다. 처음 송순(宋純: 1493~1583)은 박순이 이조판서가 되었다는 말을 듣고 사람들에게 말하기를, "청탁은 이제부터 끊어지게 되었다"라고 하였다. 그가 선배들에게 중시됨이 이러하였다.[7] 이처럼 당시 박순은 관료사회의 부정한 청탁을 단호하게 끊고 공직사회의 청신한 기풍을 세우는데 본보기가 되고 그 중심이 되어 존경을 받았던 것이다.

또한 박순은 구신(舊臣)으로 세속에 물들지 않고 홀로 풍토를 견지하였으며, 권간(權奸)들을 추방하여 사림의 모범이 되었다. 그리고 마침내 크게 등용되어서도 겸손하게 선비를 대하여 선비들

---

5 李選 撰, 「行狀」.
6 『인조실록』, 44권, 인조 21년 4월 병자 조.
7 李選 撰, 「行狀」.

도 기쁜 마음으로 친근히 한 데다 주상께서 특별히 은총을 베풀었으므로 사림이 그를 힘입어 다시 평안해졌다. 그는 성품이 엄하고 바르며 지조(志操)가 요약(要約)되어 당시 권간이었던 이양(李樑: 1520~1571)이 그를 만나기를 여러 번 요구했으나 이를 거절하였고, 임백령(林百齡: ?~1546)의 시호(諡號)를 의논할 때에도 시의(時議)를 따르지 않아 결국 죄를 입었으니, 기타의 행동이나 처사도 대개 알 수 있는 것이다.[8]

그는 또 선유들의 현창에도 많은 노력을 기울였다. 스승인 화담 서경덕(花潭 徐敬德)의 증직(贈職)을 요청해 우의정으로 추증(追贈)을 받았고, 후에는 문강(文康)의 시호를 받도록 하였다. 아울러 숭양(嵩陽)서원을 송도에 세워서 포은 정몽주(圃隱 鄭夢周)를 제사하고 여기에 화담을 함께 배향하기를 제청하였다. 1579년(선조 12) 강원 감사 정철(鄭澈)이 노산군(魯山君)의 묘를 개축하고 표석을 세우고 관원을 보내 제사를 지내 줄 것을 건의하자, 이에 그는 임금과 상의하여 노산군의 묘를 다시 개축하고 제사하여 풍교(風敎)를 장려하였고, 또한 야은 길재(冶隱 吉再)의 묘를 제사하기를 청하기도 하였다. 이러한 그의 노력은 사화시대에 무너진 의리 강상과 공도(公道)를 세우려는 충정의 표현이었다.

박순은 당시 동서 당쟁이 시작되던 때에도 편당을 떠나 공도의 입장에서 중심을 지키려고 많은 노력을 하였다. 그는 인사권을 맡은 전랑(銓郎)이 오로지 자기들 동류(同類)만을 쓰는 폐단을 지적하고, 마땅히 낭천(郎薦)을 개혁하여서 사람을 쓰는 길을 공변되게 해야 함을 주장하였다.[9] 동서 당쟁만 하더라도 이조 전랑을 놓고 김

효원(金孝元)과 심의겸(沈義謙)의 갈등에서 야기된 것인데, 그는 내편 네편이 아니라 능력과 인품에 의한 공정한 인사가 되도록 전랑의 추천권 행사에 일대 개혁이 필요하다고 보았다.

박순은 1561년(명종 16) 홍문관 응교로서 임백령의 시호 문제에 대해 바른 소리를 하다가 파출(罷出)되어 그해 12월 한산군수(韓山郡守)로 나아가게 되었다. 우선 이에 관한 『명종실록』의 기사를 참고하기로 하자.

한산군수 박순(자품(資稟)이 청고(淸高)하고 지기(志氣)가 강개(剛介)하였다. 천성적으로 선을 좋아하고 악을 싫어하였고, 남과 어울리지 않고 혼자 지내며 문을 닫고 자신을 지켰다. 과거에 급제한 이래 10년 동안 한 번도 권귀(權貴)의 문에 발을 디딘 적이 없었다. 생각과 뜻이 고고하여 항상 이 세상의 밖에 있었으며, 언론이 강개(慷慨)하여 세상의 추세를 따르지 않았다. 그래서 보는 이로 하여금 자연히 경모하는 마음을 갖게 하였다. 그런데 끝내는 이런 훌륭한 점 때문에 배척을 당하게 된 것이다)이 배사(拜辭)하니, 상이 사정전에서 인견하고 하교하기를, "오늘날 수령 중에는 그 직책을 제대로 수행할만한 자가 없다. 그대는 부임하거든 백성을 사랑하고 폐해를 제거하도록 하고, 법을 벗어나는 일을 하지 않도록 하라." 하였다. 박순이 명을 듣고 물러갔다.(처음에 이양이 박순을 강제로 불러오려고 세 번이나 연회를 베풀고 불렀으나, 박순은 일체 사양하고 참석하지 않았다. 이렇게 되자 이양은 자못 원망하는 말을 하였는데, 사람들이 모두 박순을 위해 위태롭게 여겼으나 박순은 거들떠보지도 않았다. 시호를 짓는 문제로 화가 일어나 일이 예측할 수 없게 되었을 때에도 박순이 아무런 동요 없이 개의하는 바가 없자, 사람들은 그의 절조(節操)에 탄복하였다.박순은 일찍이 한문공(韓文公)의 "다행히 대절(大節)을 잃지 않아 선인(先人)을 지하에서 만나 뵐 수 있다면 족하겠다"는 말과 한위공(韓魏公)의 "부귀는 얻기 쉬우나 명절(名節)은 보전하기 어렵다"는 말을 읊조리며 자신을 갈고 닦았는데, 이 때문에 그의 절개가 이와 같았던 것이다. 그가 외직으로 전보되어 나가자 사람들은 모두 그의 떠나감을 애석하게 여겼다.)[10]

위 실록 기사는 박순의 고고한 인품과 절조를 잘 보여준다. 사관은 그를 가리켜 자품이 맑고 높으며 의지와 기상이 매우 굳세다고 하였다. 타고난 바탕이 선을 좋아하고 악을 싫어하였으며, 남과 어울리지 않고 홀로 지내며 자신을 지켰다고 한다. 과거에 급제한 이후 10년 동안 한 번도 권세가의 문에 발을 들여놓은 적이 없었다고 하였다. 박순이 얼마나 청렴하고 고결하게 살았는지를 잘 보여준다. 생각과 뜻이 고고하여 항상 세속을 초월해 있었으며, 언론이 강개하여 세상의 추세를 따라가지 않았다 한다. 그의 뜻과 처세가 얼마나 훌륭한가를 잘 나타내 주고 있으며, 당시 부패한 권력에 맞서 바른 소리를 하고, 그들과는 초연한 입장에 서니 사람들이 박순을 경모하지 않을 수 없었다고 사관은 평가하고 있다.

구체적인 실례로서 당시 권간의 하나였던 심강(沈鋼)과 이양(李樑)은 박순의 인물됨을 알고 그를 자기편으로 끌어오기 위해 세 번이나 연회를 베풀고 회유했지만 박순은 참석도 않고 거들떠보지도 않았다. 임백령의 시호 문제로 화가 일어나 자신의 앞날이 위태로운데도 아무런 동요 없이 태연해 사람들은 그의 절조에 탄복했다

한다. 그것은 일찍이 박순이 송대 한유(韓愈)의 "다행히 큰 절개를
잃지 않아 선인을 지하에서 만나 뵐 수 있다면 족하겠다"는 말과
송대 한기(韓琦)의 "부귀는 얻기 쉬우나 명절(名節)은 보전하기 어
렵다"는 말을 좌우명처럼 새기며 자신을 갈고 닦았기 때문에 절개
가 이와 같았다고 하였다.

그러나 심강과 이양은 박순이 끝내 조금도 굽히지 않자 매우 원
한을 품었다고 한다. 이리하여 명종은 하는 수 없이 그를 한산군수
로 내보내게 되었는데, 그 이듬해 박순이 임지(任地)에 가서 행정이
청간(淸簡)하였고, 관아(官衙)가 파하면 곧 송정(松亭)에 나아가 독
서를 일삼으니, 이웃 고을 학자들이 소문을 듣고 모여드는 자가 뒤
따라, 1년 만에 온 고장에서 부모같이 받들었으며 떠날 때에는 비
석을 세워 그 덕을 송미(頌美)하기 까지 하였다고 한다.[11]

또한 박순은 그동안 방치되어 있던 노산군(단종)의 묘를 보수하
고, 제사를 올리는데 많은 노력을 기울였다. 당시 강원 감사 정철이
장계를 올려 노산군의 묘를 개축하고 또 표석을 세우고 관원을 보
내 제사를 들이는데, 모두 일품(一品) 예의 장례에 따라 할 것을 요
청한 바 있었다. 장계가 당해 조(曹)에 내려가자, 당해 조에서 장계
같이 할 것을 청했다. 임금이 대신들과 의논하자, 박순은 해조(該
曹)의 공사(公事)에 따라 결(缺)했던 예전(禮典)을 거행함은 실로
성덕(盛德)의 일이라고 하여 임금의 허락을 받았다. 이렇게 하여 노
산군의 묘를 봉식(封植)하고 조정에서 전대에 절의를 지킨 사람들
을 제사하도록 명령하였다. 또 그는 여말 절의를 지킨 야은 길재의
묘를 제사하여 풍교를 장려하기를 주청했다.[12]

---

11 李選 撰,「行狀」.
12 李選 撰,「行狀」.

또한 박순은 송도에 있는 선성상(先聖像)의 이전문제를 둘러싸고 논란이 벌어졌는데, 철거하는 것으로 임금을 설득시켜 허락을 받았다. 1574년(선조 7)) 봄에 연신(筵臣)들이 송도의 선성상을 철거하고 목판으로 대신하기를 청했다. 송도의 유사(儒士)들은 그대로 남겨두기를 청했고, 대신들 역시 다 건의하기를 외교(外校)의 설치는 비록 의리에 미진하다 하더라도 묻어두는 것으로 말하면 미안하다는 것이었다. 그런데 박순 홀로 이는 신을 모독하고 이치에 어긋나므로 즉각 철거해야 한다고 주장하여, 임금이 마침내 그의 건의에 따랐다.[13] 이처럼 박순은 어떤 사안이 있을 때 적당히 세류에 흔들리지 않고 시시비비를 가려 자신의 소신을 관철했던 것이다.

또한 박순은 학문하는 자들에게 영광스런 관직이었던 대제학을 당시 학계와 조야의 존경을 받았던 퇴계 이황에게 사양하는 미덕을 발휘하기도 하였다. 「행장」에는 이에 관해 다음과 같이 기술하고 있다.

장계를 올려 문형(文衡)을 이문순공(李文純公)에게 돌리기를 청해 마침내 제학(提學)으로 내려갔고, 임시로 실록찬집청(實錄撰集廳) 각방당상(各房堂上)을 지냈다. 사론(士論)은 그의 양보해 낸 것을 찬미하였다. 곧 퇴계가 사양하여 체직되자 선생이 또 돌아와 문형을 맡았다. 선생은 당시의 문체가 부박(浮薄)에 흐르는 것을 근심하여, 그 누습(陋習)을 강력하게 변개(變改)시켜 빨아내려고 하였다. 문장을 논하면 반고(斑固), 사마천(司馬遷), 한유(韓愈), 유종원(柳宗元), 이백(李白), 두보(杜甫)를 앞세웠고, 도학을 논하면 또 『소학(小學)』, 『심경(心經)』,

---

13　李選 撰, 「行狀」.

『근사록(近思錄)』을 입문으로 삼았다. 얼마 안 되어 퇴계는 산으로 돌아가고, 고봉(高峰)은 뒤이어 조정을 떠나 선배와 후진 사이에 사론(士論) 역시 그에 따라 갈라지게 되었다.

1568년(선조 1) 박순 46살 때 3월 양관 대제학을 맡게 되었는데, 그는 장계를 올려 대제학을 퇴계에게 돌리기를 청해 마침내 허락을 받아, 자신은 제학으로 내려앉고 임시로 실록찬집청 참찬관을 맡았다. 그런데 퇴계가 이를 사양하고 퇴직함에 따라 박순이 다시 대제학을 맡게 되었다.

비록 퇴계가 곧바로 사퇴함으로써 소기의 성과는 없었으나, 박순이 퇴계의 학문과 인품을 존숭하여 그에게 대제학을 사양 추천한 것은 아름다운 미덕이었고, 당시 사림들의 칭송을 받았다. 박순 자신도 학문과 인품이 훌륭했지만, 나이로도 20여년 연상이요 당대 최고의 학자로 존경받던 퇴계에 대한 존경과 사모의 예를 다 한 것은 그의 인품을 다시 새겨보는 계기가 된다. 박순은 비록 퇴계의 문하는 아니었으나 평생 퇴계를 존숭하여 그의 학문과 인품을 배우고자 노력하였다.

다음은 박순의 옥사(獄事) 행정을 통해 그의 인권의식을 검토해 보기로 하자. 1575년(선조 8) 박순이 좌의정으로 있을 때, 황해도 재령에서 종이 주인을 죽인 살인사건이 발생해 이 옥사를 주관하게 되었다. 의금부에서 죄인을 국문(鞫問)[14]하였는데, 박순은 위관(委官)으로 그 옥사를 주관하였다. 그런데 당초에 검시(檢屍)가 잘못되어 옥사가 오래도록 성립되지 않아 박순은 다시 검시하기를 요청하

---

14 죄인을 심문함.

였다. 그러나 끝내 진상을 파악하지 못해 다시 조정의 의논을 널리 수집하였는데, 조정의 의논 역시 통일되지 않아서 임금은 검시한 결과가 틀리다는 이유로 죄인의 석방을 명하였다.

그런데 대사간 허엽(許曄)은 피살자의 가까운 친척이어서 옥사가 성립되지 않은 것을 분개하여 사간 김효원과 함께 옥사를 다스리면서 실정을 파악하지 못했다 하여, 박순을 추고(推考)하고 금부당상(禁府堂上)을 파직하기를 청하였으나 임금이 이에 따르지 않았다. 대사간 허엽의 압력에도 불구하고 검시가 불분명하므로 함부로 피의자를 처벌할 수 없다고 임금과 견해를 같이 하여 피의자를 석방 처분한 것은 그의 사법적 인식을 잘 보여준 것이라 할 수 있다. 박순은 비록 살인의 혐의가 있다 하더라도 확실한 증거가 없으면 처벌할 수 없다는 것을 보여 준 것으로, 죄 없는 백성 한 사람도 억울하게 처벌받아서는 안 된다는 유학의 인정(仁政) 내지 왕도의 사법 행정을 보여준 실례라고 생각된다.

또한 박순은 1583년(선조 16) 영의정으로 그해 2월 경원(慶源)의 오랑캐 니탕개(尼湯介)가 난동을 일으켜 본부와 변경의 보루를 계속하여 함락시켰다. 그는 병조판서 이이(李珥)와 함께 밤낮으로 비국(備局)에 있으면서 힘을 합해 작전하여, 장수를 보내 방어하고 군사를 수송하고 군량을 운반하고 하는데, 모두 실책이 없어 상하가 의지하여 존중하였다. 이에 앞서 박순은 경연의 자리에서 북로(北路)가 기근에 빠져 있으므로, 먼저 미리 치밀한 식량 대책을 강구할 것을 강력하게 말하고 몇 가지 계책을 내놓았는데 사람들은 오활하다고 여겼다. 그러나 적도(賊徒)들이 변란을 일으켜 군사를 동원하는데 군량이 모자라게 되자, 비로소 그의 선견(先見)에 감복

하였다.[15]

중봉 조헌은 임금에게 올린 상소문에서 박순이 재상으로서 얼마나 훌륭한 인물인가를 다음과 같이 설명한다.

> 사람들이 말하기는 박순이 재상이 되어서는 한 가지도 한 일이 없다고는 하나, 조신(朝臣)의 수위(首位)에 정색(正色)하고 있으면 사람들이 모두 두려워 조심하였고, 추읍(鄒邑)에서는 굶어 죽은 자가 생겼다는 말을 듣지 못했고, 남북의 변경(邊境)에는 모두 법도 있게 구처(區處)하려고 하였습니다. 그런데 다른 사람이 재상이 되어서는 오직 재물과 여색을 추구하는 것을 백료(百僚)에게 가르쳤을 뿐이고, 백성들은 시름에 차고 군사들은 원망하며 기근이 자주 닥쳐왔습니다.[16]

> 옛 사람이 말했습니다. "천하의 안위(安危)를 가지고 재상의 현부(賢否)를 살핀다" 원형 (元衡)이 재상이 되어서는 당참(堂參)의 폐단[17]으로 해독이 만백성에 미쳤고, 가혹하게 세금을 징수하는 화해(禍害)로 온 고을이 폐허가 되었는데, 박순이 재상이 되어서는 당참의 폐단을 일소하여 이민(吏民)이 다소간 편안하여졌고, 다음에는 가혹하게 세금을 징수하는 폐해를 근절하여 공의(公議)가 다소간 통하게 되었습니다.[18]

이와 같이 박순은 재상으로서 위엄을 갖추고 재위동안 민생이 안정되고 안보상 불안이 없었다고 평가하였다. 또한 수령이 부임할

---

15 李選 撰, 「行狀」.
16 『重峰集』, 卷6, 「請絶倭使疏(丁亥 十一月)」.
17 수령이 새로 나아가거나 또는 다른 고을로 옮길 때에 단골 서리에게 주는 뇌물의 폐단
18 『重峰集』, 卷7, 「論時弊疏(己丑 四月)」.

때 예물을 바치는 폐단도 일소하였고, 가난한 백성들을 수탈하는 폐해도 해소되었다고 한다. 적어도 그는 이런 점에서 명재상에 어울린다고 보았다.

이상 박순이 32년 간 공직에 봉사하면서 있었던 그의 치적에 관해 검토해 보았다. 앞에서 언급한 것처럼 그가 당면한 시대는 명종부터 선조 대에 이르는 시기로서 사화와 당쟁으로 얼룩진 힘든 시기였다. 이 시기에 박순은 무엇보다 유교 본래의 정상적인 정치질서를 회복하는데 주력하였다. 박순은 집안의 전통을 이어 세도(世道)를 만회하는 것으로 자기의 책무로 여겼던 조선 중엽의 대표적인 사림중의 하나였다.[19] 그의 중부 눌재 박상은 기묘명현으로 도학의 실천에 앞장서다 죽었고, 같은 동향의 복재 기준(服齋 奇遵)도 기묘명현으로 그의 생장기 정신적으로 큰 영향을 주었다. 박순은 도학의 가풍을 이어받아 세도를 만회하는 것으로 자신의 책무를 삼았다. 그의 생애와 그의 공직생활에서 보여주는 청렴, 공도(公道), 지조, 절의의 실천은 명종, 선조의 칭찬을 받았고, 당대 사림들의 존경을 받았다. 그래서 박순은 흔히 세도명상(世道名相)[20], 세도재상(世道宰相)으로 일컬어진다. '세도(世道)'란 세상을 다스리는 바른 도리로서, 구체적으로는 천리(天理)를 밝히고 인심을 바르게 하며, 이단(異端)을 배척하고 정학(正學)을 북돋우는 것을 의미한다. 세도는 사림정치를 구현하는 가운데 도학의 성립과 더불어 확립되었다고 볼 수 있다. 이에 정암 조광조(靜庵 趙光祖)는 세도정치의 모범으로 일컬어진다. 송시열은 조광조를 '세도복승(世道復升)'이라 추앙하고, 기대승(奇大升)은 '만회세도(挽回世道)'라 일컫고 있

19　『思庵集』, 卷5, 「行狀」, "…. 挽回世道者 吾責也."
20　최근묵, 「사암 박순의 역사적 위상」, 『한국사상과 문화』, 28집, 116쪽.

으며, 이준경(李浚慶)은 '부식세도(扶植世道)'라 하였다. 따라서 세
도는 도학의 다른 이름이라고 볼 수 있다.

명종 대 척신(戚臣)과 구신(舊臣)을 축출하고 사림이 중앙 정계에
진출하는 기반을 확립한 인물이 바로 박순이며, 조광조에서 송시열
에 이르는 중간시기에 도학정치를 계승한 세도정치의 모범을 보인
인물이 바로 박순인 것이다.

제4장

사화(士禍) 시대의 '강정(剛正)한 직사(直士)'

위에서 박순은 '세도재상', '세도명상'으로 수기치인, 내성외왕(內聖外王)의 왕도를 실현하는데 모범을 보인 명재상, 현덕(賢德)과 능력을 겸비한 명재상으로서의 면모를 검토해 보았다. 이제 여기에서는 사화시대의 격랑속에서도 부패한 권간들과 척신들에게 아부하지 않고, 오히려 이들의 잘못을 꾸짖고 마침내는 그들을 조정에서 축출하는데 앞장 섰던 '올곧은 선비' 박순의 면모를 살펴보기로 하자. 먼저 『명종실록』에 기록된 박순에 대한 평가를 참고해 보기로 하자.

천품(天稟)이 청수(淸秀)했고 재기(才氣)가 고매했다. 군서(群書)를 박람(博覽)하여 함양(涵養)이 심후(深厚)했고, 문장을 만드는 솜씨가 아름답고 전아(典雅)하여 당나라 시인의 기풍이 있었다. 몸가짐을 조심하고 단정히 하여 행동함에 예법을 준수했다. 평시 생활에서 나태한 용모를 가진 적이 없었고, 부친이 상중에는 3년 동안 죽을 먹었으며, 제사에 반드시 정성을 다해 향리(鄕里)에서 그 효도를 칭송했다. 일에 임해서는 강직하고 과단성이 있었으며, 의논은 자상하고 분명했다. 신유년(辛酉年) 간에 첨정(僉正) 임책이 그의 아비 임백령을 위해 시호를 조정에 청했는데, 당시 박순이 홍문관 응교로서 이를 논의했다. 그런데 임책이 이를 불미하다고 미워해 윤원형에게 참소해 여러 번 어려운 지경에 놓였었고, 필경에는 파직되어 쫓겨나기에 이르니, 사람들이 애석히 여겼다. 다시 조정으로 돌아왔지만 평소의 소신은 더욱 확고해, 권간을 피하지 않고 윤원형의 죄악을 탄핵함에 언사(言辭)가 강개(慷慨)하여 당시의 '강정(剛正)한 직사(直士)'라 하였다.[1]

박순의 사람됨은 자품이 온윤(溫潤)하고 영명(英明)하며, 체력은 극히 허약하나 마음은 철석(鐵石)보다 더 단단하여, 권세에도 굽히지 않고 환란에도 꺾이지 않았으며, 일을 당하면 분연히 말하는데, 그 말이 다 강직하였다. 그러므로 옥당에서 논사(論思)할 때에는 도움이 적지 않았고, 대간(臺諫)에 출입할 때에도 건백(建白)한 것이 또한 많았다."[2]

이와 같이 박순은 사화시대의 격랑에서 목숨을 걸고 이해를 초월하여 불의를 준엄하게 꾸짖고, 권간 세력에 맞서 싸워 마침내 저들을 물리치고 선류(善類)들을 조정에 불러들여 청의(淸議)의 장을 마련한 '강정(剛正)한 직사(直士)'로 평가받았다. 이제 임백령 시호 문제와 윤원형을 비롯한 권간들과 용감히 맞서 싸운 그의 행적을 소상히 검토해 보기로 하자.

제1절 임백령(林百齡) 시호(諡號) 문제의 직언(直言)

임백령(林百齡: ?~ 1546)은 전라도 해남 출신으로 본래 박상(朴

---

1 『명종실록』, 31권, 명종 20년 11월 18일 조.
2 『명종실록』, 34권, 명종 22년 4월 15일 조.

祥)의 문인이었다. 1519년(중종 14) 진사로 식년문과(式年文科)에 합격하여 사가독서(賜暇讀書)를 한 뒤 1532년 문학(文學)이 되고, 1540년 사은부사(謝恩副使)로 명나라에 다녀왔다. 1545년(명종 즉위) 호조판서로서 윤원형 등의 소윤(少尹)에 가담, 윤임(尹任) 등 대윤(大尹)을 제거한 을사사화(乙巳士禍)를 일으킨 주동 인물중의 하나이다. 그 공으로 위사공신(衛社功臣) 1등이 되고 숭선부원군(崇善府院君)에 봉해졌으며, 우찬성으로 승진했다. 이 해 사은사로 명나라에 갔다가 이듬해 돌아오는 도중 영평(永平)에서 병사했다.[3]

　1561년(명종 16) 1월 박순은 홍문관 응교(弘文館 應敎)가 되었다. 이때 옥당(玉堂: 弘文館)에서는 임백령의 시호(諡號)를 짓는 문제로 시끄러웠다. 당초 위사공신(衛社功臣) 임백령이 죽자 태상(太常)이 그 시호를 의논하는데, 박순이 홍문관 응교로서 참석하였다. 박순이 위사(衛社)의 공훈은 거짓으로 얽어 만든 데서 나온 것이므로 충자(忠字)로 시호를 할 수 없다고 주장하자, 임백령의 아들 임책이 이를 원망하여 윤원형에게 고하였다. 이에 윤원형이 진노하여 박순이 을사사화 때 억울하게 희생된 사람들을 신구(伸救)해 주려 한다는 구실로 벌을 주려고 경석(經席)에서 아뢰어 거의 불측한 화에 빠지게 되었다. 그러나 임금이 박순이 그렇게 한 까닭을 알고 깊이 견책하지 않고 외직인 한산군수(韓山郡守)로 내보냈던 것이다.[4]

　대체로 시호를 지나치게 포미(襃美)[5]하는 것은 물론 수치스럽고, 또 지나치게 폄하(貶下)하면 곧 앙화(殃禍)를 초래하게 될 것이므로, 모두 두 가지 방법 사이에서 방황하며 고의로 이 일을 지연시켰

3　이희승 등 편, 『한국인명대사전』, 신구문화사, 1992, 780쪽.
4　『명종실록』, 29권, 명종 18년 7월 26일 조.
5　칭찬함.

던 것이다. 그런데 39살 홍문관의 말직인 박순은 분연히 의논해 올리기를, 단호히 '소공(昭恭)'이라 하여 시호를 추천하였다. 시법(諡法)에 따르면 과오를 저질렀다가 고칠 수 있음을 소(昭)라 하고, 용모와 거동이 공손하고 아름다움을 공(恭)이라 하는데, 박순이 지은 '소공'이란 시호는 사실 폄하한 것이라 할 수 있다. 이에 윤원형은 목메어 울면서 조정에서 떠들기를, "저 백령은 나라의 원훈(元勳)인데, 시(諡)에 충자(忠字)가 없으니, 그렇게 한 마음이 흉측하다"고 하며, 심문하여 그 죄를 다스리려 하였다. 이에 사림에서는 벌벌 떨며 두려워하였으나, 박순은 태연한 마음으로 결코 동요하지 않았다. 이때 부응교(副應敎) 박근원(朴謹元)은 심히 두려워하여 척리(戚里)의 권귀(權貴)에게 구원을 요구하였고, 조정의 신하들 중에는 시(諡)를 고치도록 몰래 권하는 자가 많았다. 박근원 역시 고치려고 하였으나 선생은 끝내 따르지 않았다.

정부에서 감정(勘定)하여 충자(忠字)가 없다 해서 이를 다시 고치게 하여, 부득이 '충헌(忠憲)'으로 고쳐서 입계(入啓)하였다. 그때 윤원형은 전시(前諡)와 함께 써주었는데, 임금이 크게 성내어 중형에 처하려고 하였다. 이에 안현(安玹)이 힘써 구원한 데 힘입어 박순은 무거운 벌을 받지 않고 단지 파출(罷黜)에 그칠 수 있었던 것이다.

처음에 박순이 화가 일어났음을 듣고 의금부에 가서 명을 기다리려고 마침내 방에 들어가 옷을 갈아입고 아무렇지도 않게 가버려 집안사람들은 무슨 일이 있었는지 몰랐다. 마침 체직(遞職)되어 집에 돌아가니까 어린 딸이 나와 맞이하기에 이르러서야 딸의 손을 잡고 웃으며 말하기를, "하마터면 너를 다시 만나지 못할 뻔 했다"라고 하였다. 박순이 향리에 돌아가고 나서는 기고봉(奇高峰)과 왕래하며

학문을 강론하면서 서로 즐겼다.[6]

박순이 홍문관의 응교로서 당시 권간의 하나였던 임백령의 시호를 '소공(昭恭)'이라 폄하하여 짓고, 서슬 퍼런 윤원형의 위협에도 굴하지 않고 당당했던 것은 그의 세도(世道) 회복에 대한 사명감과 사림으로서의 높은 기개를 엿볼 수 있는 일이다. 군자와 소인, 천리와 인욕, 왕도와 패도를 분명히 분별하여 처신하는 그의 올곧은 삶은 많은 이의 존경을 받았던 것이다.

제2절 윤원형(尹元衡)에 대한 비판과 추방

윤원형(尹元衡: ?~1565)은 문정왕후(文定王后)의 동생이며 명종의 외숙으로, 1544년 인종이 죽고 명종이 즉위하자 정순붕(鄭順朋), 이기(李芑), 임백령(林百齡), 허자(許磁) 등과 함께 윤임(尹任)을 비롯한 대윤파(大尹派)를 몰아내고 유관(柳寬), 유인숙(柳仁淑) 등 사류들을 사사(賜死)했다. 이것이 1545년의 을사사화이다. 그는 명종과 문정왕후의 배경하에 이조판서, 우의정, 영의정 등을 역임하며 부귀영화를 맘껏 누렸다. 1565년 문정왕후의 죽음으로 실각되어 관작을 삭탈 당하고 유배되었다가 강음(江陰)에 안치되어 죽었다.

윤원형은 임금과 문정왕후라는 막강한 배경을 가진 권간(權奸)이었고, 정란정(鄭蘭貞)이라는 측실(側室)을 두어 권력을 농단하고, 척신(戚臣)을 앞세워 부정부패를 일삼아 당대 백성들의 원성이 극심하였다.

---

6 李選 撰, 「行狀」.

　　1561년(명종 16) 임백령의 시호 문제로 윤원형과 맞섰던 39살의 박순은 1565년(명종 20) 사간원 대사간이 되어 합사(合司)로 이양(李樑), 이감(李戡), 윤백원(尹百源) 등의 죄를 논하고 처벌을 건의하였다. 하루 네 번 다섯 번을 건의해도 왕이 윤허하지 않자, 박순은 대사헌 이탁(李鐸) 등과 함께 사직 인피(引避)하였다. 이에 임금이 불러 달래어 전후 아홉 차례나 사퇴하고서야 직위에 다시 나갔다. 그해 2월에 이조판서 송기수(宋麒壽)를 탄핵 소추하였고, 4월에 문정왕후가 죽은 후 5월 대사헌 이탁과 함께 요승(妖僧) 보우(普雨)의 죄를 논하고 처벌을 주청하여 절도(絶島)로 유배시켰다. 그해 8월 다시 합사로 윤원형의 죄를 논하고, 또 재차 차자(箚子)를 올려 삭출(削黜)하여 전리(田里)로 추방하였다. 뒤이어 심통원(沈通源)까지 퇴출시키자 사림들의 기상이 가일층 진작되었다.[7]

　　이제 박순이 1565년(명종 20)에 올린 「논윤원형계(論尹元衡啓) 2」[8]를 통해 권간 윤원형의 죄상과 이에 대한 박순의 논죄(論罪)를 구체적으로 살펴보기로 하자. 먼저 박순은 상소에서, "영의정 윤원형은 동기간의 친속(親屬)임에 의탁하고 정승의 자리에 기대어, 정치를 독단하고 명령을 멋대로 내어 외람되이 신기(神器)[9]를 희롱하여, 임금의 권위가 그의 손아귀에 옮겨져, 그 기염이 세상을 달구고 발호하여 기탄(忌憚)함이 없으며, 군부(君父)를 위협 견제하고 궁금(宮禁)을 흘겨보고 하여 전혀 신하의 예모(禮貌)가 없다."고 비판하였다. 명종의 척신으로 권력에 기대어 마음껏 권력을 농단(壟斷)하고 임금의 권위를 해치고 있다는 것이다.

7　李選 撰, 「行狀」

8　『思庵集』, 卷4, 「論尹元衡啓2」(乙丑, 8月 14日)

9　임금의 보위

또한 "백료(百僚)의 입을 막고 전국의 이익을 몰아들이는 일에 이르러서는, 팔도에서 그에게 보내주는 것이 진상(進上)하는 것보다 백배나 되고, 천관(千官)이 그를 두려워함이 사실상 상감에 대하는 것보다 더 지나쳐, 국가의 대소사(大小事)는 반드시 이 사람에게 관백(關白)한 후에야 시행하여, 전하로 하여금 위에서 고립하여 한갓 빈 그릇만을 지키게 하고, 진신(搢紳)[10]들로 하여금 아래에서 그를 두려워하여 목숨이 조석을 보장할 수 없게 하였다."고 하였다. 즉 그의 횡포는 탐닉에 빠져 이권에 개입 부정부패를 일삼고 있으며, 모든 관료들이 벌벌 떨고 윤원형의 눈치만 살펴 임금보다 더한 권력의 횡포를 일삼고 있다는 것이다.

그러므로 "국세(國勢)는 위태롭게도 사인(私人)의 가문으로 꺾여 들어가 충분(忠憤)에 찬 인사들마다 분격하여 눈물을 흘리고, 군부의 권력 없음을 아파하고 종묘사직이 기울어질 것을 근심하지 않는 이가 없지만, 잠자코 감히 입을 열지 못하고 오직 성상께서 스스로 깨달으시기를 기다릴 뿐 답답하게 날을 보내고 있다."고 통분하였다.

그런데 윤원형은 근자에 더욱 교만해지고 악한 짓을 쌓아가는 것이 한층 혹독하여졌다 하고, 그가 사사로운 일에 편의를 도모하고 자기를 이롭게 하며 공가(公家)의 권익을 약화시켜 멋대로 위복(威福)을 떨치는 모양이 노경(老境)에 이르러 더욱 심해지니, 이는 다 공훈(功勳)을 믿고 멋대로 구는 데서 온 것으로, 마침내는 임금은 약해지고 신하는 굳세어지며, 나라는 쇠미해지고 개인 집안은 번성해지기에 이르게 되는 것이라 하였다. 간악한 것은 오만가지여서 이루 다 적어 낼 수 없으므로, 잠시 한두 가지만을 말하여 보기로

---

10 지위가 높고 행실이 점잖은 사람

한다 하였다.

박순은 이어 말하기를, 첩을 처로 삼는 것은 『춘추』의 큰 금계(禁戒)였고, 옛날부터 어쩌다 그러한 일이 있었다 해도 그것은 모두 제왕이 했던 일이고, 본래 신하가 차마 행할 수 있는 일이 아니었다고 한다. 그런데도 원형은 자기 의욕을 멋대로 부리고, 명분을 쓸어 없애고, 조정을 협박하고 임금을 기만하여, 자기 첩을 부인으로 올려놓아 왕자의 법도를 망가뜨리고, 인간의 기율을 변개(變改)시켜 위로는 군부를 꺼리지 않고, 아래로는 만대를 두려워하지 않으며, 오직 자기의 편한 것만 알 뿐 그 나머지는 개의하지 않는다고 통탄하였다. 우리나라가 시작해서부터 신하는 감히 이 같은 일을 한 자가 일찍이 없었다고 단언하였다.

또한 그에게 아부하는 사람들을 팔로(八路)의 방진(方鎭) 및 열읍(列邑)에 풀어놓고, 배로 운반해 오고 육지로 수송해 오는 것이 그의 문에 연 닿아 있어, 큰 집 십여 곳에 재화와 진기한 물건이 그 속에 넘쳐 흐른다 하고, 집안이 나라보다 부유하고 몸이 왕자보다 사치스러운데, 각 읍은 피폐하고 나라의 근본은 날로 흔들려간다고 한탄하였다. 또 여러 집들에는 시설과 집물, 노비와 음식을 엄격하게 마련하여 철저하게 갖추어 놓은 것이, 모두 일상 침식(寢食)하는 곳같이 하여 마음 내키는 대로 가서 살고 있으며, 곡식은 벌겋게 썩어 천하기가 흙모래 같은데, 그런 물건은 오래 저장하여 두기가 어렵다고 생각하여 드디어는 유기 장사를 있는 대로 부르니, 온 시장에서 다 각색 기물을 가지고 와 수레에 적재하고 말에 싣고 한 것이, 그의 문에 구름같이 모여들자 쌀로 그것들을 사들여서 산더미같이 쌓였다고 하였다. 만인이 보고 모조리 타기하는데도 원형 자신은 일이 잘 됐다고 생각하여 전혀 부끄러워하는 마음이 없다고 한탄한다. 자신이 수상(首相)이면서 감히 장사치의 일을 하니, 그가 나라를 욕되게 함이 어떠하겠느냐 하였다. 그러하니 서둘러 그를 유배하도록 명령하여 앙화(殃禍)의 단서를 막도록 해달라고 탄원하였다.

박순은 윤원형의 사람됨에 대해 말하기를, 영의정 윤원형은 본래 한낱 간사하고 음험한 사람이었는데, 국구(國舅)[11]라는 폐부(肺腑)의 친족임에 의탁하여 불변하는 맹약에 참여하여, 자신이 모두가 우러러보는 지위에 올라 손아귀에 온 나라의 권한을 잡고, 여우같이 임금의 위세를 빌어서 주고 빼앗고 함을 멋대로 하고, 조정의 신하들을 휘어잡아서 영화와 초췌가 그의 입에 달리게 되어 위세와 권한이 날로 대단하여져, 그 형세가 양문(梁門)[12]보다 빛나고 골짝에 바닥없듯이 그의 축적이 동오(董塢)보다 많아져 백료(百僚)는 달려가 그의 뜻을 기필코 먼저 받들려 들고, 팔방에서 선물을 보내느라 그의 저택에 뒤질세라 보내주는지라, 길에서는 마음에 성이나 곁눈질을 하고 동네에서는 속으로 비방하여 구석으로 돌아선다. 임금의 권세는 날로 외로워지기에 이르고, 나라의 앞길은 전복하는 위기에 접어들었으니, 이것이 어찌 일조일석의 일이겠느냐 하였다. 박순은 윤원형의 온갖 죄상에 대해 다음과 같이 구체적으로 조목조목 설명한다.

첫째는 독단적으로 멋대로 구는 것으로 그 세목이 열 가지가 있습니다. 맞아가면 처(妻)이고 쫓아가면 첩(妾)임은 고금의 통례입니다. 비록 명문의 처녀라 하더라도 한번 첩이라 이름 지어지면 고칠 수가 없

---

11 임금의 장인
12 중국의 튼튼한 보루

거든, 하물며 공가(公家)의 천민 소생을 부인으로 올려주어 왕의 법도를 망가뜨리고 사람의 기강을 변역(變易)하였으니 조정이 있다고 말할 수 있겠습니까? 이것이 그가 독단적으로 멋대로 군 것의 하나입니다.

측실의 딸이 사대부에게 시집감은 옹주(翁主)가 하가(下嫁)하는 예입니다. 덕흥군(德興君)의 아들은 중종의 손자이고 정2품의 관리이온데, 비천한 첩의 천한 여식을 존귀한 사람에게 혼인시키기를 꾀하려 들었으니, 명분을 범함이 이보다 더할 수가 없으니, 임금이 있다고 말할 수 있겠습니까? 이것이 그가 독단적으로 멋대로 군 것의 둘입니다.

을사년에 무력으로 안정시킬 때, 이미 역적의 인척이라고 하였으면 다 벽지에 몰아내어 왕법을 나타냈어야 하는 데도 그와 결혼하여 한 집안으로 만들었으니, 그 죄를 씻어주고 그 사람을 신원해 준 것이니, 이는 국가의 역적을 잊어버리고 군부의 원수를 소홀하게 다룬 것입니다. 이것이 그의 독단적으로 멋대로 군 것의 셋입니다.

왕후의 궁전은 지엄하여 내외가 단절되어 있어 외부 사람이 출입하는 곳이 아닌데도, 문정(文定)이 위독했을 때 자기 첩을 보내 곧장 들려 문안함이 사가(私家)와 다름이 없었고, 심지어는 내의(內醫)에게 호령하여 망령되이 잡스러운 약을 드리게 하여 의관(醫官)과 제조(提調)는 투덜거릴 수가 없었습니다. 이것이 그가 독단적으로 군 것의 넷입니다.

팔방에 별같이 늘어서 있는 군읍(郡邑)과 대소(大小)의 바둑판같이 펼쳐져 있는 진보(鎭堡)에 전후로 월(鉞)을 주어 수권(授權)한 자는 빛진 장수 아님이 없고, 드나들면서 부절(符節)을 차고 다니는 자들은 깡그리 은혜를 입은 관리들입니다. 재물을 물에서 나른다고 백성들이 흩어져 도망쳐 거의 다 없어졌고, 미곡(米穀)을 운반하느라 군졸의 병듦이 또한 극도에 달했습니다. 글빨이 원근에 구름같이 날아 방백들이 고과(考課)에 견제를 받습니다. 이것이 그가 독단적으로 군 것의 다섯입니다.

관작(官爵)은 임금의 대권(大權)이고 형벌은 천하의 큰 명령인데, 벼슬은 뇌물로 주어지되 그 높고 낮음은 그의 청탁 여하에 달려있고, 형벌은 뇌물로 면제되고 그 경중(輕重)은 그의 사주에 따릅니다. 전관(銓官)은 겨우 제목(除目)을 시행할 뿐이고, 현우(賢愚)는 묻지 않고 형관(刑官)은 손을 맞잡고 명령에 따르고 경중은 논하지 않습니다. 이것이 그가 독단적으로 마구 군 것의 여섯입니다.

살인자는 죽이는 것은 나라에 불변하는 형법이 있어, 의빈(儀賓)[13]과 공자(公子)[14]라 하더라도 오히려 관대한 용서를 받을 수 없는데, 억세고 사나운 종은 세도의 불길에 빙자하여, 남의 아내와 딸을 속여서 간음하고 남의 전택(田宅)을 약탈하고, 심지어는 백주(白晝)에 살인을 하여도 관리가 감히 묻지를 못하니, 그의 위세가 미쳐가는 곳은 이것을 가지고 알 수 있습니다. 이것이 그가 독단적으로 마구 군 것의 일곱입니다.

산림 하천은 백성들과 함께 쓰는 것으로, 왕자의 땅이라 하더라도 여전히 그렇게 합니다. 수락산은 도성에 밀접해 있어 나무꾼들이 가

---

13 왕족의 사위
14 귀족의 아들

는 곳이고 꿩과 토끼가 모이는 곳인데, 온 산을 나라에서 떼어 받아가지고 땔나무의 장소로 만들고, 그곳의 주민들을 몰아내고 그곳의 무덤들을 파내고 하였어도 근처의 사람들은 호소할 곳이 없습니다. 심지어 계약 조문을 만들어 세로 내는 땔나무를 들이게까지 하였으니, 궁가(宮家)의 역사(役事)와 다름이 없습니다. 이것이 그가 독단적으로 멋대로 군 것의 여덟입니다.

노마(路馬)[15]에게 경의를 표하고 그 마초(馬草)를 차도 형벌이 가해지는데, 감히 궁내의 마구에 있는 임금의 말로 희첩(姬妾)을 싣고 다니면서도 전연 두려워 기피함이 없습니다. 산릉(山陵)의 역사(役事)는 국가의 대사인데, 사복시(司僕寺)의 거마(車馬)가 그의 집에서 일을 하고 관리가 그것들을 사용하지 못하였습니다. 이것이 그가 독단적으로 멋대로 군 것의 아홉입니다.

무고(武庫)의 철공(鐵工)들은 병기를 주조해서 비상시의 용도에 공급하는데, 자기 집에서 사사로이 부려 나라 일을 할 겨를이 없습니다. 차량의 설비는 군용 가물을 운반하기 위한 것으로 군국의 일을 중요시하는 것입니다. 그런데 자기 물건을 사사로이 수송하느라 수레채는 부러지고 소는 죽고 합니다. 이것이 그가 독단적으로 멋대로 군 것의 열입니다.

박순은 또 윤원형이 재물을 탐내어 부정한 그 죄목이 열 가지가 있다고 하여 다음과 같이 논죄한다.

---

15 임금의 수레를 끄는 말

　　구름을 지르는 일류저택의 빛나게 화려한 건물로, 거리에 연 닿고 동네에 접해 있는 것들이 십여 채나 됩니다. 부정하게 들어온 온갖 물품들이 그 가운데 가득 차 있고, 원수의 것 같이 거두어 들인 남아도는 재물이 밖으로 넘쳐납니다. 그런데도 또 영선(營繕)[16]을 그치지 않아 토목공사가 한창 일어나자 진롱(秦隴)[17]의 연결된 뗏목이 강가에 계속 들어오니, 어찌 당나라 때의 나무 요물이 이익을 추구한 정도일 뿐이겠습니까? 이것이 그의 재물을 탐낸 것의 하나입니다.

　　바닷가에 둑을 쌓아 내륙의 비옥한 땅엔 밭이 밭길을 연 닿아 있는 것이 다 개인의 점유로 들어갔습니다. 공가(公家)에서 종자를 주고 수령이 농사를 감독하고 관의 창고에 저장한 곡식은 태반이 엽향(饁餉)[18]의 거리로 되어지고, 남쪽 밭의 농부들은 모두 경작하는 종 노릇을 합니다. 그의 농막이 있는 곳에는 온 고장이 원망하고 과로와 하니, 어찌 땅 사기를 좋아하는 버릇에 대한 나무람에 그치겠습니까? 이것이 그의 재물을 탐낸 것의 둘입니다.

　　전방의 상인들을 불러모아 자기 집에서 시장을 열어 청동과 백금을 수레와 말에 싣고서 문에 구름같이 와글거리는데, 손으로 가리키며 물건을 보고 그 값의 다과를 매겨 사들인 것이 산더미같이 쌓이니, 시장의 물건들은 하루아침에 거의 비어버립니다. 재물밖에 모르는 사람이라 하여도 반드시 이러하지는 않을 것이니, 이것이 그의 재물을 탐낸 것의 셋입니다.

16　건축하고 수리하는 일
17　중국 협서성의 오지 지명
18　군인들의 먹거리

역관(譯官)을 초치해 잡물을 내주고서는 남금대패(南金大貝)와 제환(齊紈)[19], 촉백(蜀帛)[20] 등 명목을 조목지어 늘어놓아 연시(燕市)에서 사게 하여, 값은 적게 주고 받아들이는 것이 많아 반드시 남한테서 빌어다가 맞지 않는 수효를 채워놓은 후라야 가혹한 책망을 면할 수 있게 됩니다. 비록 되놈의 장사치의 욕심이라 한들 어찌 이 정도까지에 이르겠습니까? 이것이 그의 재물을 탐내는 것의 넷입니다.

노력을 돕는 사람은 본래 정원이 있는 것인데, 열읍(列邑)의 좋은 장정과 제군(諸郡)의 부유한 집을 마구 차지하고 멋대로 예속시키고 하여 실로 많은 무리를 차지하였습니다. 부역의 부채를 거둬들이는 데 파고들어 독촉함이 성화(星火)보다 다급하고, 쌀과 포목을 내놓기를 요구하는데 그 해독이 이웃 친족에게까지 뻗어갑니다. 심지어 억눌려 요구하고 칼로 위협하여 그 밭을 무리하게 빼앗아, 백성들이 집안 기울어 파산하는 자가 즐비하게 생겨나 유리(流離)하여 제 고장을 잃고도 호소할 길이 없어집니다. 이것이 그의 재물을 탐내는 것의 다섯입니다.

굵고 사나운 종이 주인을 배반하면 그 죄가 강상(綱常)에 달려있는데도, 도망한 자들을 불러들여 소굴을 만들어 죄짓고 거역하는 종들이 서로 이끌고 와 모이는 것이 몇십, 몇백으로 무리를 이룹니다. 겸해서 또 소송을 좋아하는 무리들이 스스로 이치가 굽힘을 알면 반드시 버리는 것과 같다는 마음으로 곧 이익을 나눌 계략을 꾸밉니다. 계약서를 작성하고 문서를 가지고 그의 문을 찾기만 하면, 비록 이치가 곧은

사람이라 해도 입을 다물고 물러나고 감히 다투지를 못합니다. 이것이 그의 재물을 탐내는 것의 여섯입니다.

와서(瓦署)[21]의 보병(步兵)은 토기를 굽기 위한 것인데, 자신이 그 반을 차지하여 그 역부(役夫)들은 유독 고생합니다. 지사(紙司)의 자문용지(咨文用紙)[22]는 사대(事大)를 위한 것인데, 사사로이 피저(皮楮)[23]를 보내고 공공연하게 바꿔 갑니다. 공(公)을 메마르게 하고 사(私)를 비대하게 하는 것이 모두 다 이와 유사합니다. 이것이 그의 재물을 탐내는 것의 일곱입니다.

공물(貢物)을 대납하는 것은 시정(市井)에서 하려 드는 것인데, 하나를 납품하고 열을 징수하여 수 배의 이익을 취합니다. 짚을 파는 것은 촌민들조차 하려 들지 않는데, 배로 서울의 강에 실어 와서 팔아 곡식이나 포목의 값을 받아들입니다. 이익이 있는 것은 약간도 버리지 않으니, 이것이 재물을 탐내는 것의 여덟입니다.

윤백원(尹百源)은 그의 조카인데, 죄를 짓고 유배되던 날에 백 명의 종과 성곽 근처의 좋은 밭을 협박 요구하여 빼앗아 자기 소유로 하였습니다. 김경석(金景錫)은 재상의 사람인데, 을묘년에 체포 심문할 때 금부당상(禁府堂上)으로 감히 백금(百金)이 나가는 영단(纓段)의 뇌물을 받았습니다. 이것이 그의 재물을 탐내는 것의 아홉입니다.

---

21 조선시대 기와나 벽돌을 만들어 관에 바치는 일을 맡아보는 관아
22 중국과 왕복하는 문서에 쓰이는 종이
23 닥나무 껍질

각처의 농막에 소를 나누어 기르고 문서를 만들어 점검하는데 들판에 가득 차있습니다. 번식하는 수효가 만약에라도 줄어들게 되면, 파고 들어 받아내는 피해가 그 이웃 보증인에까지 뻗어갑니다. 이것이 그의 재물을 탐내는 것의 열입니다.

셋째는 참월(僭越)[24]이 과도함인데 그 세 가지가 있다고 한다.

여종이 취사를 하는 것은 집안 사람들의 상례이온데, 따로 선부(膳父)[25]를 두었으니 내옹(內饔)과 다름없습니다. 식사를 대단하게 차려 반찬이 팔진미(八珍味)를 갖춰 매일만전(萬錢)씩을 소비하면서 늘 하증(何曾)의 젓가락을 개탄합니다. 사치 참월이 과도한 것으로 이것이 그중의 하나입니다.

태복(太僕)[26]의 수락(酥酪)[27]은 상감께 드리기 위한 것인데, 낙부(酪夫)를 시켜 기구를 가지고 가서 집에서 끓이게까지 하니, 어선(御膳)에의 진상(進上)과 같은 점이 있고 자녀와 복첩(僕妾)이 역시 다 배부르도록 그것을 먹습니다. 사치 참월이 과도한 것으로 이것이 그중의 둘입니다.

집에는 깁[28] 수의 방장을 두르고 기물(器物)은 금은의 장식을 쓰는 등, 시설한 집물의 화려 사치함이 왕자(王者)와 맞먹고, 희첩(姬妾)들

---

24 분수에 넘치게 함부로 함
25 사옹원의 종7품 잡직
26 사복시
27 일종의 우유 식품
28 명주실로 짠 비단

의 복식(服飾)의 사치 미려(美麗)함이 궁금(宮禁)[29]을 능가합니다. 사치 참월이 과도한 것으로 이것이 그 중의 셋입니다.

넷째는 잔인한 마음과 야박한 행동으로 그 조목이 셋이 있다고 한다.

문정왕후는 존귀하기로는 국모이시고, 친근하기로는 동기(同氣)이시고, 평생 동안의 은총은 호천망극(昊天罔極)이온데도, 승하하시던 날 부음(訃音)을 듣고 대궐에 가서는 속편하게 밥을 먹는 것이 평시와 같았으며, 재궁(梓宮)[30]에 드실 때가 되어서는 빨리 가서 天蓋[31]를 덮고 한 방울도 눈물을 흘리지 않았습니다. 이는 잔인한 마음과 야박한 행동으로 이것이 그 중의 하나입니다.

양 별이 빛을 잃으신 후(세자)에는 옥체가 좀 편찮아지셔서 자주 약을 쓰셨는데, 중외(中外)의 신료(臣僚)들은 답답해하지 않는 이가 없었는데, 자신이 수상이 되어 염려한 적이 없었고, 문안 등의 일은 조정의 의논이 먼저 나오면 건성 따라갔습니다. 이는 잔인한 마음과 야박한 행동으로 이것이 그 중의 둘입니다.

부부는 인륜의 시발인데, 정처(正妻)를 버리고 혼인 폐백을 물려받고 아울러 가산(家産)까지 빼앗아 그녀로 하여금 굶어 죽어 영원토록 무궁한 억울함을 품게 하여 듣는 사람들은 그 일로 눈물을 흘립니다.

---

29 궁궐
30 천자의 관
31 관 덮개

이는 잔인한 마음과 야박한 행동으로 이것이 그 중의 셋입니다.

　박순은 이 26개 조목의 일들은, 그중의 작은 것들은 백성을 병들게 하고 정치를 어지럽히기에 충분하고, 그중의 큰 것들은 국가를 패망시키기에 충분하다 하고, 신하가 되어 이 중 한 가지만 범했다 해도 하루도 조정에 용납할 수 없거든, 하물며 골고루 갖추어 다 가진 자야 더 말할 나위가 있겠느냐 하였다. 박순은 이렇게 나쁜 사람, 이렇게 흉악한 사람이 조정에 있어 국정을 해치는 것을 묵과해서는 안 된다 하여 그의 처벌을 다음과 같이 간곡히 임금에게 호소한다.

　　원형은 이 같은 죄를 짓고서는 낭묘(廊廟)에서 거드름을 피우고 간악한 짓을 자행함이 늙을수록 더욱 심해가는데도 바른말이 충성스러운 혀에 맺혀버리고 항의하는 논설이 곧은 입에 막혀버리는 것은, 어찌 되풀이 떨친 위세에 저촉할 수 없고 타오르는 기염을 범하기 어려워서가 아니겠습니까? 조야(朝野)는 허둥대고 상하는 아침저녁에 어떻게 될지 모르고 있습니다. 다행히 하늘의 보이지 않는 유도(誘導)와 종묘사직의 말 없는 도움에 힘입어 사람들의 마음 울분에 차올라 그것이 격발되어 공론으로 되어졌으니, 이것은 실로 위험을 돌려 안정을 가져오고 비색(否塞)함을 기울여 안태(安泰)함으로 돌아가게 하는 계기입니다. 행여자(行旅者)들은 서로 경하(慶賀)하고 신공(臣工)은 다 기뻐하며 목을 빼고 발을 돋우고 유배시키는 명령을 듣기를 기다리고 있는데도, 한 차례 재상을 갈라고 명하신 후에는 도리어 좋아하지 않으시는 뜻을 보이시면서 번번이 원훈대신을 유배시킬 수 없다고 말씀하셔서 신등은 외람되옵게도 당혹하게 되옵니다. 국조(國朝)의 이숙번

(李叔蕃)은 태종의 좌명공신(佐命功臣)이었고 유자광(柳子光)은 삼조 (三朝)에 공훈을 세워 그 공로가 위대하였습니다. 그들이 죄를 짓게 되자 일조(一朝)에 유배되어 그때에 늙어서 죽었으니, 그들의 공로로 그들의 죄를 덮어주지 않았던 것입니다. 원형은 비록 원구(元舅)[32]이고 원훈(元勳)이라 하여도 은혜 때문에 법을 버리고 공로 때문에 죄를 덮어줄 수 없음은 뚜렷합니다.

신 등은 모두 보잘것없는 자들로 말하는 책임을 진 곳에서 대죄(待罪)하고 있거니와, 늘 견마(犬馬)의 성심(誠心)을 품고서도 조그만큼의 도움도 없었습니다. 국사가 이 지경에 이른 것을 눈으로 보고 참아 끝까지 침묵할 수 없어서 감히 사람들의 마음이 같이 생각하는 것과 온 나라의 공론을 가지고 우러러 예감(睿鑑)[33]을 더럽히오니, 만약 어람(御覽)을 베푸시어 다시금 되풀이 생각하시어 쾌히 삼위(三危)[34]에의 유배를 보여주신다면 국가가 심히 다행일 것입니다.

이와 같이 박순은 명종의 외숙이면서 문정왕후의 동생으로 부귀영화를 누리며 권력을 전횡하고, 온갖 부정을 자행해 사리를 추구하고, 윤리 강상을 짓밟아 정치도의를 해쳐 만백성의 원성을 받았던 윤원형의 죄상을 26개 조목으로 나누어 임금에게 진언했던 것이다. 결국 박순의 이러한 주청(奏請)은 받아들여져 척신(戚臣) 윤원형 일파가 단죄되고 새로운 시대를 여는 서막이 되었던 것이다.

---

32 임금의 외숙
33 임금의 밝은 감식
34 먼 곳

제3절 이양(李樑), 보우(普雨)에 대한 논죄(論罪)

이양(李樑: 1520~1571)은 명종비 인순왕후(仁順王后)의 외삼촌이고 효령대군의 5대손이다. 1546년 생원이 되고 1552년 식년문과(式年文科)에 합격하여 주서(注書)가 된 후 사가독서(賜暇讀書)를 하고, 예조정랑을 거쳐 수찬, 교리, 지평, 전한 등을 지냈다. 윤원형이 척신(戚臣)임을 기화로 횡포가 매우 심하자, 이를 견제하려는 명종의 뜻으로 중용(重用)되어 동부승지에 특진되고, 이어 부제학, 참찬관, 도승지로 승진하다가 1561년 윤원형을 비호하던 문정왕후의 미움을 받아 평안도 관찰사로 나갔으나, 왕의 특지(特旨)로 이듬해 공조판서로 홍문관 제학을 겸했다. 이어 예조, 이조의 판서를 지내며, 임금의 총애를 믿고 자기를 반대하는 자들은 모두 추방하고, 자기에게 아부하는 자들은 중용하여 뇌물을 받는 등 전횡이 심했고, 이감(李戡)을 사주하여 사화를 일으켜 사림을 모두 숙청하려는 음모를 꾸몄다. 이 소식을 들은 심의겸(沈義謙)이 왕의 밀지(密旨)를 받아 부제학 기대승(奇大升)에게 상소를 올리게 하고, 이어 삼사의 지속적인 탄핵으로 파직(罷職), 1563년 충청도 보령으로 유배되었다가 이어 함경도 강계로 이배(移配)되어 그곳에서 죽었다.[35]

박순은 임금의 척신으로 권력을 전횡하고 무고한 사림들을 숙청하고자 사화를 획책한 이양에 대해 1565년(명종 20) 사간원 대사간이 되어 합사로 그와 함께 이감, 윤백원의 처벌을 주청하였다. 이에 관한 실록의 기사는 다음과 같다.

---

35 이희승 등 편, 『한국인명대사전』, 신구문화사, 1992, 676쪽.

대사헌 이탁(李鐸)과 대사헌 박순 등이 아뢰기를 "신들이 모두 변변 찮은 사람으로서 언관의 자리에 있었는데, 이양(李樑) 등이 임금을 무시하고 나라를 그르친 죄를 지고서도 오랫동안 주벌(誅罰)을 면한 것에 격분해서 복합(伏閤)하여 아뢴 지 열흘이 넘었습니다. 그러나 말이 절실하지 못하고 충성이 미쁘지 못하여 성상의 뜻을 바로 깨우치지 못할 뿐만 아니라, 죄가 크고 악이 지극한 사람으로 하여금 천지 사이에 용납되도록 하였습니다. 그래서 한갓 번독(煩瀆)[36]하게 하여 성상의 마음만 편치 못하게 하였으니, 이에 신들의 죄가 큽니다. 그런데도 뻔뻔스럽게 재직하여 위로는 지극히 중한 은총을 저버리고 아래로는 공론(公論)이 더욱 답답하게 하도록 해서야 되겠습니까? 어서 신들을 체직(遞職)시키고 충직(忠直)한 사람을 가려 제수(除授)하여 언책(言責)의 소임을 중하게 하소서."[37]

박순은 대사헌 이탁과 함께 이양, 이감, 윤백원의 처벌을 네, 다섯 차례 주청했으나 임금이 용납하지 않으니, 어서 자신들의 직책을 체직시켜 달라 요청하고 충직한 사람들을 제수하여 언로의 소임을 다하게 해 달라고 요청하였다. 이에 박순과 이탁은 무려 아홉 차례나 사직을 청하고 명종은 또 이들을 달래어 다시 본직에 나아갔던 것이다. 1563년 이량은 마침내 파직되어 충청도 보령으로 유배를 당하고, 이어 평안도 강계로 이배되어 그곳에서 생애를 마감했다. 그리고 이어 2월에는 이조판서 송기수(宋麒壽)를 탄핵 소추하였고, 5월에는 요승(妖僧) 보우(普雨)를 논죄하여 유배를 보냈다.

보우(普雨: 1515~1565)는 호가 허응당(虛應堂), 나암(懶庵)으

로 불린다. 1530년 금강산 마하연암에 입산, 참선과 경학연구에 전심하다가 1536년 하산했으나, 1538년 관리의 횡포로 사찰이 불타고 주지가 투옥되자 금강산에 들어갔다. 1548년(명종 4) 문정왕후의 신임을 얻어 봉은사(奉恩寺) 주지가 되고, 1550년 선교 양종(禪敎 兩宗)을 부활시켰다. 1551년 선종판사(禪宗判事)가 되어 윤원형(尹元衡), 상진(尙震) 등과 합심하여 3백여 사찰을 국가 공인 정찰(淨刹)로 하고, 도첩제(度牒制)에 따라 2년 동안에 4천여 명의 승려를 뽑는 한편, 승과(僧科)를 설치케 했다. 춘천 청평사(淸平寺) 주지로 있다가 1559년(명종 14) 다시 봉은사 주지가 되었고, 후에 도대선사(都大禪師)에 올랐다. 1565년 문정왕후가 죽자 잇따른 배불(排佛) 상소와 유림들의 기세에 밀려 승직을 삭탈 당하고 제주도에 귀양, 이어 제주 목사 변협(邊協)에 의해 참형(斬刑)되었다.[38]

보우는 불교 측에서 보면 훌륭한 스님이요 불교발전에 크게 공헌한 인물로 평가될 것이다. 숭유배불(崇儒排佛)의 조선사회에서 불교는 차별대우를 받았고, 특히 보우는 문정왕후의 총애를 받아 윤원형 일파와 연계됨으로써 사림세력의 표적이 되었다고 볼 수 있다. 이에 대한 『명종실록』의 기사를 참고해 보기로 하자.

> 대사헌 이탁(李鐸)과 대사헌 박순 등이 차자(箚子)를 올리기를 "삼가 생각하옵건대 적승 (賊僧) 보우(普雨)는 그의 죄가 천지에 통하고 그에 대한 분이 사람과 신에게 극심하니, 이것이 신들이 몇 달을 두고 주벌(誅罰)을 청하여 그만두지 않는 까닭입니다. 다만 생각하건대 상께서 바야흐로 애통 중에 계시어 옥체가 자주 편치 않으시니, 신들이

---

38 이희승 등 편, 『한국인명대사전』, 신구문화사, 1992, 328쪽.

비록 흉인(兇人)을 제거하는 데에 시급하기는 하나 성려(聖慮)가 번거로우실까 매우 두렵고, 신들의 근심스럽고 두렵고 답답한 심정 또한 망극하기 때문에 말없이 우선 물러가서 후일을 기다리며, 또한 "'주륙(誅戮)'[39]이 적당한 때가 아니다" 라는 성상의 하교를 따릅니다. 전하께서는 신들이 우선 정지하였다 하여 이 요적(妖賊)의 죄를 놓아줌으로써 광명한 정치에 누를 끼치지 않으시면 매우 다행하겠습니다.[40]

박순을 비롯한 사림들이 보우를 비판하고 탄핵한 것은, 일단 척불(斥佛) 내지 배불(排佛)의 관점에서 볼 수 밖에 없다. 다만 보우가 문정왕후의 특별한 총애를 받고 불교 중흥에 앞장서고, 특히 윤원형 일파와 연계됨으로써 이단이라는 측면보다도 부정, 불의한 대상으로 지목되어 '요승(妖僧)'이라고 조롱을 받고, 1565년 문정왕후가 죽자 마침내 승직을 삭탈 당하고 제주도로 귀양 가 참형(斬刑) 당하는 불행을 겪었던 것이다.

이와 같이 박순은 을사사화의 시기에 관직생활을 하면서 올곧은 성품과 지기(志氣)로써 부정과 불의를 용납하지 않는 용기있는 삶을 보여 주었다. 부와 권력 그리고 영예를 위해 수단 방법을 가리지 않는 소인배의 길을 거부하고, 오로지 정의의 편에 서서 공도(公道)를 추구한 강직한 선비의 기상을 보여 주었다. 일찍이 홍문관 응교로써 권간 임백령의 시호를 짓는데 정론을 펴 윤원형의 미움을 사고, 또 그들의 위협을 받으면서도 태연했던 것이다. 아울러 윤원형, 이감, 윤백원, 이양, 심통원의 탄핵과 파출을 관철시켜, 중앙 정계의 새로운 세대교체를 이룩하는데 크게 기여했던 것이다.

---

39 죄를 물어 죽임.
40 『명종실록』, 31권, 명종 20년, 5월 20일 조.

그러므로 중봉 조헌은 『정해봉사(丁亥封事)』에서 "순(淳)의 창고
(淸高)한 덕은 조야(朝野)의 사민(士民)이 의지하여 소중히 했던 바
였고, 동국(東國)의 기강(紀綱)이었다."[41]고 높이 평가하고 있다. 이와
같이 사화시대 불법과 불의에 맞서 항거하고 부정한 권력을 전횡하
는 무리들을 정계에서 퇴출시킨 '강정(剛正)한 직사(直士)'[42], '동국의
기강'이 바로 박순이었다.

---

41 『重峰集』, 卷6, 「請絶倭使疏(丁亥 十一月)」.
42 『명종실록』, 31권, 명종 20년, 11월 신해 조.

제5장

16세기 '사림(士林)의 영수(領袖)', '선류(善類)의 종주(宗主)'

사림파가 중종 때에 정계에 진출하여 개혁을 시도했으나 몇 차례의 사화로 그 세력을 잃었다가, 선조 초에 사림의 영수로 중망(衆望)을 모으고 있던 박순이 우의정에 발탁되어 많은 사림이 정계에 천거되어, 사림파는 중앙 정계와 향촌 사회의 주도권을 장악하게 되었다. 이에 사림정치의 장을 열게 되었고, 그 주역이 바로 사암 박순이다.[1]

우암 송시열은 박순의 「신도비명」에서 을사사화 당시의 시국 상황과 이때 박순의 역할에 대해 다음과 같이 기술하고 있다.

> 국조(國朝)가 누차 사화를 겪었으나 을사에 이르러서 그 극에 달했다. 세상의 기풍이 크게 변하고 유학이 땅에 떨어져 성현의 책을 화근(禍根)으로 지목하고, 선비가 일삼는 것이라고는 시문(時文) 뿐 이어서 국세가 위태로워진 것이 심각했다. 하늘이 우리나라를 도와 사류(士類)가 대단하게 일어나, 명, 선(明, 宣) 때에 정치와 교화가 크게 좋아졌

1　최근묵, 「사암 박순의 역사적 위상」『한국사상과 문화』 28집, 2005, 115쪽.

다. 선비 된 자는 공, 맹, 정, 주(孔, 孟, 程, 朱)를 근본으로 삼아 익혀서
인륜이 위에서 밝아지고, 평민은 아래에서 새로워져 삼대의 융성에 가
까워졌다.

그가 조정에 서서 반열(班列)에 나가서는 오직 임금의 마음을 바로
잡는 것을 근본으로 삼았고, 힘쓴 것은 선악을 분별하여 현사(賢邪)를
진퇴(進退)시키는 것이었기 때문에, 그가 함께 복무(服務)하며 협력한
인물들은 현덕준수((賢德俊秀)한 부류가 아님이 없었다. 그 때문으로
해서 조정의 관원 배정이 청명해지고 백성이 안정되었다. 만약 끝까지
힘을 펴내서 배운 것을 다 발휘했다면, 그의 치교(治敎)의 효과가 어찌
이 정도에 그쳤겠는가?[2]

이와 같이 송시열은 명종, 선조 대에 이르러 신진사류가 등장하
여 정치와 교화가 크게 좋아졌다고 평가한다. 박순이 조정에 서서
오직 임금의 마음을 바로잡는 것을 근본으로 삼았고, 선악을 분별
하여 현자(賢者)를 등용하고 사악(邪惡)한 자들을 물리치는 것을
힘썼기 때문에 그와 함께 협력했던 이들이 모두 어질고 덕 있는 준
수(俊秀)한 부류 아님이 없었다 한다. 이로 인해 조정의 인사가 청
명해지고 백성들이 평안하게 안정되었다고 하였다. 이때에 있어 청
의(淸議)를 주장하고 사류(士類)들을 조정에 끌어들여 우뚝하니 영
수(領袖)가 된 이가 바로 박순이라 하였다.[3]

박순은 육행(六行)의 선비[4]들을 골라 사관(仕官)의 글을 깨끗이

---

2 『思庵集』, 卷5, 「神道碑銘 幷書, 宋時烈 撰」,

3 『思庵集』, 卷5, 「神道碑銘 幷書, 宋時烈 撰」,

4 孝(부모에 대한 효도), 友(형제간의 우애), 睦(九族 간의 화목), 姻(인척과의 우애), 任(남을 위해 힘
   씀), 恤(불쌍한 자를 구휼함)의 여섯 가지 덕행을 갖춘 선비

하였고, 억울하게 죽은 사람들을 신원(伸寃)[5]하여 그들의 관작(官爵)을 회복시켜 주었고, 무릇 나라를 좀먹고 백성을 해치는 일이면 일체 혁파(革罷)하였다. 그리고 문순공(文純公)[6] 이하 뭇 현자들이 모두 세도(世道)를 바로 잡는 것을 자기의 소임으로 삼고, 서로 함께 앞뒤로 나와, 찬란하게 송대의 원우(元祐)연간과 같은 성세(盛世)가 올 것을 바라보게 되었다고 하였다.[7]

특히 박순은 율곡을 아끼고 크게 기대했다. 율곡은 박순보다 나이가 13년 후배가 된다. 그렇지만 박순의 율곡에 대한 신뢰와 기대가 커서 그를 나라의 인재로 발탁해 쓰는데 많은 노력을 기울였다.

병자년(丙子年: 1576년) 봄에 입시(入侍)하여 종핵(綜核)[8]하는 정치는 태평성세의 일이 아니고, 과격하더라도 뜻있는 인사는 배양해야 함을 말했다. 또 이이(李珥)가 조정을 떠나려고 하는데, 힘써 만류하지 않으면 안 됨을 말했다. 임금께서 말씀하시기를 "그는 뜻은 높으나 지나친 것 같으니, 그가 성숙 되기를 기다려 쓴들 무슨 상관이 있겠소. 또 나를 섬기기를 원치 않는데 어찌 그의 뜻을 빼앗을 수 있겠소."라고 하자, 선생이 말했다. "이(珥)의 의론은 도리어 평화스럽지 지나치게 과격한 사람은 아닙니다. 그의 뜻이란 단지 병 때문이고 또 한가하게 있으면서 공부하려는 것일 뿐입니다."

그 후부터 늘 경연에서 율곡이 현량(賢良)하고도 재능이 있어 쓸만하다고 천거하였다. 그때 율곡은 벼슬을 버리고 고향에 돌아갔기 때문에 선생이 그렇게 말했던 것이다. 겨울에 사퇴하여 체직되고, 판중추부

---

5 억울함을 풀어 줌.
6 퇴계 이황
7 『思庵集』, 卷5, 「神道碑銘 井書, 宋時烈 撰」.
8 사건의 본말을 종합하여 자세히 밝힘.

사(判中樞府事)를 배(拜)했다가 곧 영중추부사(領中樞府事)로 승임(陞任)되었다.[9]

박순은 선조에게 조금 과격해도 뜻있는 인물을 나라가 배양해야 한다고 강조하였다. 율곡이 계속 사퇴하려고 하는데 임금이 간곡하게 만류해야 한다고 보았다. 선조는 율곡이 뜻은 매우 높으나 지나치다고 평가하고, 좀 더 성숙한 다음에 인재로 쓰면 좋겠다고 하였다. 선조는 율곡이 뜻과 이상이 매우 높지만 지나치게 과격하고 급하다고 보았다. 이에 대해 박순은 율곡의 말이나 의논은 과격하지 않고 자연스럽고 평화스럽다 하고, 그의 뜻이란 다름 아닌 건강이 좀 좋지 않다는 것이고, 또 한가히 여유롭게 공부를 하고 싶은 것이라 하였다. 율곡을 지극히 아끼는 박순은 경연 석상에서 늘 율곡이 현량하고 재능이 탁월하다고 하여 그를 인재로 추천하였다.

1584년 봄 율곡이 별세하자 박순은 임금에게 말하기를, 이문성(李文成)[10]이 뜻밖에 죽어 그의 임금을 사랑하고 나라를 근심하는 마음을 펴내지 못했으니, 증직(贈職)의 영전을 베풀어서 그의 충성을 포미(褒美)[11]해야 마땅하다고 하였다. 이에 임금이 말하기를 "벼슬이 찬성(贊成)에 이르렀으니 추증(追贈)한 들 무슨 소용이 있겠소. 그 도의 관찰사에 명하여 처자를 호송하고 상례와 장례를 돌보아 주도록 하오."라고 하였다.[12] 이선의 「행장」에서도 이때의 정황과 박순의 역할에 대해 다음과 같이 설명하고 있다.

---

9 李選 撰,「行狀」.
10 율곡 이이
11 칭찬함.
12 李選 撰,「行狀」.

　명년 정월에 재이(災異)로 사직하려 했으나 허락하지 않았다. 그때 선생은 정부에 있으면서 사류(士類)를 끌어들여 율곡은 대간에 있고 우계는 부름을 받았고, 한 때 청명(淸明)한 인사들이 조정에 많이 모여 사기가 돋구어져, 사람들이 모두 희망을 걸었으나 임금께서 선악을 구별하는 것을 과격하다고 여기시고, 법도를 경장(更張)하는 것을 어려운 일로 여기셨기 때문에 끝내 이룩된 것이 없었다.

　마침 재이(災異)로 면직을 바랐으나 그렇게 하지 못했다. 4월에 성우계(成牛溪)가 봉사(封事)를 올려 진덕(進德), 경국(經國)의 도를 논하였는데, 임금께서 그 소문을 내려 보이셔서 선생이 회계(回啓)하여 가납(嘉納)하기를 청했고, 또 경연을 겸임해서 강학에 대비하도록 하기를 청했다.

　임금께서는 경연을 겸임하는 것은 신규를 창설할 수 없으므로 후에 다시 답할 것이라고 하시었다. 후에 우계가 누차 상소하여 돌아갈 것을 구하자, 임금께서는 또 돌아가기를 허락할 여부를 물으셨다. 선생은 또 건의하여 한직(閑職)으로 승임(陞任)시켜 옮기고, 참찬관을 겸임시켜 겨울을 지날 신탄(新炭)을 양급(量給)하고 퇴거(退去)를 허락하지 말고 정치하는 도를 묻도록 하기를 청하였다.[13]

　이와 같이 박순은 율곡과 함께 우계 성혼을 조정에 참여시켜 사림정치의 새로운 기풍을 진작시키고자 노력하였다. 1583년(선조 16) 3월에 임금이 인재를 추천하라고 명하였는데, 박순은 성혼(成渾: 1535~1598)이 재덕(才德)이 모두 우월하고, 김여물(金

汝吻)(1548~1592)[14], 최경회(崔慶會: 1532~1593)[15], 서익(徐益: 1542~1587)[16]이 문무(文武)의 재능이 있다고 하여 이들을 추천하였고, 이밖에 전후 추천한 인재로 이후백(李後白: 1520~1578)[17], 김계휘(金繼輝: 1526~1582)[18], 구봉령(具鳳齡: 1526~1586)[19], 신응시(辛應時: 1532~1585)[20], 이산보(李山甫: 1539~1594)[21] 같은 사람들이 있는데, 이들은 모두 한 때의 명성과 덕망이 대단했던 인사들이었다.[22]

이때 조정의 상황과 그의 역할 그리고 선조의 입장에 대해 이선이 쓴 「행장」을 참고하기로 하자. 이때 율곡은 삼사의 탄핵을 받고 이미 파산(坡山)으로 물러가 있었고, 성혼이 임금의 부름을 받아 서

---

14 字는 士秀, 號는 披裘子, 畏菴, 본관은 順天, 영의정 金鎏의 아버지. 임난 때 왕의 특명으로 申砬과 함께 충주 방어에 나섰다가 실패하자 탄금대 아래에 신립과 함께 자결하였다.

15 字는 善遇, 號는 三溪, 日休堂, 본관은 海州, 能州 출신으로 임난 때 의병을 규합 전라우도 의병장이 되어 금산, 무주, 창원, 성주 등지에서 왜병을 격퇴하여 전공을 세웠다. 다시 진주성 싸움에 참가하여 金千鎰과 함께 싸우다 전사하였다.

16 字는 君受, 號는 萬竹, 본관은 扶餘, 1569년 별시문과에 급제, 1583년 비변사 당상 李俊民의 천거로 군수가 되고, 이해 종부시 첨정으로 순문관이 되어 북방에 파견되었다. 1585년 의주목사가 되었으나 탄핵을 받은 李珥를 변호하는 상소를 했다 파직되었다.

17 字는 季眞, 號는 靑蓮, 본관은 延安, 李義健, 崔慶昌, 白光勳 등에게 배움. 1569년 聖節使로 명나라에 다녀왔다. 이어 도승지, 대사헌, 부제학, 이조참판을 역임, 1573년 奏請使로 명나라에 다녀와 이듬해 대사간, 이조판서, 양관대제학을 지내었고, 淸白吏에 녹선되었다.

18 字는 重晦, 號는 黃岡, 본관은 光州, 沙溪 金長生의 어버지로 1566년 문과중시에 을과로 합격, 동부승지를 거쳐 대사헌에 올랐다가 1575년 동서분당 때 沈義謙과 함께 서인에 속했으므로 당쟁완화를 위한 조정의 조정책으로 평안도 관찰사로 나갔다. 1581년 宗系辨誣 奏請使로 북경에 갔다가 이듬해 돌아와 예조참판에 올라 경연관이 되었다.

19 字는 景瑞, 號는 栢潭, 본관은 綾城, 李滉의 문인. 1560년 별시문과에 급제, 검열이 되고, 홍문관에 등용된 후 문신정시에 장원, 수찬, 병조좌랑을 거쳐 1567년 賜暇讀書를 했다. 이조참의, 충청도 관찰사, 대사간, 부제학, 대사성, 이조참판을 역임했다.

20 字는 君望, 號는 白麓, 본관은 寧越, 白仁傑의 문인, 1559년 정시문과에 급제, 예조, 병조의 좌랑, 교리 등을 역임하고, 선조 즉위 초 경연관이 되었다. 전라도 관찰사, 예조참의, 병조참지를 거쳐 대사간, 홍문관 부제학에 이르렀다.

21 字는 仲擧, 號는 明谷, 본관은 韓山, 李穡의 7대손으로 숙부인 李之菡에게 수학하였다. 동부승지, 대사간, 우승지를 거쳐 1585년 부제학 金宇顒이 李珥, 鄭澈의 죄를 논하는 것을 반박했고, 대사헌에 특진되었으나 후에 李珥, 朴淳, 鄭澈의 공을 논하다가 사간원의 탄핵을 받아 전직되었다. 1591년 정철의 建儲議 문제로 연루 파직되어 고향에 내려갔다. 임난 때 선조를 호종 이조판서가 되어 명나라 장수 李如松을 맞이하였다

22 李選 撰, 「行狀」.

울에 와 상소하여 삼사의 붕당(朋黨) 참언(讒言)의 잘못을 고했다. 이에 선조는 삼공(三公)을 불러 교지를 전하며, "이이(李珥)를 배척한 것은 누가 한 짓인가? 그 붕간(朋姦)의 동류(同類)는 또 누구인가? 따져서 아뢰고 더 이상 어물거리지 말라."고 지시하였다.

박순이 배알(拜謁)하기를 청해 허봉(許篈), 송응개(宋應漑) 등이 시기를 이용해서 날조한 상황을 철저하게 진술하였다. 송응개는 대사간으로 인피(引避)하고, 박순과 율곡, 우계 성혼을 철저히 헐뜯었다. 선조는 말하기를 "설사 너의 말이 다 옳다 하더라도 이제 비로소 그것을 말하였으니 그것은 불충(不忠)이다." 하고, 양사(兩司)의 체직을 특명하였다.

이기(李墍), 성락(成洛) 등은 합계(合啓)로 파직을 청하고, 박순의 열 가지 죄를 늘어놓고 극렬하게 헐뜯었으며, 옥당에서도 또 차자로 빨리 허락하기를 청하였으나 선조는 끝내 윤허하지 않았다.

이때 우상(右相) 정지연(鄭芝衍)이 진계(陳啓)하여 박순을 변호했고, 현감 윤희경(尹希慶), 참봉 변사정(邊士貞), 유학(幼學) 신박, 호남 유생 서대수(徐台壽) 등 수 백인이 계속해 항소하여 신변(申辨)하였는데 선조는 모두 칭찬하며 대답하였다. 왕자 사부(師傅) 하락(河洛)이 또 상소하여 구제를 논했는데, 도승지 박근원 등이 하락을 음휼(陰譎)[23]하고 편당적이라고 아뢰자, 선조는 특명으로 박근원 등 제 승지를 모두 체직시키고 다음과 같이 교지를 내렸다.

"보잘 것 없는 몇몇 신하가 근밀한 데 가까이 엎디어서 멋대로 당파를 만들고, 사람들의 말을 막아버리니 참으로 소인으로 기탄함이 없는 자로다." 또 다음과 같이 교지를 전하였다.

---

23 마음이 음험하고 흉악함.

"근자에 너희 삼사가 재보(宰輔)를 논핵(論劾)하는데, 의겸(義謙)과 교결(交結)한 것을 붉은 기치로 삼았으니, 의겸을 나라의 함정으로 만든 데 불과하다. 무릇 한 때의 명신(名臣) 현사(賢士)로 자기네와 다른 자는 반드시 그 가운데에 밀어 빠뜨린다. 다만 영상(領相)의 사람됨을 보니, 송죽(松竹)의 절조(節操)이고 수월(水月)의 정신(精神)이며, 충용(忠勇)의 금도(襟度)는 온화하고 우아하게 도와서 천성을 이루었고, 청신(淸愼)한 덕은 백옥(白玉)을 가리우고 문채를 떨친다. 이제 너희 삼사는 일찍부터 분개하고 미워하는 뜻을 품고, 무형의 말을 날조하여 멋대로 헐뜯음이 이르지 않는 데가 없다. 천하 후세에 너희 무리를 어떠한 사람들이라고 말하겠는가? 비록 그것을 십 년 동안 논한다 해도 어찌 따를 수 있는 이치가 생기겠는가?"

선조가 친히 교서를 만들어 송응개, 허봉, 박근원 등 세 간악한 자들을 변경 끝으로 유배시키도록 명하고, 그 나머지 삼사의 간당(奸黨)들은 특지(特旨)로 전후하여 다 물리쳐 외읍(外邑)에 보했고, 또 혹 파직되기도 하였다. 송응개와 허봉은 처음에는 역시 외직에 보해졌었으나 이때에 와서 다시 죄를 주어 유배하였다. 그때 말하는 이들이 말하기를 "이(珥)는 혼(渾)이고 모(某)이니, 다른 사람으로 보아서는 안 된다."라고 하자, 선조는 다음과 같은 교지를 내렸다.

"그래 이 설로 내 마음을 움직일 수 있겠는가? 아아, 만약에 군자라면 당여(黨與)[24]가 있음을 근심하지 않고, 오히려 그 당여가 적음을 근심한다. 나 역시 주자의 설을 본받아 이(珥), 혼(渾)의 당에 들어가고자

---

24 한 편이 되는 무리.

한다. 지금부터는 너희들은 나를 이, 혼의 당으로 여겨도 좋다."

박순은 세 차례나 아뢰어 면직을 바랐으나 교지를 전하기를, "사장(辭章)이 세 차례 올라와 나의 마음은 두려워졌소. 그러나 경(卿)의 마음과 간신의 거짓됨은 내가 번거롭게 설명할 필요가 없소. 지금 만약 경이 사직하여 물러나는 것을 허락한다면, 이는 내를 건너고자 하는 자가 스스로 자기 노를 꺾는 것일 뿐이오. 내가 비록 우매하다 하여도 반드시 이 지경에 이르지는 않을 것이오. 경은 속히 출사(出仕)하여 뭇사람의 마음을 무마하도록 하오." 하였다.
또 차자(箚子)를 올려 강력하게 사퇴하였으나, 곧 위로하여 타이르고 윤허하지 않았다. 임금의 비답(批答)에 이런 말이 있었다.

"청렴근신(淸廉勤愼)한 우아한 절조(節操)로 사람을 아끼고 선비에게 겸손하게 굴거니와 정색하여 조정에 서니, 진실로 만물을 진수(鎭守)하는 높은 산악이요, 충성과 근면으로 나라에 몸 바치기를 허락하니, 정녕 냇물을 건너는 배로다. 바야흐로 의지하고 신임하는 소중함이 간절하니, 어찌 쉬러 물러나겠다는 청을 용납하겠는가?"

박순은 출사한 후에 또 두 차례의 장계로 강력히 사퇴하였는데, 선조는 드디어 인견(引見) 면대(面對)하여 타이르고 윤허하지 않았다.[25]
동인과 서인의 당쟁이 노골화되는 시점에서 선조의 판단이 주목된다. 선조는 허봉, 송응개, 박근원 등이 삼사 합사로 박순, 이이, 성혼 등 서인계를 축출하려는 시도에 대해 통렬히 꾸짖고, 명신현사

---

25 李選 撰, 「行狀」.

(名臣賢士)를 자기편이 아니라고 험담하여 배척하는데 대해 단호하게 나무란다. 그리고 선조는 영의정 박순의 인품을 가리켜 "송죽(松竹)의 절조(節操)이고 수월(水月)의 정신(精神)이며, 충용(忠勇)의 금도(襟度)는 온화하고 우아하게 도와서 천성을 이루었고, 청신(淸愼)한 덕은 백옥(白玉)을 가리우고 문채를 떨친다."고 예찬한다. 선조가 박순을 얼마나 존경하고 신뢰하는지를 잘 보여주는 대목이다.

선조는 허봉, 송응개, 박근원 일당에 대해 "이제 너희 삼사는 일찍부터 분개하고 미워하는 뜻을 품고, 무형의 말을 날조하여 멋대로 헐뜯음이 이르지 않는 데가 없다. 천하 후세에 너희 무리를 어떠한 사람들이라고 말하겠는가? 비록 그것을 십 년 동안 논한다 해도 어찌 따를 수 있는 이치가 생기겠는가?"라고 준엄하게 꾸짖고 있다. 결국 선조는 송응개, 허봉, 박근원 등을 유배시키고, 그 나머지 삼사의 간당(奸黨)들은 외읍으로 전보시키고 또 파직시켰다.

그때 세상 사람들의 여론은 "이이는 성혼이고 박순이니, 다른 사람으로 보아서는 안 된다."고 하였다. 선조는 이러한 세론에 따라 자신도 그 당에 들고 싶다고 고백한다.

만약 군자라면 당여(黨與)가 있음을 근심하지 않고, 오히려 그 당여가 적음을 근심한다는 주자의 말씀에 따라 선조 자신도 박순, 이이, 성혼의 당에 들어가고 싶다 하였다. 그리고 지금부터는 너희들이 나를 박순, 이이, 성혼의 당으로 여겨도 좋다고 하였다.

선조의 이러한 판단과 입장 표명은 적어도 이 상황 이 시점에서는 매우 훌륭한 탁견이었다고 생각된다. 그것은 편당이 아니라 시비비비를 통해 옳은 편, 군자의 편에 서고자 하는 선조의 뜻이기 때문이다.

박순이 세 번이나 면직을 요청했으나 선조는 "사장(辭章)이 세 차례 올라와 나의 마음은 두려워졌소. 그러나 경의 마음과 간신의 거짓됨은 내가 번거롭게 설명할 필요가 없소. 지금 만약 경이 사직하여 물러나는 것을 허락한다면, 이는 내를 건너고자 하는 자가 스스로 자기 노를 꺾는 것일 뿐이오. 내가 비록 우매하다 하여도 반드시 이 지경에 이르지는 않을 것이오. 경은 속히 출사(出仕)하여 뭇사람의 마음을 무마하도록 하오.”하며 결국 사퇴를 허락하지 않았다.

박순은 또 차자를 올려 사퇴했지만 위로하여 타이르고 허락하지 않았다. 선조는 박순에게 준 비답(批答)에서 “청렴근신(淸廉勤愼)한 우아한 절조(節操)로 사람을 아끼고 선비에게 겸손하게 굴거니와 정색하여 조정에 서니, 진실로 만물을 진수(鎭守)하는 높은 산악이요, 충성과 근면으로 나라에 몸 바치기를 허락하니, 정녕 냇물을 건너는 배로다. 바야흐로 의지하고 신임하는 소중함이 간절하니, 어찌 쉬러 물러나겠다는 청을 용납하겠는가?”라고 박순을 지극히 칭송하고 기렸다. 선조의 박순에 대한 신뢰와 존경이 어떠하였는가를 잘 알 수 있다.

훌륭한 정치는 성군(聖君)과 현상(賢相)이 만나야 한다. 이를 군신상우(君臣相遇), 군신협치(君臣協治)라 한다. 우리 역사상 임금과 신하가 잘 화합하고 협력하여 훌륭한 정치를 이룩한 대표적인 예는 세종과 황희(黃喜)의 경우라 할 수 있다. 세종은 황희를 존경하고 신뢰하여 세종 즉위 전 기간 동안 그를 놓지 않았다. 재상만 24년, 영의정을 18년이나 했다. 세종 없는 황희가 없고 황희 없는 세종이 없다고 말한다. 선조와 박순의 경우도 이에 버금가는 경우다. 우리는 흔히 선조시대 하면 율곡을 생각한다. 그런데 사실 선조는 율곡을 그리 좋아하지 않았다. 율곡 홀로 말과 글로 주장하고 외친 셈이다. 정치의 실제적인 효과는 임금만으로도 부족하고 신하만으로도 부족하다. 임금과 신하의 뜻이 같고 상호 신뢰와 존경이 없이는 불가능하다. 그런데 선조의 경우 박순은 매우 아끼고 신뢰하며 존경하는 재상이었다. 그러므로 비록 당쟁이 해결된 것은 아니었지만 당쟁의 시시비비를 가려 공도(公道)를 추구하고자 한 임금의 태도는 긍정적으로 평가해도 좋을 것이다.

명종 때 척신(戚臣) 윤원형의 집권 말기 박순, 기대승(奇大升), 이중호(李仲虎) 등 일부 사림파가 중앙 정계에 진출하였으나 그 세는 미약하였다. 그런데 박순이 이양, 윤원형, 보우 등을 축출함으로써 사림의 사기가 진작되고, 영남에서는 이황(李滉), 조식(曹植)이 일어나고, 기호에서는 기대승, 이이, 성혼이 중앙 정계에 등장하게 되었는데, 여기에는 박순의 역할이 매우 컸던 것이다. 윤원형 등 척신(戚臣) 내지 구신(舊臣)들을 쫓아내고 사림파가 중앙 정계에 등장할 수 있는 계기를 마련한 이가 바로 박순이었다.

박순은 '선류(善類)의 종주(宗主)'로 불리었는데, 선류(善類)란 사림파가 등장하면서 구세력에 대한 신진사류의 사림을 일컫는 말이다. 중종 때에 조광조와 같이 기묘년에 화를 당했던 기묘인(己卯人)을 청류(淸流)라 일컬었는데 선류(善類)도 이와 같은 말이다.

이와 같이 16세기 사화와 당쟁으로 얼룩진 시대에 고고한 인품, 청렴한 삶, 강직한 기상으로 권간과 소인배들의 횡포에 맞서 싸우고 임금과 합심해 그들을 청산하여 새로운 사림정치의 시대를 여는 데 중요한 역할을 한 이가 바로 박순이다. 을사사화 때에도 윤원형, 이양 등 권간들과 맞서 싸우고, 명종을 설득해 척신, 구신들을 척결하는데 중심적 역할을 하였다. 또한 동인, 서인의 당쟁으로 조정이 어지러웠을 때에도 율곡, 우계 등 선류(善類)들을 조정에 이끌고, 그들과 함께 세도(世道)정치의 실현에 앞장섰던 '사림(士林)의 영수(領袖)', '선류(善類)의 종주(宗主)'가 바로 박순이다.

그러므로 「제가기술(諸家記述)」에서 "융경(隆慶) 5년 신미(辛未) 선조 4년(1571년) 7월에 임금께서 특명으로 박순을 우찬성으로 삼았는데, 사림은 그제서야 안정되었고, 박순은 사림의 영수가 되었다."[26]고 평가하고 있다. 또한 우계 성혼의 「사우록(師友錄)」에서도 "사암 박순은 나면서부터 뛰어나게 남달랐고, 신색(身色)이 화평(和平)하고 기질이 맑았으며, 장원으로 급제하여 영의정에 올라 사림의 영수가 되더니, 계미년(癸未年: 1583년)의 화가 일어나자 경연에서 삼간(三奸)[27]을 배척하였는데, 임금께서는 "박모(朴某)는 송죽(松竹)의 절조(節操)이고 수월(水月)의 정신(精神)이다"라고 말씀하시었다. 백운계(白雲溪) 가에 퇴처(退處)하여 67세까지 살고 졸하니, 문충(文忠)이라 시(諡)했다. 화담한테서 글을 배웠고, 중년에는 퇴계 선생을 섬겼고, 만년에는 우계, 율곡 두 선생과 막역한 벗이 되었다."[28]고 평가하고 있는 것이다.

불의의 사화시대에 구신(舊臣)들을 축출하고 선류(善類)를 조정에 채워 청의(淸議)를 진작하고 사림정치의 기틀을 마련하는데 중추적 역할을 한 이가 바로 박순이며, 명실공히 '사림의 영수', '선류의 종주'로 존경과 추앙을 받았던 것이다.

---

26 『思庵集』, 卷7, 附錄, 「諸家記述」.
27 宋應漑, 朴謹元, 許篈을 말함.
28 牛溪 成渾의 「師友錄」

제6장
탁월한 외교활동과 중국 사신들의 존경

　　박순은 중국 사신으로 가기도 하고 또 사신들을 영접하기도 하였다. 이러한 외교적 활동에서도 남다른 면모를 보여주고 있다. 그는 1568년(선조 1) 2월에 태감(太監) 장조(張朝)와 행인(行人) 구희직(歐希稷)이 명종의 시제(諡祭) 문제로 서울에 왔을 때, 그들을 영접하는 반접사(接伴使)가 되었다. 중국의 사신들은 박순의 자태와 용모가 청아(淸雅)하고 예의 시행에 아무런 잘못이 없어 이미 마음속으로 존경심이 생겼다. 또 그가 지은 시를 보고서는 놀라 "송대(宋代)의 인물에다가 당대(唐代)의 시조다. 우리들은 얼굴이 두꺼울 뿐이다"라고 말하며, 향봉(香封), 견초(絹綃) 등의 물건을 본가로 보내와 자제들을 시켜 답서를 쓰게 하였다.

　　7월에는 중국 조사(詔使) 성헌(成憲)과 왕새(王璽)가 서울에 들어왔는데, 그들이 돌아갈 때 박순은 반송사(伴送使)로 의주(義州)까지 전송하고 8월에 복명(復命)하였다. 성헌과 왕새 두 조사는 박순의 인품에 존경을 표하면서 다음과 같은 시를 써서 감사의 표시를 전했다.

원접사(遠接使) 박대재(朴大宰) 대인(大人)을 삼가 작별하다[1]

명사(明使) 성헌(成憲)

오래전부터 문장 속에서 높으신 이름 알았었는데
해외에서 상봉하니 지기(知己) 사이 기쁘다.
한담(閒談)하며 튀기는 침도 다 옥이 되고
땅에 던져지는 문장도 금과 맞잡이다.
학이 나는 들판 가을 바람의 천리 길
압록강 석조(夕照)의 인생 백 년의 심사(心思)
무궁한 이별 후의 생각은 마음으로
홀로 청아한 귀하의 시를 종일토록 읊조린다.

강물이 바위를 적시고 나무 그늘 가을에
생이별하느라 차마 물가를 돌아보지 못한다.
세 열흘 동안 거마(車馬)로 함께 내왕(來往)하면서
몇 차례이던가 시편(詩篇)을 함께 창수(唱酬)한 것은?
우정이 병든 몸에 참된 약이라
물가에서부터 작별하였다 다시 누대(樓臺)에 올라갔다.
이 마음은 응당 난주(蘭舟)에 매여서
연연세세(年年歲歲)로 압록(鴨綠)가 물 언저리에 있게 해야 할 거라.

원접사(遠接使) 박대재(朴大宰)를 삼가 작별하다.[2]

명사(明使) 왕새(王璽)

　내가 사명을 받들고 동국(東國)에 왔는데, 동국에서는 박대재(朴大宰)를 원접사(遠接使)로 충임(充任)하여 압록강에서 맞이하게 하였고, 돌아갈 때 다시 강가에까지 전송해 와 거기서 작별하였다. 대재(大宰)는 사암(思庵)이라 자호(自號)하였고, 다니는 동안 사암기(思庵記)를 청했다. 나는 그때 막 치달아 서쪽으로 돌아오느라 그것을 지을 틈이 없었다. 잠시 짧은 시를 써서 일소(一笑)를 일으켜 이별의 심회(心懷)를 달래 본다.

　　박씨(朴氏)는 동국(東國)의 뛰어난 선비로
　　청아(淸雅)한 풍채는 멀리 진속(塵俗)을 벗어나 있다.
　　전형(銓衡)하는 덴 인물 감별(鑑別)에 밝았고
　　문관(文館)에서는 유신(儒紳)을 존중하였다.
　　길을 나서선 먼 노정(路程)을 잊고
　　충근(忠勤)으로 멀리 온 신하를 대해주었다.
　　만났다가는 또 헤어지게 되어
　　멀리를 생각하는 건 강물의 마름에 있다.

　박순은 또 1572년(선조 5) 8월에 등극사(登極使)로 연경(燕京)에 하례(賀禮)하러 갔다. 등극사란 본래 진하사(進賀使)의 일종으로

중국 황실에 경사가 있을 때 보내는 축하사절을 말한다. 출발에 임박하여 임금이 그를 인견(引見)해 친히 술잔을 잡고 권하였다.

중국인들이 평소 박순의 높은 문재(文才)를 알고 있었으므로 연도(沿道)에서 글을 써 주기를 청하는 자들이 매우 많았다. 입조(入朝)하게 되자 구례(舊例)로는 외국의 진주자(進奏者)는 모두 협문(夾門)으로 들어가게 하였던 것이었으나, 박순이 항의하여 말하기를, "배신(陪臣)의 출입은 시키는 대로 하겠소. 표문(表文)으로 말하면 지존(至尊)께 바치는 것인데, 어찌 협문으로 들어가야 한단 말이오?"하고 항의하였다. 이에 중국 예부(禮部)에서는 그것을 공박할 수 없어 정문으로 들어가도록 허락하여 마침내 그것이 정식 관례가 되었다. 객관(客館)에 머물러 있는 날 예부주사(禮部主事)가 물품을 교역할 것인가를 묻자, 박순은 "과군(寡君)은 교역할 물품이 없는데, 개시(開市)는 해서 무엇하겠소?"라고 말해 중국인들이 칭찬하였다.[3]

박순이 중국에 갔을 때 길에서 많은 사람들이 그를 알아보고 글을 써 달라고 부탁했다는 것으로 볼 때 그의 명성을 가히 짐작할 수 있다. 또한 중국 황실에 들어갈 때에도 좁은 문으로 사신을 들여보내는 것에 항의를 하여 이를 바로 잡았다 하니, 그의 충직한 면모는 나라 안에서나 밖에서나 두루 마찬가지였음을 알게 한다.

1582년(선조 15) 성헌, 왕새 두 조사가 와서 다시 원접사가 되었는데, 그들의 존경을 받은 것이 역시 구희직이 왔을 때와 마찬가지였다. 이때 예에 따라 반송사(伴送使)로 벽제관(碧蹄館)에서 송영(送迎)하였던 것이다. 이렇게 볼 때, 박순은 수차례의 중국 사신 영

---

3 李選 撰,「行狀」

접을 통해 양국의 친선과 우의를 도모하는데 일익을 담당했고, 중국에서도 명성이 나 길가의 사람들이 박순을 알아보고 글을 청했다 하니 그의 위상을 가히 짐작할 수 있다. 그리고 연경에서는 협문으로의 통행에 이의를 제기하여 중국 예부로 하여금 이를 시정하도록 만들었고, 성헌, 구희직, 왕새 등 사신들이 박순의 인품을 존경하고 학문에 감탄한 데서 그의 외교적 능력과 위상을 잘 알 수 있다.

제7장

당쟁과 백운동(白雲洞) 은퇴, '일대(一代)의 고사(高士)'

박순이 30여 년의 관직생활을 청산하고 포천의 영평(永平)으로 은퇴를 하게 된 것은 당쟁의 갈등과 정여립(鄭汝立) 사건이 하나의 계기가 되었다. 조선의 당쟁은 인사권을 쥔 이조 정랑을 둘러싸고 김효원(金孝元)과 심의겸(沈義謙)이 갈등하게 되었고, 김효원이 서울의 동쪽 낙산 밑에 살았으므로 동인이라 부르고 심의겸은 서쪽인 정동에 살았으므로 서인이라 불렀다.

심의겸과 김효원이 서로 맞지 않아 그로 말미암아 후배 사이에 붕당(朋黨)이 생겨나게 되었다. 허엽(許曄)은 비록 선배이기는 하였으나 실은 후배의 종주(宗主)였고, 박순은 비록 청렴한 명성으로 사림의 중망(重望)을 받고 있기는 하였으나 그래도 선배였기 때문에, 사람들이 혹 심의겸의 친구로 지목하기도 하였다. 이때에 와서 허엽과 김효원이 장계(狀啓)를 내어 병을 이유로 사퇴하자, 사림에서는 더욱 의심하기를 김효원이 박순을 공격하여 심의겸의 세력을 고립시키는 것이라 하여 심히 옳지 않게 여겼다.

1572년(선조 5) 7월 영의정 이준경(李浚慶: 1499~1572)이 임종할 때 유소(遺疏)를 바쳐 붕당(朋黨)이 발생할 염려가 있으니 이

를 막아야 한다고 하였는데, 이를 두고 임금과 신료들 사이에 논쟁
이 벌어졌다. 임금도 매우 놀라 대신을 불러 "조신(朝臣) 중에 붕당
을 만드는 자가 누구인가?"라고 물었다. 밖의 의논이 흉흉해져 삼
사 및 호당(湖堂)의 관원들이 모두 차자(箚子)를 바쳐 이준경의 설
을 논척(論斥)하였다. 율곡 역시 붕당소(朋黨疏)를 올려 이준경의
유소를 극력 비판하였다. 박순은 심의겸과의 관계로 자신의 처신과
는 상관없이 서인으로 지목 오해를 받았다. 1575년(선조 8) 사류가
동서로 분당되자 당시의 부제학이었던 율곡도 부득이 서인이면서
도 세상을 떠날 때까지 10여 년 동안 당쟁을 완화시키고자 많은 노
력을 기울였다.

1580년(선조 13) 박순은 경연에서 김효원을 수용해서 동서붕당
설을 씻어버리기를 청하였으나 선조는 받아들이지 않았다. 그때 이
조에서 김효원을 사간에 추천하였는데, 선조는 말하기를 "조정을
불안하게 만든 자는 다 옳지 않다. 김효원은 단지 서관(庶官) 낭료
(廊僚)로 쓰면 족하다. 어찌 사간에 의정(擬定)¹할 수 있겠는가?"하
였다. 그 후 며칠 후에 박순이 경연에서 다음과 같이 아뢰었다.

> 동서의 설은 여항(閭巷)의 잡담이므로 조정에서는 개의하지 않아야
> 하는데, 어찌 그것 때문에 쓸만한 사람을 버려버릴 수 있겠습니까? 김
> 효원의 재기(才氣)는 버리면 아깝습니다. 근일 동서의 설이 아직 다 없
> 어지지 않았기 때문에 공박 당한 자와 버려둔 자들이 다 동서로 구실을
> 삼습니다. 지금 만약 효원을 쓰지 않는다면 구실을 삼는 자가 더욱 많아
> 질 것입니다.

---

1 헤아려 결정함.

이에 대해 선조는 말하기를 "비록 효원을 쓰지 않는다 하여도 어찌 쓸만한 자가 없겠는가?" 하였다. 이와 같이 박순은 자신이 비록 서인의 우두머리로 오해를 받으면서도 김효원의 재기(才氣)가 아까우니 사간으로 등용해야 한다고 주장하였다. 그는 동서의 설은 여항의 잡담이므로 조정에서는 개의치 말아야 한다 하고, 그것 때문에 쓸만한 인재를 버려서는 안 된다 주장하였다.

이런 관점에서 박순은 1582년(선조 15) 임금이 훌륭한 인재를 추천하라 할 때에도 당색에 관계없이 유능한 인재로서 성혼, 김여물(金汝岉), 최경회(崔慶會), 서익(徐益), 이후백(李後白), 김계휘(金繼輝), 구봉령(具鳳齡), 신응시(辛應時), 이산보(李山甫) 등을 추천하였다. 또한 전랑이 오로지 자기 동류(同類)만을 쓰기 때문에 마땅히 전랑의 인사 추천을 개혁하여 사람을 쓰는 길을 공평하게 개혁해야 한다 하였다.[2]

박순이 정계에서 은퇴하게 된 또 하나의 계기는 정여립(鄭汝立) 사건이었다. 물론 이것도 동서 당쟁의 연속이라고 볼 수 있다. 1584년 박순에게는 후배였으나 동지처럼 믿고 기대했던 율곡이 세상을 떠나자 동서 당쟁도 새로운 국면을 맞게 되었다.

정여립(鄭汝立: 1546~1589)은 일찍이 율곡과 우계의 문하에서 배우고 총애를 받았다. 1583년(선조 16) 예조좌랑이 되고 이듬해 수찬으로 사직했다. 본래 서인이었으나 1585년 다시 수찬이 된 뒤 집권 중인 동인에 아부하여 죽은 율곡을 배반하고 박순, 성혼 등을 비판, 임금이 이를 불쾌하게 여기자 다시 벼슬을 버리고 고향에 돌아갔다. 그 후 많은 선비들과 접촉하여 점차 성망(聲望)이 높아지자

---

2 李選 撰, 「行狀」.

정권을 잡기 위해 진안(鎭安) 죽도(竹島)에 서실을 지어놓고 대동계(大同契)를 조직, 신분에 제한 없이 선비, 불평객 들을 모아 보름마다 한 번씩 무술을 훈련시켰다. 1587년(선조 20) 전주 부윤 남언경(南彦經)의 요청으로 변경에 침입한 왜구를 격퇴한 뒤 대동계의 조직을 전국적으로 확대, 황해도 지역의 기인(奇人), 모사(謀士)들을 휘하에 넣고 『정감록(鄭鑑錄)』의 참설(讖說)을 이용하여 '이씨(李氏)가 망하고 정씨(鄭氏)가 흥한다'고 퍼뜨리며 민심을 선동하였다. 1589년 소문이 점차 퍼져 비밀이 누설되자 반란 거사를 모의하였으나, 안악군수 이축의 고변으로 실패, 아들과 함께 진안 죽도로 도망하여 숨었다가 관군의 포위 속에서 자살해 모반사건은 끝났다. 이 사건으로 동인에 대한 박해가 시작되어 기축옥사(己丑獄事)가 일어났다.[3] 이에 관해서 이선이 쓴 「행장」의 기사를 참고하기로 하자.

을유년(乙酉年: 1585년) 여름에 스스로 사퇴하여 체직 되었고 영중추부사(領中樞府事)를 배(拜)하였다. 적당(賊黨) 정여립이 처음 벼슬을 버리고 고향으로 돌아가 독서한다고 내걸고, 율곡, 우계 양현이 한 때의 유종(儒宗)임을 듣고 찾아와서 학문을 물었다. 율곡이 죽은 후에 여립이 수찬으로 서울로 들어와 당시의 의논이 크게 변한 것을 보고는 경연 자리에서 극도로 우계와 율곡을 공격하였다.

송강과 선생은 그의 함부로 굴고 근신하지 못함을 면대하여 물리치자, 여립은 선생까지 아울러서 공격하는데 온 힘을 기울였다. 그때 우계 역시 물러나 돌아가 있었고, 오직 선생과 정송강(鄭松江)이 홀로 조신(朝臣)의 수위에 있었기 때문에 이발(李潑), 김수옹(金守顒)

---

3 이희승 등 편, 『한국인명대사전』, 836쪽.

등이 배척하여 마지않았고, 여립이 또 부회(附會)하여 헐뜯어 배척하였다. 선생은 자퇴하고 들어가 병을 고하기를 세 차례까지 하였다. 임금께서는 사관을 보내 대신들에게 체직의 타당 여부를 물으시었는데, 우상 정유길(鄭惟吉)은 "한 사나이가 발언한 것을 그 허실(虛實)을 구명하지 않고 상신(相臣)을 물리침은 뒤에 올 폐단을 깊이 생각하니, 신은 옳다고 여겨지지 않습니다."라고 말했다.

이리하여 임금께서는 불충비답(不充批答)을 내도록 명하기를 네 차례나 하시고, 또 불충비답을 내도록 명하시었다. 후에는 마침내 체직되어 영중추부사가 해임되고 용호(龍湖)에 들어앉아 있었다. 5월에 의주목사(義州牧使) 서익(徐益)이 상소하여 여립이 앞장서서 이문성(李文成)을 배반한 전후에 반복했던 상황을 역술(歷述)하였고, 또 선생 및 정송강을 위안(慰安)하여 그 지위로 회복시키게 하도록 청했으며, 삼사에서는 번갈아 차자를 올려 논했다. 가을에 양사에서 청양군(靑陽君) 심의겸(沈義謙)을 파직시키기를 논했고, 그의 당여(黨與) 13인을 두루 꼽았는데, 다 한 때의 명현(名賢)이었고, 선생을 첫머리에 놓아 마침내 당적(黨籍)으로 엮어 버렸다. 생원(生員) 이귀(李貴)가 상소하여 양사(兩司)를 비판했다. 양사의 김수(金睟)와 이발(李潑)이 또 선생 및 우계, 율곡, 송강을 두루 헐뜯었다. 그 장계는 대략 다음과 같다.

이(珥), 혼(渾)이 다시 들어온 후에는, 이해수(李海壽), 백유함(白惟咸) 등을 끌어써서 그들을 전조(銓曹)에 배치하였습니다. 그들이 정사를 행하고 사람을 쓰고 하는데, 공의(公議)를 돌보지 않고 한결같이 사정(私情)에만 따라, 그때 자기네를 공격한 사람들을 다 물리치고 전 일에 뜻을 잃었던 무리를 다 써서, 조정의 관원들 사이에는 참언(讒言)과 아첨으로 면대(面對)하여 아유할 수 있는 사람이 많아져, 나라 일이 날로 혼탁과 난맥(亂脈)속으로 들어갔으니, 이는 이(珥), 혼(渾)의 지난날의 나라 근심하는 마음이 바뀌어, 나라를 그르치는 계략으로 되어진 것입니다. 이(珥)가 죽은 후에는 혼(渾) 역시 오래지 않아 귀전(歸田)하였고, 순(淳), 철(澈)이 국론을 주도하였습니다. 갑신(甲申) 한해는 혼탁과 난맥이 더욱 심했으니, 실로 성명(聖明)하신 상감께서 위에 계시어, 헛개비들이 자취를 감춰 그 간악함을 드러내지 못했던 것입니다.

군소배(群小輩)의 생각은 의겸(義謙)에서 있지 않았고, 의겸을 함정으로 만들어 우계, 율곡 및 선생과 한 때의 현량한 인사들을 밀어 넣으려고 하였던 것으로, 발(潑), 계(啓)가 실로 그 근저(根底)였던 것이다. 성상께서의 전일의 교지는 미리 그 정상을 밝히셨던 것이다.[4]

율곡과 우계의 문인이었고 또 총애를 받았던 정여립이 스승 율곡이 죽자 곧바로 변심해 스승을 배반하고, 나아가 박순, 성혼까지 아울러 비판하면서 당시 집권층이던 동인에 아부하여 권력의 앞잡이가 된 것은 박순에게도 큰 충격이었을 것이다. 그리고 정여립이 대동계(大同契)를 조직해 반란을 획책하다 마침내 발각되어 자살로 최후를 마치는 비극이 발생한 것이다. 그리고 그 여파는 다시 정여립이 속해 있는 동인에 대한 서인의 탄압으로 이어져 수많은 살상을 가져왔으니 이것이 기축옥사(己丑獄事)이다. 박순은 1589년 이해 7월에 세상을 떠나고, 그해 10월에 정여립은 자결하게 된다. 율곡은 이미 1584년에 세상을 뜨고, 박순도 이어 별세하고, 우계는 일찍이 은퇴해 있고, 오직 송강 정철만이 남아 정여립 사건을 처리

---

4 李選 撰,「行狀」.

하는 과정에서 많은 문제를 야기했던 것이다. 이로 인해 동서의 당쟁은 더욱 깊어졌다고 할 수 있다.

박순은 이와 같이 동서 당쟁에 대한 실망과 피로, 그리고 정여립의 배사(背師)가 겹쳐 32년의 관직생활을 그만두게 된다. 이에 관한 「행장」의 기사를 보기로 하자.

병오년(丙午年: 1586년) 가을에 휴가를 청하여 영평(永平)의 초정(椒井)으로 목욕하러 갔는데, 임금께서는 중사(中使)를 보내시어 동도문(東都門) 밖 보제원(普濟院)에서 술을 하사하시고, 호초(胡椒)와 호피(虎皮)를 특사(特賜)하시었다. 그때 선생은 서울을 영영 하직한 것으로 선면(扇面)에 시를 써서 뜻을 나타냈고, 그래서 영평현(永平縣)의 백운계(白雲溪) 가에 집을 짓고, 입을 다물고 시사(時事)를 말하지 않고, 쓸쓸하게 진속(塵俗)을 벗어날 생각을 가지고 있었다. 매일같이 낚시질과 약초 캐기를 일삼았고, 간간이 소리높여 읊조렸다.

온 백성과 전야(田野)의 늙은이가 술그릇을 들고 찾아와 기꺼이 마주 앉아 마시는 것이 자리를 다투려 들것 같았다. 배우는 사람이 와서 글을 배우게 되면, 선생은 으레 추위나 더위를 잊고는 하였다. 거처하는 곳에 배견와(拜鵑窩), 이양정(二養亭), 백운계(白雲溪), 청랭담(淸冷潭), 토운상(吐雲牀), 창옥병(蒼玉屛)과 산금(散襟), 청학(靑鶴), 백운대(白雲臺) 등의 명칭이 있다. 겨울에 백운계 가에서 상소하여 관직을 사퇴하였다. 임금께서는 사관을 보내 이렇게 설유(說諭)하셨다.

"자취를 감추고 돌아오지 않는 일은 자처(自處)하는 데는 잘된 것이오. 한 때 기풍(氣風)의 경향이 사나웠거니와 전에 경(卿)을 재촉하여 서울에 올라오게 하여, 잡초 사이에 쓰러져 버리지 않게 하려던 까닭은 경을 위해서가 아니었소. 교지(教旨)가 도착한 말 길에 올라 서울에 거처하오."

그 이듬해 도신(道臣)이 또 병의 상황을 알리자, 임금께서는 의원을 보내 약을 가지고 역마(驛馬)를 달려서 구했고, 전후 교지를 내려 재촉하여 부른 것이 세 차례였으나 끝내 일어나지 않았다. 한 필의 말과 한 동자로 산수에 발자취를 남겼다. 금강(金剛), 백운(白雲) 등 여러 산 들을 두루 다니며 철저히 승경(勝景)을 찾았고, 써낸 시편(詩篇)은 모두 사람들의 입에 퍼졌다. 그때 당의(黨議)가 날로 격해져 사사로운 생각이 공변(公辨)됨을 다 없애버리니, 을유년(乙酉年: 1585년) 이후부터는 재상의 임명에는 다시는 간여하지 않았다. 중봉 조공(重峰 趙公)은 누차 상소하여 선생, 우계 및 율곡, 송강의 현량(賢良)함으로 군소배(群小輩)들에게 배척된 상황을 극단적으로 논하고, 또 이산해(李山海), 이발(李潑), 백유양(白惟讓) 등이 정권을 농락하여 정치를 어지럽힌 죄를 비판하였다. 중봉은 끝내 이 때문에 변경으로 유배되었다.

기축년(己丑年: 1589년) 7월 선생은 백운계 가에서 세상을 떠났으니, 향년(享年) 67세였다. 이날 아침에 시를 읊조리기를 계속하다가 홀연히 베개에 기대어 신음하는 것이 위독한 것 같았는데, 고부인(高夫人)에게 말하기를, "나는 가오" 라 하고, 곧 훌쩍하니 세상을 떠났다. 숨을 거두게 되자 하늘에선 비가 내리고 천둥을 쳤다. 그날 밤 흰 기운이 하늘에 가득 찼고, 불길이 땅을 비춰 빛나기가 밝은 달 같았다. 산골 사람들이 그것을 바라보고 놀라고 의아해했는데, 아침이 되어 그 자취를 알아보니 선생이 과연 졸했던 것이다.

부음(訃音)이 알려지자 조정을 3일 동안 폐하고, 승지가 조의(弔意)를 전달하고 예관(禮官)이 제사를 드리도록 명했다.

10월에 예를 갖춰 종현산(鐘賢山) 동쪽 지맥(支脈)의 갑향(甲向) 언덕에 묻었으니, 그곳은 곧 배견와(拜鵑窩)의 뒤쪽 산록(山麓)으로 선생이 일찍이 스스로 잡아놓았던 땅이다. 이해 겨울 여립(汝立)이 역난(逆亂)을 도모하여 그 지당(支黨)이 모두 복주(伏誅)하였다. 지천 황정욱(芝川 黃廷彧) 공이 차자(箚子)를 올려 장곡강(張曲江)의 고사(故事)에 따라 그 묘에 제사하니, 일이 비록 시행되지 않았어도 정당한 의론 측에서는 그 주장을 옳다고 하였다.

인조조(仁祖朝)에 문충(文忠)이라 시호(諡號)하였으니, 시법(諡法)에 "학문에 근면하고 글을 좋아함을 문(文)이라 하고, 현인을 추천하고 충성을 다함을 충(忠)이라 한다". 선비들은 선생을 화담서원(花潭書院)에 배향하였고, 광주와 영평에는 모두 사당을 세워 제사를 드렸고, 나주에는 현종(顯宗) 무신년(戊申年: 1668년)에 특명으로 선액(宣額)하였다.[5]

또한 송시열이 쓴 박순의 「신도비명」에는 영평 은거에 관해 다음과 같이 기술하고 있다.

1586년(丙戌) 8월에 청가(請暇)하여 영평(永平)에 은퇴하였는데, 임금이 내사(內使)를 보내 동문 밖에서 술을 내리었다. 영평에는 백운산(白雲山)이 있어 계담(溪潭)이 절승(絶勝)하였다. 공(公)은 그 길로 자리잡아 집을 짓고 거기에 사니, 산뜻하니 진속(塵俗)을 벗어나 입에서는 시사(時事)를 끊고 매일같이 시골 백성과 전야(田野)의 늙은이들과

---

5   李選 撰, 「行狀」.

함께 자리를 다투며 모든 것을 잊어버리고 친밀히 사귀었다……배우러 오는 자가 있으면 서로 토론하며 즐거워하고 지칠 줄을 몰랐다. 배견와(拜鵑窩), 이양정(二養亭), 토운상(吐雲床)의 명칭이 있었고, 백운계(白雲溪), 금수담(金水潭), 창옥병(蒼玉屛)이 둘러 있어서 흥이 우러나면 지팡이와 나막신으로 소요(逍遙)하였고, 혹 풍악(楓嶽) 등 여러 산을 유람하였다.[6]

이상에서 박순이 1585년(선조 18) 63세의 나이로 32년간 몸담 았던 관직에서 물러난 과정에 대해 소상히 살펴보았다. 영의정을 사퇴하여 체직 되었고, 영중추부사를 제수하였으나 네 번이나 사 퇴한 끝에 이것마저 처리되어 홀가분한 자유인이 되었다. 그는 포 천 영평의 아름다운 자연과 벗 삼아 영평의 백운계에 집을 짓고 찾 아오는 학생들을 가르치며, 낚시질과 약초 캐기를 일삼으며 세상의 시사(時事)에는 관심을 끊었다. 이와 같이 평생 나라와 백성을 위한 관료생활을 훌륭히 마치고, 이제 백운동에 은퇴하여 소요유(逍遙 遊)를 즐기는 박순에 대해 『명종실록』은 '일대(一代)의 고사(高士)' 라 칭송하고 다음과 같이 기술하고 있다.

기질이 청수(淸粹)하고 의용(儀容)이 옥설(玉雪)과 같고 몸가짐이 간 결하고 학문에 법도가 있고 추향(趨向)이 매우 반듯했다. 서생(書生)시 절부터 사람들이 그 이름을 우러렀다. 조정에 나아가서는 단정하였고, 일을 처리하는 데는 단호하였다. 권간(權奸)들의 미움을 받아 외지로 전보되기도 하였으며, 대사간으로 들어와 대간(臺諫)을 제거할 무렵에

6　『思庵集』, 卷5, 附錄, 「神道碑銘 幷序, 宋時烈 撰」.

대사헌 이탁(李鐸)이 재고중(在告中)이었는데, 직접 찾아가 기용(起用)시켜 함께 윤원형을 축출하였다. 임금의 측근을 숙청하여 쌓였던 중노(衆怒)가 배설되고 생민(生民)의 한 가지 해독을 뽑아버리게 된 것은 박순의 힘이었다. 윤원형을 배격할 때 오래도록 그 윤허를 받지 못하므로 동사자(同事者)가 자못 난색을 보이자, 박순이 정색하고 이르기를 "권간을 베려다가 이기지 못하고 죽는다 한들 무엇이 부끄럽겠는가"하였다. 평소에는 항상 문을 닫고 소제도 폐지한 채 접객을 좋아하지 않았고, 향을 피워놓고 글을 읽었으며, 가끔 거문고를 뜯어 회포를 달랬다. 그리고 일찍이 이욕(利欲)을 마음에 두지 않았으니 역시 일대(一代)의 고사(高士)였다. 시문(詩文)의 격조 또한 매우 청고(清高)하여 그 삶 됨과 같았다.[7]

실학자 이수광(李晬光)도 『지봉유설(芝峰類說)』에서 "박사암(朴思庵)은 위의(威儀)와 용모(容貌)가 아름답고 백석(白皙)하여 빙옥(氷玉)같고, 시 또한 청초(清峭)하여 당시(唐詩)에 가까웠다. 원접사(遠接使)가 된 것이 겨우 45세 때였는데, 행동거지가 단아(端雅)하여 명(明)의 사신이 자주 칭찬하였다. 재상을 면직하고서는 영평에 퇴거(退居)하면서 세상 일에 뜻을 끊었으니, 그의 청고(清苦)한 절조(節操)는 늙어서 더욱 뚜렷하여졌다. 근세의 대신으로 진퇴(進退)가 시종 공(公) 같은 자는 적었다."[8]고 기술하였다.

또한 이제신(李濟臣)은 『청강쇄어(清江瑣語)』에서 "상국(相國) 박순의 깨끗한 소행(素行)과 괴로운 가운데에서 지키는 절조(節操)는 남이 따르지 못한다. 재상을 10년이나 지내면서도 실수가 없었

---

7 『명종실록』, 32권, 명종 21년 3월 12일 조.
8 李晬光의 「芝峰類說」.

으며, 영평에 퇴거(退居)하여서는 그의 한적(閒適) 자재(自在)한 뜻
과 고고(孤苦) 발속(拔俗)한 풍채가 둘 다 갖추어졌다고 하겠다."[9]고
칭송하였다. 이제 1568년(선조 2) 그가 사직 귀향할 때의 시 몇 편
을 감상하기로 하자.

느낌이 있어 지음 癸未[10]

용방(龍榜)에는 제일인(第一人)으로 들었었고
봉지(鳳池)에서 마침내 상대(上臺)의 신하 되었다.
어찌하여 또 간악한 당파의 괴수로 지목되었으니
영광이 이 몸에 모인 것이 스스로 괴이쩍어진다.

낙성(洛城)은 한식(寒食)이 되어 눈이 갓 다 없어졌지만
남쪽 땅은 복숭아꽃으로 비단 물결 이루는 봄이라.
상소문 올려 해골을 빌었으나 돌아가게 되기는 아직 멀어서
푸른 도롱이에 안개 낀 비속 꿈속의 봄이구나.

박순은 1589년(선조 22) 7월 22일 67세를 일기로 세상을 마쳤
다. 부음(訃音)이 전해지자 조정은 3일 동안 폐했고, 승지가 조의를
전달하고 예관이 제사를 드리도록 명했다. 10월에 종현산(鐘賢山)
언덕에 묻혔고, 인조 때 '문충(文忠)'이란 시호(諡號)를 받았으니,
"학문에 근면하고 글을 좋아함을 문(文)이라 하고, 현인을 추천하
고 충성을 다 함을 충(忠)이라 한다"는 의미였다. 박순이 영평에 은

---

9 李濟臣의 『淸江瑣語』
10 『思庵集』, 卷1, 七言絶句, 「有感 二首, 癸未」.

거하면서 지은 시를 소개한다.

　永平雜詠[11]

　　유한한 인생으로 무한한 것과 싸우고들 있으니
　　그 누가 산중의 세월 늦어감을 알게 되겠나.
　　서리 내린 만개의 산봉우리에 가을이 난만(爛熳)하니
　　왕손(王孫)이 국화꽃에 맞춰 돌아올 때라.

　　잔 나비의 시름과 학(鶴)의 원한으로 가을 산 찬데
　　노년(老年)에 이르러 돌아와 이 몸을 기탁한다.
　　오히려 부끄럽거니와 지초(芝草) 따던 사람 일찍이 떠나가서
　　진초(秦楚)의 전쟁 먼지 보질 않았다.

　　산림에도 역시 벗이 있다고 늘 말하면서도
　　벼슬살이를 오래 한 일이 스스로 부끄러워진다.
　　이제 와서 홀로 단풍 수풀 아래에 누워
　　골짝에 가득한 시냇물 소리 속에서 단지 중과 맛보고 있을 뿐

　　배견와(拜鵑窩) 안의 두견 절하는 늙은이
　　밤마다 창문에 기대어 듣는 재주 좋아진다.
　　노쇠와 질병이 두 가지로 재촉하여 몸이 절로 멀어져
　　천 줄기 눈물을 온갖 꽃 속에서 뿌린다.[12]

11　『思庵集』, 卷2, 七言絶句, 「永平雜詠」
12　『思庵集』, 卷2, 七言絶句, 「永平雜詠」

제8장

학문 활동과 사상의 재조명

　박순은 평생 관직에 나아가 봉직한 관료 유학자이지만, 어려서부터 독실하게 유학을 공부해 온 학자였다. 그의 학문 연원은 먼저 가학으로서의 도학풍(道學風)을 들 수 있고, 둘째는 화담(花潭)의 문하에 들어가 기학(氣學)을 공부하였고, 셋째는 퇴계(退溪)에 대한 존숭과 율곡(栗谷), 우계(牛溪)와의 학문적 교유를 들 수 있다. 송시열(宋時烈)도 박순의 「신도비명(神道碑銘)」에서 그의 학문 연원을 이렇게 설명하고 있다.

　공은 어린 나이에 도(道)를 구하여 가정의 어른에게서 학문을 배운 데다가, 또 화담(花潭)에게 수업하였고, 만년(晚年)에는 또 문순공(文純公)을 따르고 시세(時勢)의 변천에 함께 같이하지 않은 적이 없었다. 문성공(文成公)과 더불어 이기(理氣)의 깊고 아득하고 크고 작고 열리고 닫힘의 묘(妙)를 논한 것에 이르러서는, 그의 학문의 연원(淵源)과 조예(造詣)를 대체로 알 수 있게 한다.[1]

1　『思庵集』, 卷5, 附錄, 「神道碑銘 幷序」.

제1절 도학의 맥을 잇다

박순은 중부(仲父) 눌재 박상(訥齋 朴祥)과 부친 육봉 박우(六峰 朴祐)의 학문적 그늘에서 생장하였다. 부친 박우도 또한 형 박상을 존경하고 그의 도학적 삶을 기렸다. 부친 박우는 기묘사화를 겪고서부터는 늘 개탄하여 오직 매일같이 술만 마시고 아무 일도 하지 않았다. 어느 날 술김에 음주시(飮酒詩)를 지으라고 명하자, 어린 박순은 '네' 하고 대답하고 글을 지어 냈는데, 의정공은 혀를 내젓고 "늙은이의 무릎을 꿇어야 하겠다"라고 말했다고 한다.[2] 이와 같이 박순의 부친도 기묘사화로 인해 지치(至治)가 무너지고 수많은 기묘명현들이 쫓겨나고 희생당하는 현실에 대해 실망하고 가슴 아파했던 것이다.

먼저 박순에게 집안에서 크게 영향을 미친 백부 눌재 박상에 관해 살펴보기로 하자. 박상(朴祥: 1474~1530)의 자는 창세(昌世), 호는 눌재(訥齋)인데 기묘명현(己卯名賢)으로 일컬어진다.[3] 그는 큰형 박정(朴禎)에게서 배웠는데, 1496년 진사가 되고, 1501년 식년 문과에 을과로 급제하여 교서관 정자, 박사를 역임했다. 1506년(연산 12) 사가독서(賜暇讀書)를 했고, 중종 초 헌납이 되어 종친의 중용(重用)을 반대하다가 한산군수로 좌천되기도 했다. 그 후 종묘서령, 소격서령을 거쳐 부모 봉양을 위해 임피현감으로 나갔다.

1511년(중종 6) 수찬에 이어 교리, 응교를 거쳐 담양부사(潭陽府使)가 되어 1515년(중종 10) 순창군수(淳昌郡守) 충암 김정(冲庵 金淨)과 함께 앞서 중종반정으로 폐위된 단경왕후(端敬王后) 신씨

---

2 李選 撰, 「行狀」.
3 金正國(1485~1541)의 문집 『思齋集』(卷4), 「己卯黨籍」에 朴祥도 己卯名賢에 포함되어 있다.

(愼氏)의 복위(復位)를 상소하여 중종의 진노를 사 오림역(烏林驛)에 유배되었다. 1516년 조광조의 노력으로 석방되어 의빈부 도사, 장악원 첨정을 역임, 이듬해 순천부사가 되었으나 이해 겨울 모친상으로 사직했다. 1519년 복을 벗고 의빈부 경력, 선공검정, 1521년 상주목사, 충주목사에 이어 사도시 부정 등을 지냈고, 1526년 문과중시에 장원, 1527년 나주목사가 되었다가 1529년 병으로 낙향했다.

청백리(淸白吏)에 뽑히고 문장가로도 이름이 높아 성현(成俔), 신광한(申光漢), 황정욱(黃廷彧)과 함께 서거정(徐居正) 이후의 4가(四家)로 칭송된다. 뒤에 이조판서에 추증, 광주의 월봉서원(月峰書院)에 제향되었고 시호(諡號)는 문간공(文簡公)이다.

1515년(중종 10) 박상이 김정과 함께 올린 「청복고비신씨소(請復故妃愼氏疏)」[4]는 당시 엄청난 파장을 불러 일으켰다. 본래 이 상소는 담양부사 박상, 순창군수 김정, 무안현감(務安縣監) 유옥(劉沃) 세 사람이 뜻을 같이 하여 전라도 순창(淳昌) 강천사(剛泉寺) 삼인대(三印臺)에서 비밀리에 모여 관인(官印)을 걸어놓고 맹세하며 올렸던 것이다. 그런데, 마침 유옥은 그가 죽으면 부모를 모실 사람이 없어 그를 배려해 두 사람의 이름으로 올렸다고 한다.

당시 반정공신(反正功臣)들의 힘이 아직 살아있고, 또 훈구파의 입김이 상존하고 있는 상황에서, 지방의 말단 관리인 박상과 김정이 권력의 핵심부에 맞서 신씨복위(愼氏復位)를 주장하고 나온 것은 조정의 큰 충격이었고 정치권에 참신한 새 바람을 불러일으켰다. 잠시 이 상소의 내용에 대해 검토해 보기로 하자. 그는 상소의

---

4 이 상소는 金淨의 『冲庵集』에는 실려 있으나 朴祥의 『訥齋集』에는 실려 있지 않아 공동명의로 올렸지만 상소문을 쓴 것은 김정이 아닌가 추정된다.

서두에서 다음과 같이 정치의 본령에 대해 언급하였다.

> 제왕이 하늘을 잇고 표준을 세우는 도리는 언제나 시작을 바르게 하
> 는 것(正)을 근본으로 합니다. 이 때문에 실마리를 만들고 시작을 짓는
> 것이 바르게 되면, 대강(大綱)과 대원(大源)이 조리가 있어서, 광명(光
> 明)이 위에서 움직여 만물에게 까지 도달하는 것이니, 이는 마치 그림자
> 가 형체를 따르고 음향(音響)이 소리에 응하는 것과 같으니, 어떤 경우
> 라도 바름(正)에 귀일하는 것입니다.[5]

이들은 정치의 시작이 바름(正)으로 출발해야 그 결과도 바름으
로 귀결된다고 하였다. 여기서 '바름'이라는 정도(正道)는 제왕학의
기초이며 왕도(王道)의 근본이 된다. 『논어』에서는 '정치란 곧 정
(正)'이라고 하였다.[6] 바름(正)은 곧 정의(正義), 정직(正直), 진실(眞
實), 공정(公正), 정대(正大)를 의미하는 것으로, 정치의 출발이 진
실하고 정직해야 한다는 말이다.

이들은 말하기를 『시경(詩經)』은 「관저(關雎)」로 시작하는데, 배
필(配匹)의 사이가 인륜의 시작이며, 모든 교화의 근원이며, 기강의
으뜸이면서 왕도의 큰 실마리라 하였다.[7] 즉 부부관계는 인륜의 시
작으로 군자의 도도 이로부터 비롯하는 것임은 물론이다.[8] 유교의
경전과 역사를 통해서 보아도 제왕이 원만한 부부관계를 지키고 백
성의 모범을 보이면 그 나라의 인륜이 밝아지고 가정의 질서가 확

---

5 『冲庵集』, 卷5, 「請復故妃愼氏疏」.
6 『論語』, 「顏淵篇」, "政者 正也."
7 『冲庵集』, 卷5, 「請復故妃愼氏疏」.
8 『中庸』, "君子之道 造端乎夫婦."

립된다고 보았다.

그러나 중종의 경우는 그렇지 못하여 중전 신씨(愼氏)가 아무런 명분도 없이 쫓겨나게 된 것은 이러한 의리에 반하는 것이라 하였다.

> 진실로 제왕의 배필(配匹)을 중시하고 교화의 근본을 바르게 하고자 한다면, 어찌 구차할수 있겠습니까? 신 등이 엎드려 보건대, 옛 왕비 신씨(愼氏)가 밖으로 배척된 뒤에 지금까지 거의 12년이 지났습니다. 신 등은 그 당시의 내력은 잘 알지 못합니다. 모르겠으되 무슨 연유가 있고 무슨 큰 명분을 들어 이러한 심상치 않은 놀랄만한 일을 하셨습니까?
>
> 대저 제왕된 사람은 정통(正統)을 이음에 먼저 부부의 도리를 바르게 하여 천지에 어울리게 하고, 안으로는 음(陰)의 가르침을 다스리고, 밖으로는 양(陽)의 덕을 다스리시어, 삼가 종묘사직과 신령들에게 주인이 되어야 합니다. 대저 배필의 사이란 그것이 이처럼 중대한 것입니다. 만약 부모에게 순종하지 않고, 종묘사직에 죄를 지은 경우가 아니라면, 비록 작은 잘못이 있다 하더라도 결코 그것을 떼어 내는 경우는 없습니다. 하물며 명분도 없이 이유도 없이 폐척(廢斥)하신다면, 그 어떻게 종묘(宗廟)를 받들 것이며, 천심(天心)을 누리시겠습니까?[9]

중전 신씨(愼氏)의 경우는 부모에게 순종하지 않은 것도 아니며, 종묘사직에 죄를 지은 경우도 아닌데, 아무런 명분도 이유도 없이 폐비(廢妃)가 되어 축출된 것은 분명히 잘못된 처사라 지적하였다. 그런데 지금은 마침 장경왕후(章敬王后)가 세상을 떠나 그 자리가 비었으니 다시 원상을 회복하는 것이 정도(正道)라 하였다.

---

9 『冲庵集』, 卷5, 「請復故妃愼氏疏」.

아아! 기왕의 실수는 그만두고라도, 어찌 다시 바르게 할 수 없겠습니까? 전하께서 마음을 한 번 잡수시기에 달렸을 뿐입니다. 지금 내전에는 주인이 없으니, 이러한 때에 확연하게 결단하시어 다시 신씨의 왕후로서의 지위를 복원하신다면, 천지의 마음이 흠향할 것이며, 조종(祖宗)의 신령(神靈)들도 허락할 것이며, 신민(臣民)의 바람에도 부합할 것입니다.[10]

지나간 실수는 어찌할 수 없다 하더라도 이제 임금의 의지와 결단만 있으면 바로 잡을 수 있으니, 이렇게 된다면 이는 온 나라 백성과 신하들의 소망에 부합하는 것이라 하였다. 그리고 박원종 등 반정공신들이 비록 왕실에 큰 공이 있다고는 하지만, 당시에 천명과 인심이 모두 전하에게 속해 있었으므로, 비록 반정이 아니었다 해도 왕위가 중종에게 돌아가는 것은 순리라고 보았다. 마침 저들이 하늘과 사람이 만나는 시기를 타고, 그들의 힘을 발휘하여 그 공을 등에 업고 멋대로 거리낌 없이 어버이와 같은 임금을 겁박하고 국모를 쫓아내어, 천하와 고금의 대의명분을 범하였으니, 이는 만대의 죄인이라 하고, 그들의 공으로도 이 죄를 덮을 수는 없다고 비판하였다.[11]

지금 비록 박원종이 이미 죽었다고는 하나, 그들의 죄를 밝히고 바로 잡아 관작(官爵)을 추탈(追奪)하고 국내외에 명확히 깨우치고, 당대(當代)와 만대(萬代)에 명확하게 대의명분(大義名分)은 절대 범할 수 없다는 것을 알려야 한다 하였다.[12] 그렇게 한다면 인륜의 근본과 왕화(王化)의 근원과 처음을 바르게 하는 도리가 맑고 광

---

10 『冲庵集』, 卷5, 「請復故妃愼氏疏」.
11 『冲庵集』, 卷5, 「請復故妃愼氏疏」.
12 『冲庵集』, 卷5, 「請復故妃愼氏疏」.

명정대(光明正大) 하게 되니, 이는 마치 천지가 어둡고 막혀 있다가 다시 걷히고 관통하게 되는 것과 같다고 하였다.[13]

끝으로 박상과 김정은 자신들이 지방의 미천한 관리로서 신씨 복위의 깃발을 들게 된 소회를 다음과 같이 밝히고 있다.

> 신 등은 소원한 신하로서 직분을 넘어서는 책임을 피하지 않고 감히 제왕의 총명을 모독하면서, 진실로 이 몇 가지 일은 명분과 의리에 관계되는 지극히 중요하고 큰일이기에, 마음에 넣어두고 주상께 말씀드리지 않을 수 없었습니다. 신 등은 가슴에 불만과 울분을 담아온 지 오래되었습니다. 그런데 이전에 이를 뱉어낼 수 없었던 것은 바로 장경왕후(章敬王后)께서 곤위(壼位)[14]를 맡고 계셨기에, 만약 신씨를 복원한다면 장경왕후의 처지를 어렵게 하기 때문이었을 뿐입니다. 지금은 장경왕후께서 돌아가셔서 곤위가 다시 비게 되었으니, 바로 바른 경우로 돌릴 기회이며, 또한 말씀을 구할 때이기도 합니다.[15]

이들은 중전 신씨에 대한 부당한 처사에 대해 불만을 가져온 지 이미 오래였지만, 장경왕후의 어려운 처지를 고려해 그동안 참아왔는데, 마침 장경왕후의 죽음으로 그 자리가 비었으니, 신씨로 하여금 복위시킨다면 명분과 의리에 맞는 일이고 또 민심에 부합하는 것이라 하였다. 박상은 담양부사, 김정은 순창군수로 이들의 신분이 지방의 보잘 것 없는 하급관리에 불과함에도 불구하고, 중종비 신씨 폐위의 부당함을 극렬히 비판하고 또 그의 복위의 정당함

---

13 『冲庵集』, 卷5, 「請復故妃愼氏疏」.
14 왕비의 자리
15 『冲庵集』, 卷5, 「請復故妃愼氏疏」.

을 주장한 것은 매우 용기 있는 행위였다. 비록 박원종이 죽었다고 는 하나 훈구세력의 힘이 막강하고 언로가 아직 열리지 못한 상황에서, 목숨을 걸고 신씨 복위를 상소한 것은 도학적 실천이며 실천하는 지성의 모범을 보여준 것으로 높이 평가되는 것이다.

이 상소가 올려지자 대간(臺諫)에서는 반대했으나 조광조(趙光祖)는 박상, 김정의 주장에 동조하여 조정의 시비가 일었고, 대간 전원이 체임(遞任)되는 사태까지 초래하였다. 불의에 항거하고 정도(正道)를 추구하며 목숨과 직을 걸고 상소를 올린 박상과 김정의 이 거사는 조광조를 비롯한 개혁파 신진사류들의 공감을 사고 1519년 벌어진 기묘사화의 시작이었다 해도 지나치지 않는다.

홍직필(洪直弼: 1776~1852)은 『사암집(思庵集)』 중간(重刊) 발문(跋文)에서 박순의 학문적 연원에 대해 다음과 같이 소상하게 설명해 주고 있다.

> 선생으로 말하면 묘령(妙齡)에 도(道)를 찾아 눌재(訥齋)와 육봉(六峰)으로부터 전습(傳習)하였고, 퇴계(退溪)와 화담(花潭)에게서 바로 잡았고, 또 율곡(栗谷)과 우계(牛溪)와 함께 명리(名理)를 강론하였으니, 비록 현자(賢者)를 존중하고 붕우(朋友)를 얻어서 돈독한 덕을 형성하였다고는 하나, 만약 선생의 천품이 순수하여 크게 받을 수 있었던 것이 아니었다면, 또한 그것에서 무엇을 해낼 수 있었고 그것에서 무엇을 취해서 노(魯)나라의 군자(君子) 같아졌겠는가? 남의 선을 칭도(稱道)하면서 반드시 그 부형과 사우에 근본을 두는 것은 후덕(厚德)의 극치인 것이다.[16]

---

16 『思庵集』, 卷7, 附錄, 「重刊跋, 洪直弼」.

　이와 같이 박순의 학문 연원은 먼저 가학으로서 중부 눌재 박상과 부친 육봉 박우의 도학이 자리해 있고, 그 후 화담 서경덕의 문하에 들어가 본격적으로 성리학에 침잠하였고, 한편으로는 퇴계 선생을 매우 존숭하여 자신의 학문을 바로 잡았다. 그리고 나이로는 십여 년 이상 아래인 율곡 이이와 우계 성혼을 믿고 아끼어 평생 학문과 정치의 길을 함께 하였다.

　박순은 항상 중부 눌재 박상을 존경하여 그의 도학적 삶을 기렸는데, 다음은 박순이 눌재를 생각하며 지은 시이다.

　　　회정상인(回正上人)의 시권(詩卷)에서 돌아간 중부 눌재(訥齋)의 시를 보고 느끼는 바 있어 삼가 차운(次韻)하다[17]

　　　먹 자취 아직 먼지에 물들지 아니하였고
　　　필력(筆力)이 큰 세 발 솥 들어 올릴만하니 그 누가 따라내겠는가
　　　어지러운 산봉우리 기운 해의 조용한 강가에서
　　　한 폭의 명월주(明月珠) 같은 시를 눈물을 기리우고 편다.

　　　밝은 모래 눈 같은데 먼지 일지 않고
　　　서리에 씻긴 무리 진 산봉우리 검과 창같이 늘어서 있다.
　　　다시 시승(詩僧)으로 하여금 마주 앉아 이야기하게 하여
　　　나그네 길의 마음 오늘에사 활짝 풀렸다.

　　　청안현(淸安縣) 삼가 돌아가신 중부(仲父) 눌재(訥齋) 선생의 판상시

(板上詩)에 차운(次韻)하다.[18]

> 먼지 낀 벽에 높이 걸린 한 수의 시
> 마음의 문 비동(飛動)하여 읽는 것이 늦다.
> 강하(江河)는 그대로 남긴 글과 함께 오래 갈 것이니
> 훈업(勳業)이야 어찌 태사(太史)를 기다려서야 전해지겠나.
> 풀 속에는 용호(龍虎)의 사나이들이 얼마나 쉬고 있는데
> 사람들 사이에선 부질없이 재상을 이야기한다.
> 찬 하늘 낙엽 진 나무에 비낀 해 비치는 땅에서
> 불퉁스러운 가슴 속을 술잔으로 달랜다.

다음은 박순의 학문과 삶에 지대한 영향을 미친 이가 바로 기묘명현 복재 기준(服齋 奇遵)이다. 기준(奇遵: 1492~1521)의 자는 경중(敬仲), 호는 복재(服齋), 덕양(德陽), 본관은 행주(幸州)인데 고봉 기대승(高峰 奇大升)의 숙부이다. 기준은 조광조의 문인으로 1514년 별시 문과에 급제, 사관을 거쳐 홍문관 정자로 초계문신(抄啓文臣)이 되었고, 사가독서(賜暇讀書)를 하였다. 1516년 저작으로 천문예습관을 겸했고, 검토관, 수찬을 지낸 후 검상, 장령, 시강관을 거쳐 1519년 응교가 되어 기묘사화로 온성에 유배되었다. 이듬해 모친상으로 고향에 돌아갔다가 다시 유배지 아산에서 죽었다. 이조판서에 추증되었고, 기묘명현(己卯名賢)의 한 사람으로 온성의 충곡서원, 아산의 아산서원, 종성의 종산서원, 고양의 문봉서원에 배향되었다. 시호는 문민공(文愍公)이다.

---

18 『思庵集』, 卷3, 七言律詩, 「淸安縣敬次先仲父訥齋先生板上韻 二首」.

박순은 같은 동향의 선배 유학자로 기묘사화 때 억울하게 희생된 복재 기준을 매우 존경하였다. 기준은 중부 박상과 함께 조광조의 동지였고, 도학이라는 학문적 목표가 같았기 때문이다. 박순은 「기덕양(奇德陽)의 유고(遺稿) 당의(黨議) 한 편을 읽다」에서 다음과 같이 기준의 학문과 삶을 기리고 있다.

> 옥당(玉堂: 홍문관)의 정자(正字)로 뽑혀 들어가자 선생은 요순(堯舜)의 도(道)가 아니면 감히 왕 앞에서 진술하지 않았으며, 인의성리(仁義性理)의 설로 반복 논란하여 그 만분의 일이라도 성군(聖君)의 학문에 보탬이 되어 성군이 선에 따르고 악을 버리고 왕도를 취하고 패도(覇道)를 버리는 것을 돕기를 바랐거니와, 내 임금을 삼대 위로 올려놓고자 더욱 임금의 마음을 바로잡는데 근면 간절하였으니, 유자(儒者)의 본의를 잃지 않았다고 말할 수 있다. 그가 조정에 선 5, 6년 동안 맑은 것을 드높이고 탁한 것을 배격하며, 절의를 숭상하고 구차함을 변개(變改)시키고자 급급하였거니와, 또 임금을 아끼고 나라를 근심하는 마음을 자신이 마음속에서 억누를 수 없게 되면 누차 소장(疏狀)을 올리고는 하였다.[19]

기준이 조정에 들어가 5, 6년 동안 맑은 것을 드높이고 흐린 것을 배격하며, 절의를 숭상하고 구차함을 개혁하는데 앞장 섰고, 임금을 아끼고 나라를 근심하는 우국충정에 북받치면 반복해 상소를 올렸다 한다. 박순은 선생의 종성(鍾城) 유배 중에 유리(流離) 신고(辛苦) 속에서도 번번히 억울함을 참고 곤욕을 당하면서 억눌려 지

낸 것은 시에 갖추어 담기어져 있어 알아볼 수 있다고 한다. 그러나 아침에 도를 터득하면 저녁에 죽어도 좋다고 마음먹고, 죽을 날이 얼마 남지 않았는데도 오히려 역(易)을 강론함을 멈추지 않았으니, 오직 독실하고 스스로를 믿었을 따름이었다 한다. 비록 편히 쉬는 곳이라 하더라도 늘 군부(君父)가 그 앞에 와 있는 것 같이하여, 시종 어기지 않고 올바름을 얻고서 죽었다고 술회하였다. 기준이 절명(絶命)할 때의 말에도 여전히 꼭 충효(忠孝)가 미진할까 두렵다, 학문이 철저하지 않을까 두렵다는 것을 말하고, 태연하게 죽음으로 나가는 것이 즐거운 곳으로 가는 것 같았으니, 그의 수양이 또한 지극하다고 극찬하였다.

그리고 그는 임금으로 하여금 현자(賢者)의 마음 씀을 참으로 알게 했다면, 뼈아프게 애통할 겨를조차 없었을 터인데, 어떻게 몰아내고서 뒤따라 죽었겠는가. 간사한 무리가 임금의 이목(耳目)을 가리우고 그 계략을 실행할 수 있었으니, 그 죄는 위로 하늘에까지 통했는지라, 비록 사기가 없어져 버린 후라도 공론(公論)은 소멸되지 않아, 만 번 죽어도 조정의 의논과 사림의 논의는 없애기에 부족하였고, 이어 소장이 나와 그 억울함을 씻어버리고자 하였으니, 또한 의리가 사람의 마음에 들어있어 속이지 못함을 알 수 있다고 하였다.

그리고 말하기를, 내가 복재(服齋) 선생의 유고(遺稿)를 읽고 서러워 울며 끝에다 글을 써서, 이후의 옛날을 좋아하고 선을 즐거워하는 자로 하여금 보고서 슬퍼하게 되기를 원하거니와, 이편을 가져다 되풀이 읽으면 선생의 뜻을 알 수 있게 될 것이라 하였다. 또 자기를 극복하고 학문을 하는 방법과 본성을 다해 명(命)을 아는 학문에 어찌 후학의 지도법이 없게 되겠는가 하고, 여력(餘力)으로 하는 문장 역시 충효(忠孝)에 근본을 두고 인의(仁義)에서 나오고 성

정(性情)에서 시작되고 학문에서 끝나는 것이라 하였다.[20]

이와 같이 박순은 평생 기묘사화 때 희생된 복재 기준의 죽음에 대해 분통해 했고, 그의 도학적 삶과 도학풍에 대해 흠모해 마지 않았다. 그것은 박순의 가학풍이 바로 도학이었고 그 스스로 학문의 목표로 도학을 지향했기 때문이다. 더욱이 기준은 광주 동향의 선배 유학자로서 존경하게 되었고, 그의 조카인 고봉 기대승과는 매우 친밀한 교유를 했던 것이다. 그러므로 박상과 박순을 향사(享祀)하는 서원으로 광주에 덕산서원(德山書院)이 있었는데, 1671년 덕산서원의 박상과 박순을 월봉서원(月峰書院)에 합향(合享)하였던 것이다.

또한 박순은 기묘명현으로 일컬어진 박소(朴紹)를 존경하여[21] 그의 「신도비명」을 썼는데, 그 내용을 검토해 보기로 하자.

공의 자(字)는 언위(彦胄), 호는 야천(冶川)인데 대대로 한성(漢城)에서 살았다. 동년(童年)에 이르기 전부터 구도(求道)할 뜻을 가졌다. 한훤당 김굉필(寒暄堂 金宏弼) 선생이 같은 현의 말곡촌(末谷村)에 산 일이 있어, 읍인(邑人)들이 그 때까지도 그의 풍채와 지조를 찬양하는 자들이 많았다. 공이 듣고서는 그를 사모하여 매양 선생의 문하생들에게 물어보고 그의 언론과 행동을 반드시 적어서 기억하고는 하였다. 그때는 무오사화(戊午士禍)로 살육(殺戮)을 당한 끝이어서 선비들의 의기가 쓸쓸하였다. 공은 홀로 연찬(研鑽)에 뜻을 기울여 학문을 닦는 일을 멈추지 않았다. 『근사록(近思錄)』, 『성리대전(性理大全)』 등의 책을 가지고 가야산의 절로 들어가 옷깃을

---

20 『思庵集』, 卷4, 「讀奇德陽遺稿黨議一篇」.
21 『思齋集』, 卷4, 「己卯黨籍」.

여미고 정좌하여 깊이 파고들어 완미(玩味) 탐색하느라 침식을 잊기까지 하였고, 어버이를 찾아뵙는 이외에는 산을 나갈 틈이 없이 지낸 것이 7, 8년이나 되었다. 후에 송당 박영(松堂 朴英)이 학문에 깊이가 있다는 것을 듣고 마침내 찾아가서 배워 전념하여 가르침을 받고 의리를 철저히 연구하여, 견식(見識)이 더욱 넓어지고 실천이 더욱 돈독하여지고 조예(造詣)가 깊어져 순수하니 뛰어나게 되었다. 한 때의 동년배들은 다 추앙하여 교우(交友)하기를 원했다. 송당 역시 말하기를, "그대는 내 스승이지 내 벗이 아니다"라고 하였다.[22]

김안국(金安國)이 영남의 관찰사로 있을 때 공과는 인척 관계가 있어, 늘 공경하고 존중하여 모든 일을 반드시 자문하였다. 하루는 책 한 권을 내보이면서 "나는 전도(全道)의 선비들로 하여금 표준으로 할 것을 갖게 하고자 하는데, 그대의 생각은 어떠하오?" 라고 하자, 공이 "이것은 상공(相公)께서 만든 아름다운 뜻이므로 초학자가 감히 간여할 것이 아닙니다. 그러나 이 책과 주자의 십훈(十訓)은 어느 쪽이 낫습니까?"라고 하였다. 김공(金公)이 웃으면서 말하기를 "이 직책을 맡고부터 주야(晝夜)로 깊이 생각하여 이 책을 완성시켰는데, 그대의 말을 듣게 되니 비로소 공부가 소홀했음을 느끼게 되었소"하고, 마침내 십훈(十訓) 및 백록동규(白鹿洞規)를 써서 주현(州縣)의 학교 벽에다 두루 게시하고 영구히 존중하여 본받는 교훈으로 삼았다.[23]

평생 동안 『대학』, 『논어』, 정주(程朱) 및 『서산연의(西山衍義)』 등의 책으로 학문을 닦는 단계로 삼고, 깊이 파고들어 힘써 탐색하

---

22 『思庵集』, 卷4, 「冶川朴公神道碑銘 幷序」
23 『思庵集』, 卷4, 「冶川朴公神道碑銘 幷序」

여 노력을 기울이며 물릴 줄을 몰랐다. 수양을 쌓은 것이 대단하여 아름다움이 밖으로 드러나, 그의 용모를 바라보고 그의 언사(言辭)의 기품(氣品)에 접하면, 현자(賢者)는 그의 마음에 감복하고 불초자(不肖者)는 그 덕에 훈도(薰陶)를 받는다. 사람들은 명도(明道)의 작풍(作風)을 듣고서 일어난 자라고 말했다. 일찍이 배우는 사람들에게 이렇게 말한 적이 있었다. "학문하는 방법은 먼저 흩어진 마음을 수습하고, 본원(本源)을 함양하고 의리를 변별하는 것이다. 그 큰 것을 확립하면 나머지는 길들일 수 있다. 성현의 교훈은 한 가지 이야기, 한 마디 말까지도 지극한 가르침 아닌 것이 없다. 그것을 따라서 나아가면 위로 통달할 수 있다."고 하였다.[24]

이와 같이 박소(朴紹)는 박영(朴英)의 문인인데 김굉필(金宏弼)을 사숙하였다. 그는 송인수(宋麟壽), 조종경(趙宗敬), 임권(任權), 심연원(沈連源) 등과 교유하였으며, 조광조 등 신진사류와 함께 왕도정치의 구현을 위해 노력하였다. 뒤에 사간이 되었으나 김안로 등 훈구파의 탄핵으로 파면되어 합천에 내려가 학문에만 전념하였다.

또한 박순은 1573년(선조 6) 2월에 조정에 들어와 왕수인(王守仁)의 학술의 부정(不正)함이 중국학자들을 그르친 폐단을 아뢰었다.[25] 양명학(陽明學)은 송대 육상산(陸象山)과 명대 왕양명(王陽明)에 의해 이룩된 새로운 유학이다. 성리학의 지나친 사변화와 분석주의, 그리고 지나친 명분론과 형식주의에 반대하고 주체적인 마음의 중요성을 강조하는데 특징이 있다. 양명학은 심즉리(心卽理), 치양지설(致良知說), 친민론(親民論), 지행합일설(知行合一說) 등을 골자로 한다. 특히 성리학의 지나친 분석 논리에 반대하여 일원

---

24 『思庵集』, 卷4, 「冶川朴公神道碑銘 幷序」
25 李選 撰, 「行狀」

적 사유, 융합적 사고를 추구한다. 그래서 심(心), 성(性), 이(理), 기(氣), 천리(天理), 양지(良知)를 하나로 관통해 본다. 이러한 양명학은 명대에 와서 중국의 사상계를 주도하였고, 조선에도 왕복 사신들을 통해 은연중 소개되었다.

남언경(南彦經: 1528~1594), 홍인우(洪仁祐: 1515~1554) 등이 조선에서 양명학을 처음 접하고 이에 눈뜬 선구적 인물로 평가받는데, 이들이 바로 화담의 문인들이었다. 박순의 경우도 이들과 화담 문하의 동문으로 교유하면서 영향을 받았을 것으로 짐작된다. 다만 남언경이나 홍인우는 양명학에 대해 호의적이었다면, 박순은 벽이단(闢異端)의 입장에서 양명학을 부정적으로 인식하고 있음을 알 수 있다. 그러나 박순이 지나치게 유교에만 매몰되어 이학(異學)을 배척한 것은 아니다. 그것은 다음 「시장(諡狀)」을 통해서도 잘 알 수 있다.

> 성장하기에 이르러 마침내 뭇 책에 크게 힘을 써서 노장도불(老莊道佛)의 말과 진한(秦漢)이래 백가(百家)의 책까지도 꿰뚫지 않은 것이 없었고, 더욱이 시를 잘했다. 타고난 풍격(風格)이 청완(淸婉)하고 생각으로 깨달음이 심원(深遠)하여 홀로 원화(元和)의 정파(正派; 중국 唐詩)를 터득하였다. 사암집(思菴集)이 있어 세상에 통행하는데 나무꾼도 모두 잘 낭송한다.

제2절 우주의 본원(本源)에 대한 탐구

『사암집』에 실린 글은 대부분 시문(詩文)이 주류를 이룬다. 상소문도 「논윤원형계(論尹元衡啓) 1, 2」 두 편뿐이고, 편지도 「답이숙헌서(答李叔獻書)」 3편과 「답정운용서(答鄭雲龍書)」 3편 뿐이다. 전체를 통틀어 보아도 순정한 철학적 글은 율곡과 나눈 3편의 글 밖에 없다. 박순은 어려서부터 독실하게 학문연구를 하였고, 또 18세 무렵 화담 서경덕의 문하에 들어가 성리의 깊은 경지를 깨달은 것으로 보인다. 그것은 율곡과 나눈 편지를 통해 잘 나타난다. 그의 철학적 저술이 애초 없었던 것은 분명 아니리라. 아들이 없었고 임진왜란의 전란 중 소실되어 문집이 온전히 전해지지 못한 때문이다. 또 박순은 평생 관직생활을 하였기 때문에 학문연구와 강학을 하기도 어려웠을 것이다.

이제 율곡과 나눈 세 편의 글을 통해 그의 성리학적 경향과 학문의 면모를 살펴보기로 하자. 박순과 율곡과의 이 짧은 논변은 아마도 1575(선조 8)년 박순이 먼저 편지를 보내고 이에 대해 율곡이 답변한 것으로 보인다.[26] 율곡의 답변으로 보아 세 번의 편지 왕래가 있었던 것으로 짐작된다. 그러나 『사암집』에는 또 박순이 율곡에게 답하는 글로 되어 있어 다소 혼란스럽다. 퇴계와 고봉 기대승, 율곡과 우계 성혼의 경우와 같이 논변의 양과 질에 있어 본격적인 학술논변으로 보기는 어렵고, 아주 작은 분량일 뿐 아니라 박순의 율곡설에 대한 비판은 거의 볼 수 없고, 율곡의 박순의 설에 대한 비판만이 조목조목 이루어지고 있다. 이러한 양자의 편지를 주로 하여 제한적이나마 박순의 성리학적 편린을 짐작해 보고자 한다. 먼저 박순과 율곡의 왕복 편지를 앞에 소개하고 이에 대한 필자의 해석과 설명을 붙이기로 한다.

---

26 『栗谷全書』, 卷33, 附錄1, 「年譜 上」, 乙亥 3年, 先生 40歲 12月 條.

<이숙헌(李叔獻)에게 답하는 글>

보내 주신 글월은 잘 받아보았습니다. 다만 이것은 창졸간에 판별할 것이 아닙니다. 담일허명(澹一虛明)한 기(氣)는 리(理) 또한 그 가운데에 있습니다. 비록 지적할 수 있는 형상이 없다 하더라도 이기(理氣)라고 한 바에는 그것은 곧 도(道)와 기(器)이니, 하필 형상을 갖추기를 기다린 후에 비로소 도기(道器)라고 말하겠습니까? 충막무짐(冲漠無朕)한 것은 리와 기입니다. 움직여서 양(陽)이 되고 조용해져서 음(陰)이 되는 것은 리와 기입니다. 충막무짐의 이기(理氣)는 천지 만물의 이기(理氣)로 되는 것이니, 본래 하나인데 거기에 무슨 의문이 있습니까? 이 생각은 어떻습니까? 살펴보시기 바랍니다. 삼가 답장합니다.[27]

<박화숙(朴和叔)에게 답하다.(乙亥, 1575년)>

보내온 편지에 이른바 '담일허명(湛一虛明)의 기(氣)'란 음(陰)을 말하는 것입니까, 양(陽)을 말하는 것입니까. 만약 음이라면 음의 전에는 또 양이요, 만약 양이라면 양의 전에는 또 음이니, 어찌 기의 시초가 될 수 있겠습니까. 만약 음도 아니요 양도 아닌 어떤 기가 따로 있어 그 음양을 관리한다고 한다면, 이러한 기괴한 말은 일찍이 경전 가운데서 본 일이 없습니다. 그리고 이른바 '충막무짐(冲漠無朕)'이라는 것은 리(理)를 가리켜 말한 것이니, 리에서 기(氣)를 구한다면 충막무짐한데 만상(萬象)이 삼연(森然)한 것이요, 기에서

---

27 『思庵集』, 卷4, 「答李叔獻書3」

리를 구한다면 일음일양(一陰一陽)을 도(道)라고 하는 것입니다. 표현으로는 비록 이렇게 말하더라도 사실에 있어서는 리만이 독립되어 있으면서 음양이 없이 충막한 때란 없습니다. 이 점은 가장 유심히 보고 깊이 음미하여야 할 것입니다.[28]

<이숙헌(李叔獻)에게 답하는 글>

재차 간절한 글월을 받자와 깊이 감사하고 있습니다. 다만 제 소견에는 아직도 통쾌하지 못한데가 있습니다. 무릇 경전에서 논한 음양(陰陽)은 다 천지가 이미 생긴 데서부터 말한 것이고, 천지 이전에는 언급한 적이 없습니다. 장자(張子)가 논한 청허일대(淸虛一大)는 근원을 소구하여 근본으로 돌아간 것으로 전대(前代)의 성인이 밝히지 못한 것입니다. 화담(花潭)이 또 장자(張子)가 다 말하지 않는 것을 추리하여 극단적으로 말하고 철저하게 논하였으니, 극도로 고명(高明)하다고 말할 수 있습니다.

다만 장자(張子)는 청허일대(淸虛一大)로 이름 지어 후학이 오해하여 폐단이 생길 우려가 없지 않았기 때문에, 고정(考亭)이 한편으로 떨어졌다고 생각한 것이지 횡거(橫渠)의 설을 망발(妄發)이라고 한 것은 아닙니다.

천지가 생기기 전에 태허(太虛)는 담일허정(澹一虛靜)하고 무궁무외(無窮無外)하였으며, 태극(太極)은 그 가운데에 있었습니다. 움직여서 양(陽)이 생겨나고 조용해져서 음(陰)이 생겨나게 되자, 천지가 나뉘어지고 만물이 나타나고 사시(四時)가 운행하였습니다.

---

28 『栗谷集』, 卷9, 書1, 「答朴和叔」.

천지가 이미 생겨난 데서부터 말하면, 일음일양(一陰一陽)이란 것은 작은 개폐(開閉)입니다. 천지가 생겨나지 않은데서부터 말하면, 태허(太虛)가 충막무짐(冲漠無朕)하면서 움직이는 이것은 천지의 큰 개폐(開閉)입니다. 천지가 생기기 이전은 음(陰)이라고 말할 수 있지 양(陽)이라고 말할 수 없습니다. 그러니 이 또한 일음일양(一陰一陽)이면서 비음비양(非陰非陽)입니다. 태허(太虛)가 적연(寂然)하고 태극(太極)이 움직이지 않을 때에는 리(理)는 본래 충막(冲漠)하고 기(氣)는 지적할 수 있는 형상이 없는데, 담일허정(澹一虛靜)을 어떻게 또 충막(冲漠)이라고 말할 수 있겠습니까? 만약 어떻게 태허담일(太虛澹一)의 기(氣)가 있겠느냐고 말한다면, 태극(太極)이 공중에 달려 독립해서 음양(陰陽)을 생기게 하는 것입니까? 이기(理氣)는 본래 선후가 없습니다. 그러나 이 쪽지로 다 말할 수 있는 문제가 아닙니다. 겨울 밤이 무척 길으니, 등을 켜고 한 차례 이야기나 함이 어떻겠습니까? 살펴보시기 바랍니다.[29]

<박화숙(朴和叔)에게 답하다>

편지를 받아보니, 거듭 타일러 주시어 감사한 마음 실로 깊습니다. 다만 저의 생각에는 아무리 보아도 타당치 않은 점이 있습니다. 보내 주신 편지에 이른바 "경전에는 천지가 생기기 전의 것에 대해서는 말한 바가 없다"고 한 것은 가장 타당치 않습니다. 공자(孔子)는 "역(易)에 태극(太極)이 있으니, 이것이 양의(兩儀)를 낳는다"고 하였고, 주자(朱子)는 "무극(無極)이면서 태극(太極)이다" 하였습니

---

29 『思庵集』 卷4, 「答李叔獻書 3」

다. 알지 못하겠습니다마는, 합하(閤下)께서는 이런 말들을 모두 천지가 이미 생긴 이후로 돌립니까. '소합벽(小闔闢)'과 '대합벽(大闔闢)'의 설은 진실로 그렇습니다. 그리고 천지가 생기기 전을 음(陰)이라고 한 것도 매우 이치에 합당하니, 비록 성인이라 하더라도 변역(變易)할 수 없을 것입니다. 다만 이미 음(陰)이라고 하면 이것도 또한 상(象)이니, 어찌 '충막무짐(沖漠無朕)'이라고 이를 수 있겠습니까. 이것으로 이른바 '충막무짐(沖漠無朕)'이라는 것은 다만 단순하게 태극(太極)을 가리킨 것이지 실은 음양(陰陽)이 없이 충막하기만 한 때는 없다는 것을 알 수 있습니다. 합하께서는 또 천지를 다만 하나 뿐이라고 생각하십니까. 아니면 과거에 무한한 천지가 있었다고 생각하십니까. 만약 천지를 하나뿐이라고 한다면 저는 더 말하지 않겠습니다만, 그렇지 않고 천지가 무궁하게 생멸(生滅)하였다고 한다면, 이 천지가 생기기 전에 음(陰)이 양(陽)을 내포하고 있는 것은 바로 전천지(前天地)가 이미 소멸한 나머지인 것이니, 어찌 이것이 우주의 본원을 추궁하는 논법이 될 수 있겠습니까.

보내신 편지에 또 "그렇다면 태극(太極)은 허공에 매달려 있는 독립된 것이다"라고 하였는데, 이것도 그렇지 않습니다. 전천지(前天地)가 이미 소멸된 뒤에는 태허(太虛)가 적연(寂然)하여 다만 음(陰)일 뿐일 때에는 태극(太極)이 음(陰)에 있고, 후천지(後天地)가 장차 개벽하려고 하여 일양(一陽)이 처음 생겨날 때에는 태극(太極)이 양(陽)에 있으니, 비록 허공에 매달려 있으려 해도 그렇게 될 수 있겠습니까.

장자(張子)의 의론은 본래 어폐가 있어 한 쪽에만 집착하였고, 서화담(徐花潭)의 주장은 너무 지나쳐서 음양추뉴(陰陽樞紐)의 묘한 것이 태극(太極)에 있는 줄을 모르고서, 바로 일양(一陽)이 생기기 전에 기(氣)의 음(陰)한 것을 음양(陰陽)의 근본인 줄 알았으니, 성현의 뜻에 어긋남이 없겠습니까.

아! 음양(陰陽)은 처음도 없고 끝도 없고 바깥도 없으며, 일찍이 부동(不動), 부정(不靜)의 때도 없습니다. 일동(一動), 일정(一靜), 일음(一陰), 일양(一陽)에 리(理)가 있지 않음이 없기 때문에, 성현이 우주의 근원을 추구하는 의론도 "다만 태극(太極)은 음양(陰陽)의 근본이다"고 한 것에 불과한데, 그 실상에 있어서는 본래 음양(陰陽)이 생기지 않고서 태극(太極)이 홀로 존립한 때는 없었습니다. 이제 우주의 근원을 추구하면서 도리어 음기(陰氣)로써 음양(陰陽)의 근원을 삼는 것은 이 음(陰)이 앞 양(陽)의 뒤인 줄을 전연 알지 못하는 것입니다.

다만 금년의 봄은 작년 겨울로 근원을 삼는 줄만 알고, 작년 겨울은 또 작년의 봄으로 시초를 불공(不恭)하게 되었습니다. 엎드려 바라건대, 용서하여 살펴 주십시오.[30]

<이숙헌(李叔獻)에 답하는 글>

보내 주신 근실한 글월을 잘 받아보았사온데 이례적으로 간절합니다. 선유(先儒)들이 그 점을 극도로 말했으나 그래도 의문으로 여겼거니와, 이는 지필(紙筆)로 다 써낼 것이 아니니 어찌하겠습니까? 경전에 쓰여 있는 것은 단지 '태극(太極)은 양의(兩儀)를 생겨나게 한다'고 하였고, 그 모두를 설파하지 않았으니 (활을) 당기기만 하고 쏘지 않은 것입니다.

---

30 『栗谷集』, 卷9, 書1, 「答朴和叔」.

　소자(邵子)가 '무극(無極) 이전에는 음(陰)이 양(陽)을 머금었다'라고 하였는데, 이 말은 이미 진실에 도달한 것이기는 하나 역시 태허담일(太虛澹一)의 실체를 형언(形言)하지 않았습니다. 천지는 유한하나 태극((太極)은 무궁무외(無窮無外) 합니다. 천지가 생겨나기 이전에는 태허(太虛)의 담일(澹一)한 기(氣)는 적연부동(寂然不動)하고 단지 충막무짐(沖漠無朕)하며, 태극이 그 가운데 있어 천지가 이미 생겨난 후 만물이 형상을 가진 때 같은 것은 아닙니다.

　하나의 기가 모이지 않으면 다 청허담일(淸虛澹一)하고 움켜도 잡히는 것이 없고 보아도 보이지 않으니, 어찌 형상이 있다고 말할 수 있겠습니까? 이제 목전의 것을 가지고 말한다면, 공중에는 기가 없은 적이 없지마는 무슨 볼 수 있는 형상이 있습니까? 본래 바람, 구름, 서리, 이슬이 이미 모여있는 종류의 것은 아닙니다. 그런데 조보(朝報)를 보니 영공(令公)께서 사표를 내셨는데 무슨 병환 때문이십니까? 무척 근심이 됩니다. 기회를 마련하여 한 번 이야기함이 어떻겠습니까? 바빠서 이만 줄입니다. 삼가 회답합니다.[31]

　<박화숙(朴和叔)에게 답하다>

　삼가 보내신 편지를 받으니 감사하고 감사합니다. 이런 일은 본래 경솔하게 의논을 할 수는 없습니다. 더욱이 사람이 미천하고 말이 천박하여 결코 감동시킬 가망이 없는데도 오히려 스스로 그만두지 않는 것은 합하께서 마음을 평온하게 가지고 물리치지 아니하여 의견이 거의 일치될 가망이 있기 때문입니다.

---

31 『思庵集』, 卷4, 「答李叔獻書 3」

성현의 설도 과연 미진한 곳이 있습니다. 이것은 다만 "태극(太極)이 양의(兩儀)를 낳았다"고만 말하고, "음양(陰陽)은 본래부터 있는 것이요, 처음으로 생긴 때가 있는 것이 아니다"는 것을 말하지 않았기 때문입니다. 그러므로 문자만 보고 뜻을 풀이하는 사람은 이에 "기가 생기지 않았을 때에는 다만 리만 있을 뿐이다"라고 말하니, 이는 진실로 하나의 병폐입니다. 또 어떤 의론에서는 "태허(太虛)는 담일청허(湛一淸虛)하여 음양(陰陽)을 낳는다"고 하였으니, 이것도 한쪽으로 치우쳐 음양(陰陽)이 본래부터 있는 줄을 알지 못한 것이니, 역시 하나의 병폐입니다. 대저 음양(陰陽)의 양단(兩端)은 끊임없이 순환하여 본래 그 시초라는 것이 없습니다. 음(陰)이 다하면 양(陽)이 생기고, 양이 다하면 음이 생기어, 한 번은 음이 되었다가 한 번은 양이 되었다가 하지만, 태극이 거기에 있지 않을 때가 없습니다. 이것이 태극이 만화(萬化)의 추뉴(樞紐)요 만물의 근저(根柢)가 되는 소이입니다. 이제 만약 "담일적연(湛一寂然)한 기가 음양(陰陽)을 낳는다"고 한다면, 이는 음양이 시초가 있다는 것을 말하는 것이니, 시초가 있으면 끝남이 있을 것입니다. 그렇다면 음양의 기틀이 쉬게 된 지 오래일 것이니, 합당한 말이겠습니까.

또 담일(湛一)의 기(氣)는 음(陰)입니까 양(陽)입니까. 합하께서는 지난번에 음이라고 지적하였는데, 그렇다면 태극(太極)이 근저(根柢)가 아니라 음기(陰氣)가 바로 근저입니다. 다만 음(陰)을 양(陽)의 모(母)로만 알고 양(陽)이 음(陰)의 부(父)가 되는 줄을 모르니 합당한 말이겠습니까.

또 소자(邵子)의 이른바 "무극(無極) 이전에 음(陰)이 양(陽)을 내포하고 있었다"는 말도 역시 일양(一陽)이 동(動)하기 이전을 끊어서 말하였을 뿐이요, 본원(本源)을 추구하여 참으로 음양(陰陽)의 시초가 있었다고 한 말은 아닙니다. 그리고 태극(太極)을 음양(陰陽)의 근저(根柢)로서 음(陰)에나 양(陽)에나 두 가지에 다 존재하여 헤아려 알 수가 없습니다. 그러므로 "신(神)은 방소(方所)가 없고 역(易)은 형체가 없다"고 하였습니다. 이제 만약 "음기(陰氣)가 음양(陰陽)의 근저(根柢)가 된다"고 한다면 이것은 신(神)이 방소(方所)가 있고 역(易)이 형체가 있게 되는 것이니, 더욱이 합당치 못한 말입니다. 또 이른바 '충막무짐(沖漠無朕)'이라고 한 것은 리(理)를 가리켜 말한 것입니다. 만약 기(氣)를 가리킨 것이라고 한다면 음(陰)이 아니면 양(陽)이니, 조짐이 없다고 이를 수 없습니다. 어찌 형체가 없다 해서 바로 조짐이 없다고 할 수 있겠습니까. 이제 허공 가운데는 다 기(氣)인데, 비록 보이지 않을지라도 어찌 '충막무짐(沖漠無朕)'이라고 이를 수 있겠습니까. 그러므로 '충막무짐(沖漠無朕)'이라는 명칭은 기(氣)에 있어서 본연지성(本然之性)을 가리키는 것과 같습니다. 비록 본성이라고 하더라도 실은 본성이 기를 떠날 때는 없습니다. 이는 마치 비록 충막(沖漠)이라고 하더라도 실은 충막한 때는 없는 것과 같습니다. 만약 "참으로 충막한 때가 있어 음양(陰陽)이 생겼다"고 한다면 이것도 음양(陰陽)이 시초가 있는 것입니다. 이 점을 모름지기 충분히 이해하여야 하고 소홀히 지나쳐서는 아니됩니다. 서화담(徐花潭)의 공부가 깊지 않은 것은 아니지만, 다만 이것을 지나치게 생각하여 도리어 기(氣)를 음양(陰陽)의 본원(本源)이라고 하니, 마침내 한 쪽에 집착하는데 돌아가 리(理)와 기(氣)를 분변(分辯)하지 않고 혼잡 시켜서 성현의 뜻에 묘합(妙合)할 수 없으니, 어찌 가석(可惜)하지 않겠습니까. 정자(程子)는 말하기를 "동정(動靜)은 단서(端緒)가 없고 음양(陰陽)은 시초가 없다. 도(道)를 아는 이가 아니고서야 그 누가 이런 이치를

알 수 있겠는가"하였습니다. 엎드려 바라옵건대 이 말에 대하여 재삼 유의하십시오.[32]

위에서 박순과 율곡이 주고받은 편지를 소개하였다. 이를 통해 박순의 세계를 보는 관점 특히 궁극적 근원에 대한 견해가 어떤지 검토해 보기로 하자. 그리고 이에 대한 율곡의 견해를 통해 두 사람의 세계를 보는 눈과 궁극적 근원에 대한 관점이 어떻게 다른지 고찰해 보기로 하자.

박순의 학문과 사상 형성에 있어 가장 영향을 많이 미친 이는 서경덕(徐敬德)이다. 그것은 이선(李選)이 쓴 「행장(行狀)」이나 이항복(李恒福)이 쓴 「시장(諡狀)」 그리고 송시열(宋時烈)이 쓴 「신도비명(神道碑銘)」에 화담의 문하에서 수업했다는 것이 분명하기 때문이다.[33] 그리고 그의 문집 속에 단편적으로 언급된 율곡과의 편지 내용도 기(氣)를 중심으로 한 극본궁원(極本窮源)의 이론이 수류를 이루고 있기 때문이다.

또한 화담 외에 박순의 사상 형성에 많은 영향을 미친 이는 송대 장횡거(張橫渠)로 짐작된다. 그것은 화담의 사상적 뿌리가 장횡거에게 있음은 물론, 송시열이 쓴 「신도비명」에 치재 홍인우(耻齋 洪仁祐: 1515~1554)를 예방하고 장횡거의 대표적 저술인 『정몽(正蒙)』의 「태화편(太和篇)」 등을 읽었는데, 홍인우(洪仁祐)가 찬탄하기를 "가히 더불어 함께 학문할 사람은 오직 박화숙(朴和叔)이다"[34]라고 했다는 데에서도 유추할 수 있다. 이제 박순의 성리학적 기반

---

32 『栗谷集』, 卷9, 書1, 「答朴和叔」.

33 『思庵集』, 卷5 「行狀(李選)」, 「諡狀(李恒福)」, 「神道碑銘(宋時烈)」에 모두 언급되고 있음.

34 『思庵集』, 卷5, 「神道碑銘(宋時烈)」.

이 되었던 장횡거와 서경덕의 우주론을 먼저 간략히 소개해 보기로
하자.

1. 장횡거의 기론(氣論)

장횡거(張橫渠: 1020~1077)는 일체 만물의 모든 현상이 기(氣)
의 모임과 흩어짐으로 말미암은 것으로 보고, 이 기의 본체를 무형
(無形)의 태허(太虛)라고 하였다.[35] 그가 도가와 불교의 허무(虛無)
와 공적(空寂)의 사상을 조화시켜 사용한 태허(太虛)는 우주 공간
이라는 허공과 우주 원기(宇宙 元氣)를 서로 분리할 수 없는 것으로
보아, 우주 공간과 우주 원기의 뜻을 포함하는 개념이다. 따라서 태
허는 만물생성의 근원이면서 그 만물은 다시 사라져 태허로 환원되
는 것이다.

> 태허(太虛)는 기(氣)가 없을 수 없고 기는 능히 모여 만물이 되지 않
> 을 수 없으며, 만물은 사라져 태허가 되지 않을 수 없다. 이를 따라서 오
> 고 감이 모두가 부득이해서 그런 것이다.[36]

이처럼 태허가 기(氣)로, 기가 만물로 만들어지는가 하면, 반대
로 만물은 다시 태허로 환원되니, 이는 외부의 어떤 초월적 힘에 의
해 그런 것이 아니라 기 자체의 자율성에 의해 그렇게 된다는 것이
다. 이러한 기의 취산(聚散) 운동에 따라 나타난 현상을 객형(客形)
이라 하고, 그것은 곧 다양한 현상세계를 의미하는 것이다. 즉 무형

---

35 張載,『正蒙』「太和篇」.
36 張載,『正蒙』「太和篇」.

(無形)한 태허는 기의 본연으로 기가 사라진 상태라 하겠고, 구체적 사물이란 기가 잠깐 사이에 모인 형태이므로 객형이라 표현한 것이다. 따라서 태허 즉 기의 본체를 무(無)라 하면, 모이고 흩어지는 변화의 기는 유(有)가 되는 것이다.

그는 또 일물(一物)이면서 양체(兩體)로 기(氣)를 설명하면서 기의 두 측면을 설명하였다.[37] 기는 본체로서는 일(一)로서 신묘(神妙)한 것이지만, 이것이 양(兩) 즉 다(多)로 분화됨으로써 변화의 일면을 갖게 되는 것이다. 따라서 양체(兩體)로 보게 되면 허(虛)와 실(實), 동(動)과 정(靜), 모임과 흩어짐, 맑음과 흐림의 차별상으로 나타나는 것이다.[38] 장횡거는 또 태극을 일물양체(一物兩體)로 보고 있다. 여기에서 일물(一物)은 기를 말하고 양체(兩體)는 음양(陰陽) 이성(二性)을 말한다. 그러므로 그의 태극은 곧 일기(一氣)가 되고 거기에 음양이 안에 포함된 것이므로, 태극을 리(理)로 보는 정주(程朱)와는 구별되는 것이다.

그러면 장횡거는 리(理)를 어떻게 이해하고 있는가? 그는 '천지의 기가 비록 모이고 흩어짐 이 백 가지로 갈라지지만, 리(理)의 됨은 순리적이어서 진실한 것' 이라 하였다. 그에 의하면 리(理)는 기(氣)를 주재하는 것이 아니라, 기가 모이고 흩어지는데 있어서의 한낱 운동 질서 내지 우주 간에 사물이 좇아야 할 바의 규율로 이해된다. 이러한 리의 질서적인 이해는 다음 글에서도 분명해진다.

태어남에 선후가 있음은 천서(天序)가 되는 까닭이며, 작고 크고 높고 낮음이 서로 병렬하여 나타남을 일러 천질(天秩)이라 한다. 천(天)이

---

37 張載,『正蒙』「參兩篇」.
38 張載,『正蒙』「大易篇」.

물(物)을 생(生)함에 서(序)가 있었고, 물(物)이 이미 나타났을 때 질(秩)이 있다. 서(序)를 안 연후에 경(經)이 바르게 되고, 질(秩)을 안 연후에 예(禮)를 행하게 된다.[39]

이와 같이 그는 태극을 결국 기로 보고, 그 기의 모이고 흩어짐에 따라 구체적 사물로 전개될 때 각 존재마다 일정한 질서를 갖게 되는데, 이를 천서(天序), 천질(天秩)이라 했던 것이며 이를 리(理)라 했던 것이다. 따라서 장횡거에 있어서의 리(理)는 기(氣)의 변화질서에 불과한 것으로 간주되어, 기 중심의 우주론 내지 세계관을 견지하였던 것이다. 이러한 장횡거의 기론은 조선조 화담 기학의 기반이 되었고, 또 이는 박순의 우주론 형성에도 영향을 미쳤다고 볼 수 있다.

2. 화담 서경덕의 기론(氣論)

화담 서경덕(花潭 徐敬德)은 이언적(李彦迪)과 함께 16세기 전반 조선조 성리학의 선구자로써, 조선 성리학에 있어 6대가의 한 사람으로 불린다.[40] 그는 본래 철학적 사색을 즐겼고 글을 쓰기를 삼가하여 그의 남아있는 저술이 별로 많지 않다. 특히 그의 철학적 자취를 알 수 있는 것으로는 「원이기(原理氣)」, 「이기설(理氣說)」, 「귀신사생설(鬼神死生說)」, 「태허설(太虛說)」 등이 대표적이다. 이제 이를 통해 그의 우주론을 간략히 검토해 보기로 하자.[41]

---

39 張載, 『正蒙』, 「動物篇」.
40 현상윤, 『조선유학사』, 민중서관, 1948, 67쪽.
41 황의동, 「화담의 철학사상에 관한 연구」, 『연구 논문집』, 52호, 충남대인문과학연구소, 1998.

화담이 이 세계를 어떻게 이해하고 있느냐 하는 문제는 오늘날 학계의 이론(異論)이 존재한다. 그동안 우리 학계는 대체로 화담의 세계이해를 기(氣) 중심에서 보고자 해왔고, 이런 관점에서 화담을 기 철학자로 규정해 온 것이 일반적이다. 그런데 이와는 달리 화담 철학의 체계를 이기이원(理氣二元)의 체계로 보고, 다만 리(理)보다 기(氣)를 강조하는 주기론(主氣論)의 관점에서 보고자 하는 견해도 있다. 필자는 전자의 입장에서 화담의 우주론을 기론(氣論)으로 이해하고자 한다.

화담은 이 세계를 기(氣)로써 설명한다. 인간과 사물이 존재하는 이 세계는 물론 구체적인 하늘과 땅, 해와 달과 별 그리고 인간, 한 포기의 풀, 한 그루의 나무에 이르기까지 그것은 바로 기의 현현(顯現)이라 한다. 기의 모이고 흩어짐, 열림과 닫힘, 움직임과 고요함에서 만물의 생성변화가 비롯된다고 보는 것이다. 그의 철학에 있어서 기는 그의 존재론을 일관하는 근원적 실제요 최고의 실체개념이다. 그러나 그도 기와 함께 리(理)를 아울러 말해 이 세계를 설명하고 있음에 유의할 필요가 있다. 특히 그의 글 속에는 리(理)와 기(氣)를 아울러 병칭(竝稱)한 경우가 다소 있다. 여기에서 그의 철학에 대한 견해 차이가 있게 되고, 그동안의 많은 연구에도 불구하고 아직도 이견이 상존하는 것이다. 문제는 그의 기를 어떻게 볼 것이며, 또 그의 리를 어떻게 해석해야 할 것인가가 관건이 된다. 이제 이러한 문제의식으로부터 그의 기 개념은 무엇이며 그 기능적 특성은 무엇인지 고찰해 보기로 하자.

첫째, 기(氣)는 일체 존재를 있게 하는 가장 근원적인 실재이다. 하나의 기가 나뉘어 음양(陰陽)의 둘이 되는데, 양(陽)이 그 고동(鼓動)을 다하여 하늘이 되고, 음(陰)이 그 뭉침을 다하여 땅이 된다. 양동(陽動)의 끝에 그 뭉친 정기(精氣)가 해가 되고 음취(陰聚)의 끝에 그 뭉친 정기(精氣)가 달이 되고, 나머지 정기가 흩어져 뭇별이 되며, 땅 위에 있어서는 물과 불의 두 정기가 된다.[42] 또 삶과 죽음, 사람과 귀신도 기의 모임과 흩어짐에 불과하다.[43] 이처럼 기는 그에 있어서 만물이 존재할 수 있는 근원적 실재로 중시되고 있다.

　둘째, 기는 그 본체에 있어서 맑고 텅 비어 있으며 고요하다. 그에 의하면 기는 담일청허(湛一淸虛)하거나 담연허정(湛然虛靜)한 것으로 설명되고 있다.[44] 아직 운동, 변화, 작용하지 아니한 본체상의 기는 담연(澹然)히 맑고 또 텅 비어 있으며 아울러 고요하다. 이러한 기의 본원에 대한 긍정적인 관점은 그것이 비록 변화를 본질적 속성으로 삼는다 할지라도 기 철학이 결코 부정의 철학 내지 몰가치의 철학으로 비하될 수 없는 근거가 된다는 점에서 중요한 의미가 있다.

　셋째, 기는 소리가 없어 들을 수도 없고 냄새가 없어 맡을 수도 없는 감각적 경험을 초월한 것이다. 기는 끌어내고자 하나 텅 비어 있고 잡으려 하나 아무것도 없다. 그렇지만 그 텅 비고 없는 속에 오히려 참이 있으므로 이것을 무(無)라고 말할 수는 없다. 이 경지에 이르면 소리가 없어 귀로 들을 수도 없고, 냄새가 없어 코로 맡을 수도 없다.[45] 이와 같이 기는 담연히 형상이 없는 것으로 그 본체상에 있어서는 우리들의 감각적 경험에 와 닿지 않지만, 이미 그 본체에서 벗어나게 되면 형적(形迹)에 관계되지 않을 수 없다.[46]

42　『花潭集』, 卷2,「原理氣」.
43　『花潭集』, 卷2,「鬼神死生論」.
44　『花潭集』, 卷2,「原理氣」,「鬼神死生論」.
45　『花潭集』, 卷2,「原理氣」.
46　『花潭集』, 卷2,「原理氣」.

넷째, 기는 시간적으로 시작도 없고 끝도 없어 영원한 것이다. 화담은 기의 담일청허(湛一淸虛)한 것은 이미 그 시작이 없으므로 또 그 끝도 없다고 한다.[47] 기의 본체는 모였다 흩어졌다 함은 있어도 그것의 있고 없음은 없다.[48] 한 포기의 풀, 한 그루의 나무 같은 미미한 것일지라도 그 기는 마침내 흩어지지 않으며, 더구나 사람의 정신, 지각같이 크고 또 오래 걸려 뭉쳐진 것은 더 말할 필요가 없다.[49] 비록 한 조각 촛불의 기일지라도 그것이 눈앞에서 사라져 버림을 보지만, 그 나머지 기는 마침내 흩어지지 아니하니 어찌 이를 일러 다 없어졌다고 말할 수 있겠는가.[50]

이와 같이 그는 기에는 시작도 없고 끝도 없으며, 그것은 영원히 없어지지 않는다 하여, 기의 항존성(恒存性) 내지 불생불멸을 확고히 하였다. 현상세계에 있어서 다양한 사물의 생성변화는 있을지라도 그 기의 본체는 결코 없어지지 않는다. 이는 그가 본체상에 있어서 기의 실재성을 분명히 한 것으로 매우 중요한 의미를 갖는다.

다섯째, 기는 공간적으로 우주 공간에 빈틈없이 꽉 차 있는 것이다. 기는 널리 꽉 차 있어서 한 터럭도 들어갈 빈틈이 없고, 그 크기가 바깥이 없다.[51] 따라서 기는 일체 형상 있는 것들의 바깥을 감싸고 있고 형상 있는 것들은 기의 가운데에 실려 있다. 이렇게 기는 일종의 무한한 공간개념으로 모든 것들이 존재하는 장(場)이며 동시에 그 속을 빈틈없이 꽉 채우고 있다. 이러한 관점에서 기는 태허(太虛)와 상통되고 밀접한 의미 연관을 갖게 된다.

---

47 『花潭集』, 卷2, 「鬼神死生論」.
48 『花潭集』, 卷2, 「鬼神死生論」.
49 『花潭集』, 卷2, 「鬼神死生論」.
50 『花潭集』, 卷2, 「鬼神死生論」.
51 『花潭集』, 卷2, 「原理氣」.

여섯째, 기는 그 스스로 운동, 변화, 작용하는 기능을 가지고 있다. 기가 갑자기 뛰기도 하고 홀연히 열리기도 하는데 그것은 무엇이 그렇게 하는가? 그에 의하면 기의 기틀(機)이 저절로 그럴 뿐이다. 또 스스로 그렇게 하지 아니할 수 없다. 기가 고요했다 움직였다 하지 아니할 수 없으며, 닫혔다 열렸다 하지 아니할 수 없다. 그것은 무슨 까닭인가? 그 기틀(機)이 스스로 그런 것이다.[52] 이와 같이 기는 외부의 어떤 도움 없이 그 스스로 변화하고 작용하는 고유능력을 지니고 있는데, 그것이 바로 '기자이(機自爾)' 즉 기틀이 저절로 그렇다는 것이다. 대체로 성리학 일반에서는 운동, 작용하는 자체는 기(氣)이지만, 또 그것을 가능케 하는 소이(所以) 내지 주재(主宰)로서의 리(理)를 요구하게 된다.[53] 아무리 기가 발하는 고유기능을 가지고 있더라도 그 홀로 만으로는 그 기능을 발휘할 수 없고, 리의 주재 기능을 통해서 비로소 기의 발(發)이 가능하게 된다. 그런데 그의 경우는 이러한 리의 외부적인 도움 없이 기 스스로 운동, 변화, 작용할 수 있다고 보았다. 이것이야말로 그의 철학의 성격을 규정하는데 매우 중요한 단서가 된다.

이제까지 화담에 있어 기의 개념과 성격에 관해 살펴보았는데, 다음은 그의 태허 개념을 분석해 보고 이를 기와 연관하여 살펴보기로 하자. 그에 의하면 태허는 맑고 형상이 없는 것으로 이름하여 선천(先天)이라 한다. 그것은 크기가 한이 없고, 시원(始源)에 있어서도 시작이 없어서 그 유래를 헤아리기가 어렵다. 그 담연(湛然)하고 허정(虛靜)함이 바로 기의 근원이다. 그것은 널리 꽉 차 있어서 한 터럭도 들어갈 빈틈을 용납하지 않는다. 그러나 그것은 끌어

---

52 『花潭集』, 卷2, 「原理氣」.
53 『栗谷全書』, 卷10, 書2, 「答成浩原書」.

내고자 하나 텅 비어 있고 잡으려 하나 아무것도 없다. 그렇지만 그
것은 차 있는 것이어서 아무것도 없는 무(無)라고는 말할 수 없다.[54]
또 태허는 허(虛)하면서도 허(虛)하지 아니한 것이다. 허(虛)가 곧
기(氣)이다. 기는 무궁하고 무한하다. 허(虛)라고 말하면서 어찌 또
기(氣)라고 말하는가? 말하자면 텅 비어 있고 고요함이 기의 본체
이고, 모였다 흩어지는 것은 기의 작용이다. 허(虛)가 단순히 비어
있지 않다는 것을 알면 무(無)라고 말할 수 없다.[55]

 이렇게 볼 때, 그는 본래 태허는 더 이상 바깥이 없는 무한의 공
간개념으로 사용하고, 기는 이 공간에 담겨진 내용이자 주체로서
영원의 시간개념으로 사용한 것이다.[56] 그러나 이 양자는 결코 분리
되어 생각될 수 없으므로 '허(虛)가 곧 기(氣)' 라고 말하게 되는 것
이다. 따라서 허(虛)가 본래 무궁하므로 기(氣) 역시 무궁하다고 말
한다.[57] 태허는 선천과 후천을 전체적으로 포괄하는 커다란 하나의
공간개념이다. 공간으로서의 태허는 내용으로서의 기를 담는 그릇
이다.[58] 그의 태허를 공간개념으로 볼 수 있는 설명은 여러 곳에서
많이 볼 수 있다. 예를 들면 『화담집』에 등장하는 '허(虛)는 기(氣)
의 연못'이라든지, 형상 있는 것들이 '태허 가운데에 달려 있다'든
지, '바람이 태허에서 쉴 적에는…' 등의 표현은 분명히 태허를 공
간개념으로 이해할 수 있는 것들이다. 그럼에도 불구하고, 그는 이
태허를 곧 기와 연관시켜 기 자체로서 이해하고 있음을 볼 수 있다.

---

54 『花潭集』, 卷2, 「原理氣」.
55 『花潭集』, 卷2, 「太虛說」.
56 『花潭集』, 卷2, 「理氣說」.
57 『花潭集』, 卷2, 「理氣說」.
58 윤천근, 「서경덕의 기 철학에 있어서의 세계의 연구」, 『철학연구』, 제9집, 고려대철학회, 1984,
  161쪽.

그것은 기를 담는 우주 공간이나 그 속을 가득 채우고 있는 기는 서로 공동운명체요 분리될 수 없는 동실이명(同實異名)의 관계에 있기 때문이다. 물론 그는 이 태허를 선천으로 표현하고 있지만, 기가 생성 변화하는 운동의 장이요 기가 있어야 할 공간으로서의 태허는 아마도 후천에 있어서도 설정되지 않을 수 없다.

그러면 그에 있어 현상세계는 어떻게 설명되고 있는가? 화담은 이를 선천, 후천으로 설명한다. 앞서 말한 대로 기가 아직 변화, 작용하지 아니한 본체상의 고요한 때를 선천(先天)이라 하고, 마침내 기가 운동 변화함으로서 드러나는 현상세계의 시간을 가리켜 그는 후천(後天)이라 하였다. 이에 대한 그의 설명을 보기로 하자. 본체의 기는 마침내 움직였다 고요했다 하지 않을 수 없으며, 열렸다 닫혔다 하지 않을 수 없다. 그것은 그 기가 스스로 그러하기 때문이다. 이미 일기(一氣)라 하면 그 하나는 둘을 스스로 포함하는 것이요, 이미 태일(太一)이라 하면 그 하나는 곧 둘을 포함한다. 이같이 하나는 둘을 낳지 아니할 수 없고, 둘은 스스로 능히 생하고 극복한다. 낳고는 극복하고 극복하고는 낳는다. 기의 움직임이 미미한 것으로부터 천지를 고동(鼓動)하는데 이르기까지 그것은 모두 생(生)과 극(克)이 그렇게 하는 것이다. 하나가 둘을 낳는다고 하면 둘은 무엇인가? 그것은 음(陰)과 양(陽)이요 동(動)과 정(靜)이다. 하나란 무엇인가? 음(陰)이 되고 양(陽)이 되는 그 시초요 동(動)하고 정(靜)하는 그 본질로서의 담연(湛然)한 기(氣)이다. 하나의 기가 나뉘어 음양의 둘이 되는데, 양이 그 고동을 다하여 하늘이 되고, 음이 그 뭉침을 다하여 땅이 된다. 양동(陽動)의 끝에 뭉친 정기(精氣)가 해가 되고, 음취(陰聚)의 끝에 그 뭉친 정기(精氣)가 달이 되고, 나머지 정기가 흩어져 뭇별이 되며, 땅 위에 있어서는 물과 불의 두

정기가 되니 이를 후천(後天)이라 하고 이에 작용하는 것이다.[59]

　이와 같이 기는 음양으로 나뉘어 움직이고 고요하고, 열리고 닫히고, 모이고 흩어지는 작용을 하게 되고, 이를 통해 하늘과 땅, 해, 달, 별, 물, 불 등의 만물로 전개되는 것이다. 그는 또 「귀신사생설(鬼神死生說)」에서 현상계의 생성변화를 이렇게 설명하고 있다. 맑고 깨끗하고 텅 빈 기란 바깥이 없는 허공에 꽉 차 있다. 기가 많이 모인 것은 하늘과 땅이고 기가 적게 모인 것은 만물이다. 모였다가 흩어지는 현상에는 나타나고 나타나지 않는 것, 빠르고 늦음만이 있을 뿐이다. 태허에서 모였다가 흩어지는 질(質)과 양(量)의 많고 적음에 따라 크고 작음의 차이만이 있을 뿐이다.[60]이렇게 볼 때, 만물의 다양한 차별상이란 기의 모임과 흩어짐에서 비롯되는 것이다.

　그는 또 「성음해(聲音解)」에서 현상계의 전개 양상을 이렇게 설명하고 있다. 하늘에는 음양(陰陽)이 있어 크고 작은 기의 차이가 있고, 땅에는 강유(剛柔)가 있어 크고 작은 질(質)의 차이가 있다. 기가 위에서 변하여 상(象)을 생기게 하고, 질(質)은 아래에서 변하여 형(形)을 이룬다. 해, 달, 별의 상(象)은 하늘에서 이루어지고, 물, 나무, 흙, 돌의 형(形)은 땅에서 이루어진다. 그리고 상(象)이 하늘에서 움직여 만시(萬時)가 생겨나고, 형(形)이 땅에서 교차하여 만물이 이루어지는데, 시(時)와 물(物)의 관계에서 수(數)가 존재한다고 하였다.[61] 이는 화담이 역리적(易理的) 관점에서 상수(象數) 이론을 통해 현상계의 전개 원리를 설명한 것인데, 시간과 사물의 관계에서 수(數)가 존재한다는 말은 매우 중요한 의미를 갖는다. 왜냐하

59　『花潭集』, 卷2,「原理氣」.
60　『花潭集』, 卷2,「鬼神死生論」.
61　『花潭集』, 卷2,「聲音解」.

면 일체의 모든 현상이란 시공(時空)의 만남에서 이루어지는데, 시공의 만남에 있어 그것을 가능케 하는 공통의 원리가 곧 수(數)이기 때문이다. 이러한 그의 세계관은 그의 존재론이 역리(易理)에 바탕하고 있음을 입증해 주는 것이기도 하다.

이러한 관점에서 그는 기(氣)를 체(體)와 용(用)으로 구별해 설명하기도 하였다. 즉 기가 텅 비고 고요함은 기의 본체요, 기가 모였다 흩어졌다 함은 기의 작용이다.[62] 기는 본체상에서는 맑고 텅 비고 고요하여 작용하지 않는데 이 때를 선천이라 하고, 이 기가 마침내 음양(陰陽)으로 나뉘어 움직이고 고요하고, 열리기도 하고 닫히기도 하며, 모였다 흩어졌다 하면서 만물을 낳고 변화하는 이 때를 가리켜 후천(後天)이라 한 것이다. 그러나 선천과 후천이 별개로 존재하는 것이 아니라 본체계는 현상계 안에 내포되어 있는 것이요, 현상계는 본체계의 현현(顯現)에 불과한 것이다. 기가 아직 드러나지 아니하면 선천이요, 그것이 드러나게 되면 그 때가 바로 후천인 것이다.

그러면 화담은 리(理)를 어떻게 이해하고 있는가? 화담이 이 세계를 기(氣)로 설명하고 있지만, 그 또한 다른 성리학자들과 마찬가지로 리(理)를 말하고 있어 그에 대한 정밀한 탐구가 요구된다. 문제는 그의 리가 과연 기와 대등한 실체적 의미로서의 리인가, 아니면 기에 부속된 조리 내지 자연한 법칙성으로서의 리인가가 관건이 된다.

먼저 그의 리에 관한 설명을 보기로 하자. 갑자기 뛰고 홀연히 열리는데 그것은 누가 시킨 것이냐고 묻는다. 스스로 능히 그런 것이

---

62 『花潭集』, 卷2, 「太虛說」

요 또 스스로 그렇게 되지 않을 수 없다고 한다. 이것이 리(理)를 말할 때라고 한다. 『주역(周易)』의 소위 '감이수통(感而遂通) 즉 느끼어 마침내 통한다', 『중용(中庸)』의 소위 '도자도(道自道) 즉 도가 스스로 도요', 주렴계(周濂溪)의 소위 '태극동이생양(太極動而生陽) 즉 태극이 움직여 양이 생긴다'는 것을 말한다. 이에 움직임과 고요함이 없을 수 없고, 열림과 닫힘이 없을 수 없으니, 그것은 무엇 때문인가? 기틀(機)이 스스로 그런 것이다.[63] 여기에서 볼 때, 리(理)는 선천의 영역에서는 드러나지 않다가 기의 동정(動靜)이 시작되는 후천의 때에 비로소 그 기능과 역할이 문제가 된다. 그는 또 기가 능히 열리고 닫히고 움직이고 고요하고 낳고 극복되지 않을 수 없는 까닭의 근원을 이름하여 태극(太極)이라 하였다. 그런데 기(氣) 밖에 리(理)가 없으니 리는 기의 주재이다. 소위 주재(主宰)란 밖으로부터 와서 주재하는 것이 아니라, 그 기의 작용에 있어서 소이연(所以然)의 바름을 잃지 않게 하는 것을 가리켜 주재(主宰)라 한다.[64] 여기에서 '태극(太極)'이나 '리(理)'는 분명히 기를 주재하는 것으로 그 기능이 규정되어 있다. 또 리는 기의 움직이고 고요하고 열리고 닫힘에 있어서 그 소이(所以)가 되는 것이므로 '그 소이를 말해 리(理)라 한다'[65] 고 하는 것이다. 이렇게 보면 주자(朱子)를 비롯한 성리학 일반에서의 리(理) 개념 즉 리(理)는 기(氣)의 주재라든가, 리는 기발(氣發)의 소이(所以)라는 규정과 다를 바가 없다. 그러나 자세히 음미 분석해 보면 그에 있어 리는 기와 대립하는 실체이거나 기의 밖에 따로 존재하면서 기의 작용을 주재하는 것이 아

---

63 『花潭集』, 卷2, 「原理氣」.
64 『花潭集』, 卷2, 「理氣說」.
65 『花潭集』, 卷2, 「原理氣」.

니라, 기의 속성으로서 기의 취산(聚散) 작용에 의해 만물이 생성 변화할 때, 그 올바른 방향을 잃지 않고 제대로 작용하게 하는 기에 내재하는 법칙성임을 알 수 있다. 그의 철학에서 리와 기는 기로부터 리가 파생되는 종속적 관계나 리와 기가 별개의 시원적(始源的) 존재로 양립하는 이원적(二元的) 관계로 있는 것이 아니라, 리는 기 자신의 운동법칙으로서 본래 기에 내재해 있는 것이다. 그에 있어서 리의 주재란 주자나 율곡에서처럼 상보적(相補的) 의미로 사용된 것이 아니다. 만일 리의 기에 대한 주재가 없으면 기의 운동 변화의 기능 자체가 불가하다는 것은 아니다. 그에 있어 리의 주재는 기의 변화 자체가 갖는 합리적인 궤도 내지 법칙의 의미를 넘어서는 것이 아니다. 마치 크게는 해, 달, 별의 위치와 운행에 따른 우주의 질서로부터 작게는 세포나 분자의 구조와 기능에 이르기까지 정연한 질서가 섬세하게 그 기 안에 갖추어 있다고 본 것이다. 기 속에 이미 갖추어진 자연한 질서 그것을 그는 리(理)라고 보고, 이 리는 기의 운동이 시작되는 즈음에야 그 역할을 논할 수 있는 것이다. 따라서 리의 주재(主宰)나 소이(所以)는 타자(他者)로서의 기에 대한 영향이 아니라, 기 자체 안에 지니고 있는 기 운동의 질서정연한 조리를 의미하는 것이었다. 결국 기라는 실체에 리는 그 속성으로서 내속(內屬)해 있는 것이다.

여기에서 우리는 기(氣)의 '기자이(機自爾) 즉 기틀이 스스로 그러하다'라는 능동성과 리의 '재(宰)'나 '소이(所以)'와의 관계 그리고 상호 위상에 관해 검토해 볼 필요가 있다. 주자나 율곡의 경우에 있어서는 운동, 변화, 작용하는 것은 기의 고유한 기능이었지만, 거기에는 반드시 리의 '주재(主宰)'나 '소이(所以)'로서의 역할이 주어져야만 기의 현실적인 발현이 가능했던 것이다. 기의 '발(發)'과 리의 '주재(主宰)', '소이(所以)'는 상호 의존적 기능이었다. 따라서 아무리 기가 발하고자 해도 리의 주재나 소이가 주어지지 않고는 불가능할 수밖에 없다. 그런데 화담의 경우는 이와 다르다. 그에 있어서는 기에 '기자이(機自爾)'라는 능동성이 고유하게 주어져 있어, 리(理)라는 외부의 도움 없이도 기(氣)는 운동 변화의 생성이 가능한 것이다. 다만 이 기가 운동함에 있어서 그 자체의 고유한 운행질서를 잃지 않아야 한다는 것뿐이다. 이것이 '리(理)의 주재'라는 말의 함축된 의미이다. 문제는 기의 '기자이(機自爾)'와 리의 '주재(主宰)', '소이(所以)'를 기능적으로 대등하게 인정할 수 있는가 아니면 리의 '주재(主宰)'나 '소이(所以)'를 기의 '기자이(機自爾)'안에 주어진 하나의 속성으로 볼 것인가이다. 그의 리를 기와 대등한 실체 개념으로 볼 수 없는 이유는 그의 글 전체에 흐르는 정신으로도 짐작된다. 그의 대표적 논문이라 할 수 있는 「원이기(原理氣)」, 「이기설(理氣說)」, 「태허설(太虛說)」, 「귀신사생설(鬼神死生說)」을 보아도 기에 관한 설명이 대부분을 차지하고 있고 리에 대한 언급은 지극히 형식적임을 볼 수 있다. 더욱이 그가 주렴계(周濂溪)의 '태극동이생양 정이생음(太極動而生陽 靜而生陰)' 대신에 '태허(太虛)가 움직여 양(陽)을 낳고 고요해 음(陰)의 시작이 생긴다(太虛之動而生陽 靜而生陰之始)'[66]고 설명하는데서도 그의 기(氣) 철학적 입장은 확연해진다. 그에 있어 리(理)라는 것은 다만 기(氣)가 작용함에 기 자체의 자율성에 지나지 않는 것이므로 기를 떠나서는 진리를 논할 수 없는 것이었다.[67]

---

66 『花潭集』, 卷2, 「鬼神死生論」.
67 유승국, 『한국의 유교』, 세종대왕기념사업회, 1980, 209쪽.

3. 박순의 우주본원론(宇宙本源論)

『사암집(思菴集)』과 『율곡전서(栗谷全書)』에 각기 3편씩의 주고 받은 글이 전해진다. 『율곡전서』의 율곡 연보에는 1575년 12월 박순으로부터 편지를 받고 답하였으며, 그 주요 내용을 대략 기록하고 있다. 그러나 『사암집』에는 여기에 관한 언급이 전혀 없어 두 사람이 왕복 편지를 주고받게 된 배경과 전말을 알 길이 없다. 이 당시 박순의 나이는 52세이고, 율곡의 나이는 39세였다. 박순은 율곡보다 13년 선배로써 관직에 있어서도 대선배였고, 도학적 인품과 처세로써 율곡의 존경을 받았다. 그러므로 이항복(李恒福)이 쓴 「시장(諡狀)」에서 보듯이, '순(淳)이 곧 혼(渾)이요 혼(渾)이 곧 이(珥)'로써 종시 세 사람이 얼굴은 다르나 마음은 하나라고 일컬어졌던 것이다.[68]

이제 이 3편의 글을 통해 박순의 우주론 내지 세계에 대한 이해의 입장을 짐작해 보기로 하자. 우선 제1서의 내용을 검토해 보자.

> 담일허명(澹一虛明)의 기(氣)는 리(理) 또한 그 가운데에 있습니다. 비록 형상을 가리킬 수 없더라도 이미 이기(理氣)라고 말하면 곧 도(道)와 기(器)이니, 하필 그 형(形)을 갖추기를 기다린 후에야 비로소 도기(道器)라 하겠습니까? 충막무짐(冲漠無朕)한 것은 리(理)와 기(氣)입니다. 동(動)하는 양(陽), 정(靜)하는 음(陰)은 리(理)와 기(氣)입니다. 충막무짐(冲漠無朕)한 이기(理氣)가 천지 만물의 이기(理氣)가 되어 본래 하

---

68 『思菴集』, 卷5, 「諡狀」, "論者謂公與牛栗相善 至稱淳卽渾 渾卽珥 終始三人 貌異而心一……"

나이니, 무엇을 의심할 것이 있겠습니까? 이러한 뜻이 어떻습니까?[69]

　박순도 이 세계는 본체상에서나 현상계에서나 마찬가지로 형이
상(形而上)의 도(道)와 형이하(形而下)의 기(器)로 이루어진 세계로
인식한 것으로 보았다. 이는 담일허명(澹一虛明)의 기 속에도 리가
있고, 충막무짐(冲漠無朕)한 이기(理氣)가 천지 만물의 이기(理氣)
가 되어 본래 하나라고 한데서 분명해진다. 이울러 성리학 일반에
서 보듯이 도(道)를 리(理), 기(器)를 기(氣)로 이해할 뿐 아니라 본
체와 현상을 하나로 보고 있음을 알 수 있다. 다음 제2서의 내용을
검토해 보기로 하자.

　　무릇 경전에 논한 바 음양(陰陽)은 모두 천지가 이미 생겨난 것을 좇
　아서 말한 것이지 일찍이 천지의 먼저에 미친 것은 아닙니다. 장횡거(張
　橫渠)가 논한 바 청허일대(淸虛一大)는 이것이 궁극적인 본원을 돌이킨
　것으로 과거의 성현들이 발하지 못한 바입니다. 화담(花潭) 또한 장자
　(張子)가 다하지 못한 말을 미루어 언론을 지극히 다하였으니, 지극히
　고명(高明)하다고 말할 수 있습니다. 다만 장자(張子)가 청허일대(淸虛
　一大)로써 이름을 삼은것은 후학의 오해가 없지 않아 폐단이 생겼으므
　로 고정(考亭: 朱子)이 일변(一邊)에 떨어졌다고 생각한 것이지 횡거의
　설이 탄망(誕妄)하다고 한 것은 아닙니다.
　　천지가 아직 생기기보다 먼저 태기(太氣)는 담일허정(澹一虛靜)하
　고 무궁무외(無窮無外)한데 태극(太極)이 그 가운데에 있습니다. 동(動)

---

69 『思菴集』卷4,「答李叔獻書」, " 澹一虛明之氣 理亦在其中 雖無形象之可指 旣曰理氣 則便是道與器
　　何必待具形 然後始謂之道器乎 冲漠無朕者 理與氣也 動而陽 靜而陰者 理與氣也 冲漠無朕之理氣
　　爲天地萬物之理氣 本是一也 有何疑焉 此意何如."

함에 미쳐 양(陽)을 생하고 정(靜)에 미쳐 음(陰)을 생해, 천지가 나뉘고 만물이 드러나고 사시(四時)가 운행됩니다. 천지가 이미 생긴 것으로부터 말하면 일음일양(一陰一陽)이 소합벽(小闔闢)입니다. 천지가 아직 생하지 아니한 것으로부터 말하면 태허(太虛)는 충막무짐(沖漠無朕)하면서 움직이니, 이것이 천지의 대합벽(大闔闢)입니다. 천지가 아직 생하기 전은 음(陰)이라 할 수 있지 양(陽)이라 할 수 없습니다. 그런 즉 이 또한 한 번 음(陰)하고 한 번 양(陽)하는 것은 음(陰)도 아니고 양(陽)도 아닙니다. 바야흐로 그 태허(太虛)가 적연(寂然)하고 태극(太極)이 아직 움직이지 않음에 리(理)는 진실로 충막(沖漠)하여 기(氣)는 형상을 가리킬 수 없습니다. 담일허정(澹一虛靜)하니 어찌 또한 충막(沖漠)하다고 말할 수 있겠습니까? 만약 어떤 태허담일지기(太虛澹一之氣)가 있다고 말한다면 태극(太極)이 공중에 매달려 독립해서 음양(陰陽)을 생하겠습니까? 이기(理氣)는 본래 선후가 없는 것입니다.[70]

　　제2서에서 박순은 장횡거(張橫渠)가 '청허일대(淸虛一大)'로써 극본궁원(極本窮源)의 이론을 펼친 것은 다른 성현들이 미처 말하지 못한 것을 말한 것이라 하여 높이 평가하고, 이를 계승하여 화담이 그 이론을 더욱 심화시킨 것을 높이 평가하였다. 주자의 경우에도 기(氣) 일변에 떨어지는 폐단을 우려한 것이지 장횡거의 설을 이단시 한 것은 결코 아니라 하였다.

---

70 『思菴集』, 卷4, 「答李叔獻書」, "凡經傳所論陰陽 皆從天地之已生而言之 未嘗及天地之先也 張子所論淸虛一大 此窮源反本 前聖所未發也 花潭又推張子之未盡言者 極言竭論 可謂極高明也 但張子以淸虛一大爲名 不無後學誤解而獘生 故考亭以爲落於一邊 非以橫渠之說爲誕妄也 天地未生之先 太氣澹一虛靜 無窮無外 而太極在其中 及動而生陽 靜而生陰 天地分 而萬物形 四時運 從天地已生而言之 一陰一陽者 小闔闢也 從天地未生而言之 太虛沖漠無朕而動者 此天地大闔闢也 天地未生之前 可謂之陰 而不可謂之陽也 然則此亦一陰一陽 非陰非陽也 方其太虛寂然 太極未動 理固沖漠 而氣無形象之可指 澹一虛靜 安得亦可謂之沖漠乎 若曰 安有太虛澹一之氣 則太極懸空獨立而生陰陽乎 理氣本無先後也."

또한 박순은 천지가 아직 생성되기 이전의 태허지기(太虛之氣)는 담일허정(澹一虛靜)하고 무궁무외(無窮無外)한데, 태극이 그 가운데에 있다 하였다. 이는 그가 본체세계의 시원(始源)에 있어서도 태허지기(太虛之氣)와 태극이 하나로 있는 존재 세계를 설정하고 있음을 말해준다. 그리고 음양(陰陽)과는 무관하게 태극이 홀로 공중에 매달려 음양을 생하는 경우는 없다고 하였다. 이는 태극(太極)과 음양(陰陽), 리(理)와 기(氣)의 불가분성을 전제한 것으로 이러한 존재구도는 성리학 일반의 이기이원(理氣二元)의 존재 구도에서 벗어나지 않는 것이며 율곡과도 일치하는 것이라 할 수 있다.

그러면서 그는 천지 만물이 생성되기 이전의 세계와 그 이후를 구분하여 '대합벽(大闔闢)'과 '소합벽(小闔闢)'으로 구분하여 설명한다. 즉 천지가 아직 생기기 이전의 태허(太虛)는 충막무짐(冲漠無朕)한데 이 때를 천지의 대합벽이라 하였고, 천지가 이미 생한 후 일음일양(一陰一陽)에 의해 전개되는 현상계를 천지의 소합벽이라 일컬었다. 이는 화담이 태허(太虛) 기(氣)가 아직 발하지 아니하여 천지 만물이 아직 생성되기 이전의 본체세계를 선천(先天)이라 하고, 기가 이미 발하여 음양(陰陽)으로 나뉘어 움직이고 고요하고 모이고 흩어지고 열리고 닫혀 삼라만상의 현상세계가 전개되는 때를 후천(後天)이라 한 것과 흡사하다. 이와 같이 화담이 우주자연을 선천과 후천으로 나누어 설명하고, 박순이 소합벽과 대합벽으로 나누어 설명하는 것은 기를 중심으로 이 세계를 체와 용 즉 본체와 현상의 측면에서 본 것이라 할 수 있다.

끝으로 제3서의 내용을 검토해 보기로 하자.

경전에 쓰여있는 것은 단지 '태극생양의(太極生兩儀)'라고만 말하여 그 십 분을 설파하지 못하고 이끌어 발하지도 못하였습니다. 소강절(邵康節)이 말하기를 '무극(無極)의 앞에는 음(陰)이 양(陽)을 포함한다' 하였는데, 이 말은 이미 진실에 도달하였지만, 태허담일(太虛澹一)의 실체를 형언하지 못하였습니다. 천지는 유한하지만 태허(太虛)는 무궁무외(無窮無外)합니다. 천지가 아직 생기기 전은 태허담일지기(太虛澹一之氣)로 고요하여 움직이지 아니합니다. 단지 충막무짐(冲漠無朕)한데 태극(太極)이 그 가운데에 있으니, 천지가 이미 생긴 이후 만물의 형상이 있는 때와 같은 것은 아닙니다. 일기(一氣)가 아직 모이지 못하면 모두 청허담일(淸虛澹一)이니, 잡아도 잡힘이 없고 보아도 보이지 않으니, 어찌 형상이 있다고 말하겠습니까? 이제 눈앞으로 말하면 공중에 기(氣)가 일찍이 없는 적이 없어 어떤 형상을 볼 수 있으니, 진실로 바람, 구름, 서리, 이슬의 이미 모인 것이 아니겠습니까?[71]

여기에서 박순은 극본궁원(極本窮源)의 이론에 있어서 『주역』 「계사(繫辭)」에 '태극이 음양을 낳았다(太極是生兩儀)' 라고만 되어 있는 표현은 미흡하다고 보았고, 또 소강절(邵康節)이 '무극(無極)의 앞에 음(陰)은 양(陽)을 포함한다'고 한 것도 태허담일(太虛澹一)의 실체를 설명하는데는 미흡하다고 비판하였다. 그리고 천지는 유한하지만, 태허(太虛)는 시간적으로 끝이 없고 공간적으로도 그 밖이 없다 하였다. 천지가 아직 생기기 이전은 태허담일지기(太

---

71 『思菴集』, 卷4, 「答李叔獻書」, " 經傳所著 只曰太極生兩儀 而未嘗說破其十分 引而不發矣 邵子曰 無極之前 陰含陽 此言已到 亦未形言太虛澹一之體也 天地有限 而太虛無窮無外 天地未生之前 太虛澹一之氣 寂然不動 只是冲漠無朕 而太極在其中 非如天地已生之後 萬物有形之時也 一氣未聚 都是淸虛澹一 把之無捉 見之未覩 安得謂之有象乎 今以目前言之 空中未曾無氣 而有何形象可見 固非風雲霜露之已聚者也."

虛澹一之氣)로서 고요하여 움직이지 아니하고, 다만 텅 비어 조짐이 없는데 태극이 그 가운데에 있다 하였다. 결국 삼라만상이 아직 드러나지 아니한 본체세계에 있어서도 태허담일지기(太虛澹一之氣)와 태극(太極)이 하나로 있음을 분명히 하였다.

그런데 일기(一氣)가 아직 모이지 못하면 이는 모두 청허담일(淸虛澹一)로서, 잡아도 잡혀지지 않고 보아도 보이지 않는 것이다. 이때는 바로 천지의 대합벽(大闔闢)으로 태허담일지기(太虛澹一之氣)는 텅 비어 조짐이 없고 고요해 움직이지 않는 상태로 있는 것이다. 그러나 이 일기(一氣)가 마침내 운동 변화하여 다양한 모습으로 드러나게 되니, 하늘과 땅 그리고 해와 달과 별이 그것이며 바람, 구름, 서리, 이슬의 현상이 모두 천지의 소합벽(小闔闢)의 산물이다.

이상 3편의 짧은 편지를 통해서 볼 때, 박순의 우주론 내지 세계 이해는 다음과 같이 요약할 수 있다. 우선 박순도 이기이원(理氣二元)의 세계관을 전제하는 것으로 보인다. 그것은 그가 " 태기(太氣)는 천지가 아직 생기기 전의 기(氣)로서 담일허정(澹一虛靜)하고 무궁무외(無窮無外)한데, 태극(太極)이 그 가운데 있다"고 한다든가, "이기(理氣)는 본래 선후가 없다"든가, " 담일허명(澹一虛明)의 기(氣)는 리(理) 또한 그 가운데 있다"고 하는데서 분명해 진다.

또한 "충막무짐(冲漠無朕)한 이기(理氣)가 천지 만물의 이기(理氣)가 되어 본래 하나이니 무엇을 의심하랴"고 한 설명에서 박순이 본체계에서나 현상계에서나 마찬가지로 형이상의 리(理)와 형이하의 기(氣)가 불가분의 관계하에 있다고 보았음을 알 수 있다. 이는 그의 스승이었던 화담이 우주원기(宇宙元氣)로서의 태허일기(太虛一氣)를 상정하고, 그것의 동정합벽(動靜闔闢)과 취산(聚散)에 따라 삼라만상의 현상계가 전개된다고 보면서, 리(理)를 기(氣) 운동의 내재적 질서로 보고 기(氣)에 종속된 리(理) 개념으로 본 것과는 구별되는 것이다. 주리론(主理論) 철학에서 흔히 볼 수 있는 이선기후(理先氣後)를 인정하지 않고, 이기(理氣)의 시간적 동시성(同時性)과 공간적 동재성(同在性)을 인정한 것은 역시 주기적(主氣的) 학풍과 연관되어 있다고 볼 수 있다. 기(氣) 없는 리(理)의 세계란 관념적 세계라고 볼 때, 박순의 경우 경험적 세계와 실재적 세계를 중시하는 그의 철학적 입장을 짐작할 수 있다.

그러면 그는 본체계의 기(氣)인 태허담일지기(太虛澹一之氣)를 어떻게 보고 있는가? 박순에 의하면 천지는 유한하지만 태허(太虛)는 무궁무외(無窮無外)하다고 한다. 천지 만물 생성의 근거가 되는 태허지기(太虛之氣)는 시간적으로 무궁하고 공간적으로 그 밖이 없다고 한다. 또한 이 태허담일지기(太虛澹一之氣)는 고요하여 움직임이 없고, 충막(冲漠)하여 조짐이 없다. 따라서 청허담일(淸虛澹一)하여 잡아도 잡히지 않고 보아도 보이지 않는 것이다. 그는 장횡거의 '청허일대(淸虛一大)'는 궁극적인 본원을 설명한 것으로 과거의 성현들이 미처 발하지 못한 것을 발한 것이며, 화담 또한 장횡거가 다하지 못한 말을 미루어 이에 대한 깊이 있는 논구를 하였다고 높이 평가하였다. 이를 통해서 보면 박순의 우주론이나 세계관에 장횡거의 기론(氣論)이나 화담의 기학적(氣學的) 배경이 뿌리하고 있음은 사실이다. 다만 장횡거나 화담과는 달리 기(氣)를 말하면서도 리(理)를 소홀히 하지 않으며, 리(理)와 기(氣)를 존재성립의 필수조건으로 보는 점에서 다소 구별되는 바 있다.

또한 박순은 이 세계의 형성과 전개를 장횡거나 화담처럼 기(氣)의 운동 변화만으로 설명하지 않는다. 즉 화담의 경우는 태허지기(太虛之氣)가 아직 발하지 아니한 본체세계를 선천이라 하였고, 기

가 이미 발하여 운동 변화를 통해 다양한 현상계가 전개되는 때를
후천이라 했던 것이다. 그리고 리(理)는 다만 기(氣) 운동의 조리 내
지 내재적인 질서로 격하되어 이해될 뿐이었다. 그러나 박순의 경
우에는 천지가 아직 생기기 보다 먼저 태기(太氣)는 담일허정(澹一
虛靜)하고 무궁무외(無窮無外)한데, 태극(太極)이 그 가운데 있다.
태기(太氣)가 움직여 양(陽)을 생하고 고요하여 음(陰)을 생해 천지
가 나뉘고 만물이 드러나고 사시가 운행되게 된다는 것이다. 박순
의 우주론에 자리한 기 중심의 세계관은 분명 장횡거나 화담과 궤
를 함께 하는 것으로 짐작되지만, 그의 리(理)에 대한 인식에서 보
면 화담이나 장횡거보다는 리(理)의 위상이나 역할을 인정한 것으
로 보인다. 이는 박순이 비록 화담의 문인이었지만 적극적으로 현
실 정치에 참여한 흔적이나 율곡, 우계와 매우 친밀한 관계를 유지
한 것으로 볼 때, 기 철학 내지 자연철학에만 매몰될 수 없었던 것
으로 짐작된다. 달리 말하면 박순은 철학적으로는 화담과 당시 16
세기의 보편적인 성리 학풍 사이에서 고뇌한 흔적이 엿보인다.

　또한 박순은 천지가 아직 생기기 이전의 충막무짐(沖漠無朕)한
태허(太虛)는 천지의 대합벽(大闔闢)에 해당하고, 천지가 이미 생
한 후의 일음일양(一陰一陽)은 천지의 소합벽(小闔闢)이 된다 하였
다. 이는 마치 화담이 본체계의 기(氣)를 선천의 때라 하고, 현상계
의 기를 후천의 때라 한 것과 비슷하다. 그러나 박순의 경우는 대합
벽이거나 소합벽이거나 간에 항상 태허(太虛)의 곁에 태극(太極)이
자리하여 이기이원(理氣二元)의 체계를 견지하고 있다는데 의의가
있다.

4. 율곡의 비판

박순과 율곡의 왕복서로 볼 때 두 사람이 본격적인 성리 논쟁을 한 것은 아니라고 보여진다. 박순은 자신의 견해를 밝히는데 주력했고, 율곡은 자신의 입장에서 문제되는 것들에 대해 조목조목 논변하고 있다. 이제 율곡이 박순의 견해에 대해 비판하는 논점을 요약해 보기로 하자.

제1서에서 율곡은 박순이 이른바 '담일허명지기(澹一虛明之氣)'가 음(陰)을 말하는 것인지 양(陽)을 말하는 것인지 묻고, 만약 음(陰)이라면 음(陰)의 앞에는 또 양(陽)이요, 만약 양(陽)이라면 양(陽)의 앞에는 또 음(陰)이니, 어찌 기(氣)의 시초가 될 수 있겠느냐 하였다. 만약 음(陰)도 아니고 양(陽)도 아닌 어떤 기(氣)가 따로 있어 그 음양(陰陽)을 관리한다면, 이러한 기괴한 말은 일찍이 경전 가운데서 본 일이 없다 하였다.[72] 이는 박순이 담일허명지기(澹一虛明之氣)를 음(陰)이라고 규정한 데 대한 비판인 동시에, 음양(陰陽)의 근원이 되는 또 다른 담일허명(澹一虛明)의 기(氣)를 설정함은 부당하다는 말이다.

또한 박순이 '충막무짐(冲漠無朕)'을 이기(理氣)에 모두 해당시켜 설명한 데 대해, 율곡은 이른바 '충막무짐(冲漠無朕)'이란 리(理)를 가리켜 말한 것이라 비판하였다. 리(理)에서 기(氣)를 구한다면 충막무짐(冲漠無朕)한데 만상(萬象)이 삼연(森然)한 것이요, 기(氣)에서 리(理)를 구한다면 일음일양(一陰一陽)을 도(道)라고 하는 것이라 하였다. 표현상으로는 비록 이렇게 말하더라도 사실에

---

72 『栗谷全書』, 卷9, 書1, 「答朴和叔(乙亥)」, "台敎所謂 澹一虛明之氣 是陰耶陽耶 若是陰 則陰前又是陽 若是陽 則陽前又是陰 安得爲氣之始乎 若曰別有非陰非陽之氣 管夫陰陽 則如此怪語 不曾見乎."

있어서는 리(理)가 독립되어 있으면서 음양(陰陽)이 없이 충막(冲漠)한 때는 없으니, 이 점을 가장 유심히 보고 음미해야 한다 하였다.[73]

다음 제2서에서 율곡은 박순이 '경전에는 천지가 생기기 전의 것에 대해서는 말한 바가 없다'고 한 것은 가장 타당치 않다고 비판하였다. 왜냐하면 이미 『주역』에서는 '태극시생양의(太極是生兩儀) 즉 태극이 양의(음양)를 낳았다'라고 한 바 있고, 주렴계(周濂溪)는 「태극도설(太極圖說)」에서 '무극이태극(無極而太極) 즉 무극이면서 태극'이라고 하였으니, 이것이 모두 극본궁원(極本窮源)의 문제를 다루고 있다는 말이다.[74]

한편 율곡은 박순이 현상계의 전개를 소합벽(小闔闢)의 설과 대합벽(大闔闢)의 설로 구분하여 설명한데 대해서는 동의하고, 천지가 생기기 전을 음(陰)이라고 한 것도 옳다고 보았다.[75]

또한 천지는 다만 하나에 국한될 수 없고 과거에 무한한 천지가 생멸(生滅)하였다면, 이 천지가 생기기 전에 음(陰)이 양(陽)을 내포하고 있는 것은 바로 전 천지가 이미 소멸한 나머지인 것이니, 어찌 이것이 우주의 본원을 추궁하는 논법이 될 수 있겠느냐고 반문하였다.

따라서 전 천지가 이미 소멸된 뒤에는 태허(太虛)가 적연(寂然)하여 다만 음(陰)일 뿐일 때에는 태극(太極)이 음(陰)에 있고, 후 천지가 장차 개벽하려고 하여 일양(一陽)이 처음 생겨날 때에는 태극이

---

73 『栗谷全書』, 卷9, 書1, 「答朴和叔(乙亥)」, "所謂冲漠無朕者 指理而言 就理上求氣 則冲漠無朕 而萬象森然 就氣上求理 則一陰一陽之謂道 言雖如此 實無理獨立 而冲漠無陰陽之時也 此處 最宜活看而深玩也."

74 『栗谷全書』, 卷9, 書1, 「答朴和叔(乙亥)」, "台諭所謂經傳所論 未嘗及天地之先者 最爲未安 夫子曰 易有太極 是生兩儀 周子曰 無極而太極 未知閤下 以此等說話 皆歸之於天地已生之後乎."

75 『栗谷全書』, 卷9, 書1, 「答朴和叔(乙亥)」, "小闔闢 大闔闢之說 此固然矣 天地未生之前 謂之陰者 此甚當理 雖聖人 不可得而易也."

양(陽)에 있으니, 비록 허공에 매달려 있으려 해도 그렇게 될 수 없다 하였다. 장횡거의 의론은 본래 어폐(語弊)가 있어 한 쪽에만 집착하였고, 서화담의 주장은 너무 지나쳐서 음양추뉴(陰陽樞紐)의 묘한 것이 태극(太極)에 있는 줄을 모르고, 바로 일양(一陽)이 생기기 전에 기의 음(陰) 한 것을 음양(陰陽)의 근본인 줄 알았으니, 성현의 뜻에 어긋난다고 비판하였다. 그러므로 우주의 근원을 추구하면서 도리어 음기(陰氣)로써 음양(陰陽)의 근원을 삼는 것은, 이 음(陰)이 앞 양(陽)의 뒤인 줄을 전혀 알지 못하는 것이라 하였다.[76]

끝으로 제3서에서 율곡은 박순도 지적했듯이, 성현의 설도 미진한 곳이 있다고 인정하고, 예컨대 『주역』의 경우에도 '태극(太極)이 양의(兩儀)를 낳았다'고만 말하고, '음양(陰陽)은 본래부터 있는 것이요 처음으로 생긴 때가 있는 것이 아니다' 라고 말하지 않았다고 지적하였다. 그러므로 문자만 보고 뜻을 풀이하는 사람들은 이에 '기(氣)가 생기지 않았을 때에는 다만 리(理)만 있을 뿐이다'라고 말하니, 이는 진실로 하나의 병폐라고 지적하였다.

또 어떤 경우는 '태허(太虛)는 담일청허(澹一淸虛)하여 음양(陰陽)을 낳는다'고 하였으니, 이것도 한쪽으로 치우쳐 음양(陰陽)이 본래부터 있는 줄을 알지 못한 것이니, 역시 하나의 병폐라고 지적하였다. 음양(陰陽)의 양 끝은 끊임없이 순환하여 본래 그 시초가 없다는 것이다. 음(陰)이 다하면 양(陽)이 생기고, 양이 다하면 음이 생기어 한번은 음이 되었다가 한번은 양이 되었다가 하지만, 태

---

76 『栗谷全書』 卷9, 書1, 「答朴和叔(乙亥)」, "閤下且道 天地只一而已乎 抑過去 有無限天地乎 若曰天地只一而已 則珥復何說 若曰天地無窮生滅 則此天地未生之前 陰合陽者 乃前天地旣滅之餘也 豈可以此 爲極本窮源之論乎 台諭又曰 然則太極懸空獨立 此又不然 前天地旣滅之後 太虛寂然 只陰而已 則太極在陰 後天地將闢 一陽肇生 則太極在陽 雖欲懸空 其可得乎 張子之論 固爲語病 滯於一邊 而花潭主張太過 不知陰陽樞紐之妙 在乎太極 而乃以一陽未生之前 氣之陰者 爲陰陽之本 無乃乖聖賢之旨乎."

극이 거기에 있지 않을 때가 없다는 것이다. 이것이 태극이 만화(萬化)의 추뉴(樞紐)요 만물의 근저(根柢)가 되는 소이(所以)라 하였다. 율곡의 견해는 음양(陰陽)의 근원은 담일청허(湛一淸虛)한 태허기(太虛氣)가 아니라 음양동정(陰陽動靜)의 소이(所以)가 되고 주재(主宰)가 되는 태극(太極)이라는 말이다.

그런데 이제 만약 '담일적연(澹一寂然)한 기(氣)가 음양(陰陽)을 낳는다'고 한다면, 이는 음양(陰陽)이 시초가 있다는 것을 말하니, 시초가 있으면 끝이 있게 된다는 것이다. 그렇다면 음양(陰陽)의 기틀이 쉬게 된 지 오래일 것이니 과연 옳겠느냐는 것이다. 또 담일(澹一)의 기(氣)는 음(陰)인지 양(陽)인지 묻고, 박순이 전에 음(陰)이라고 말하였는데, 그렇다면 태극(太極)이 근저(根柢)가 아니라 음기(陰氣)가 바로 근저가 된다는 것이다. 이는 단지 음(陰)을 양(陽)의 모(母)로만 알고 양(陽)이 음(陰)의 부(父)가 되는 줄을 모르는 것이라 비판하였다.[77]

끝으로 율곡은 서화담의 공부가 깊지 않은 것은 아니지만, 다만 이것을 지나치게 생각하여 도리어 기(氣)를 음양(陰陽)의 본원이라 하니, 마침내 한 쪽에 집착하는데 돌아가 리(理)와 기(氣)를 분변하지 않고 혼잡 시켜서 성현의 뜻에 묘합할 수 없으니, 어찌 가석하지 않을 수 있겠느냐 하였다.[78]

---

77 『栗谷全書』, 卷9, 書1, 「答朴和叔(乙亥)」, "聖賢之說 果有未盡處 以但言太極生兩儀 而不言陰陽本有 非有始生之時故也 是故緣文生解者 乃曰氣之未生也 只有理而已 此固一病也 又有一種議論 曰太虛 澹一淸虛 乃生陰陽 此亦落於一邊 不知陰陽之本有也 亦一病也 大抵陰陽兩端 循環不已 本無其始 陰盡則陽生 陽盡則陰生 一陰一陽 而太極無不在焉 此太極 所以爲萬化之樞紐 萬品之根柢也 今若 曰 澹一寂然之氣 乃生陰陽 則是陰陽有始也 有始則有終矣 然則陰陽之機 其息也久矣 其可乎 且澹一之氣 是陰陽耶 閣下前者 目之以陰矣 然則太極非根柢 而陰氣乃根柢也 但以陰爲陽之母 而不知 陽爲陰之父也 其可乎."
78 『栗谷全書』, 卷9, 書1, 「答朴和叔(乙亥)」, "花潭用功非不深 而但思之過中 反以氣爲陰陽之本 終歸滯 於一邊 理氣雜糅無辨 不能妙契聖賢之旨 豈不可惜哉."

이렇게 볼 때, 율곡의 박순에 대한 비판의 요점은 음양(陰陽)의 근원으로서 담일허명(澹一虛明)의 기(氣)를 상정하고 이를 음(陰)이라고 보는 데 있다. 율곡은 본체상에서나 현상계에서나 이기(理氣)는 본래부터 하나로 있다고 보기 때문이다. 음양동정(陰陽動靜)의 근본이 또 다른 기(氣)에 있는 것이 아니라 태극(太極) 내지 리(理)에 있다고 보는 것이 율곡의 관점이다. 이러한 관점에서 율곡은 장횡거나 서화담 그리고 이에 영향을 받은 박순의 우주론에 이의를 제기하고 있는 것이다. 화담의 기론(氣論)에 영향을 받은 율곡이지만, 이기이원(理氣二元)의 존재구도를 대전제로 하는 율곡의 입장에서 보면 장횡거, 화담 그리고 박순의 기(氣) 중심적 우주론은 한쪽에 치우쳤다고 보는 것이다.

이제까지 박순과 율곡이 주고받은 세 편의 편지를 중심으로 그들의 우주 자연에 대한 이해, 극본궁원의 이론에 대해 검토해 보았다.

박순의 우주론적 관점은 장횡거나 서화담의 기론에 영향을 받았다고 볼 수 있다. 그것은 음양(陰陽)의 근원으로서의 담일허명지기(澹一虛明之氣)를 상정한 것이라든지, 담일허명지기를 음기(陰氣)로 규정하고 있는 데서 알 수 있다. 더욱이 그가 천지가 아직 생기지 아니한 충막무짐한(沖漠無朕)한 태허(太虛)의 경지를 대합벽(大闔闢)이라 하고, 천지가 이미 생긴 일음일양(一陰一陽)의 때를 소합벽(小闔闢)이라 한 것은 화담의 선후천론(先後天論)과 거의 같다.

그러나 박순은 담일허명지기(澹一虛明之氣)를 말하면서도 그 속에 리(理)가 있다고 하는가 하면, 리(理)와 기(氣)는 시간적으로 선후가 없다고 하여 이기이원(理氣二元)의 입장을 보여주고 있다.

그는 유교의 경전에 우주의 근원에 대한 이론이 부족했는데, 송대 장횡거가 나와 이를 분명히 밝혔고, 또 서화담이 이를 계승하여 더욱 심화시켰다고 높이 평가하였다.

한편 율곡은 왕복서에서 박순이 음양(陰陽)의 근원으로서 담일허명지기(澹一虛明之氣)를 설정하고 이를 음(陰)이라고 규정한 것을 비판하였다. 그것은 음양동정(陰陽動靜)의 주재(主宰)나 소이(所以)가 담일허명지기(澹一虛明之氣)에 있지 않고, 태극(太極) 내지 리(理)에 있다고 보았기 때문이다. 아울러 박순이 '충막무짐(冲漠無朕)'을 이기(理氣)에 모두 해당시켜 설명한 것에 대해서도 이는 리(理)에만 해당하는 설명이라고 비판하였다. 아울러 박순의 우주론적 기반이 장횡거와 화담에 있다고 보고, 이들의 우주론이 기에 치우쳐 있음을 지적하였다.

이렇게 볼 때, 박순의 우주론은 기본적으로 장횡거나 서화담의 기론에 기반하고 있으면서도, 기일원(氣一元)의 체계에 매몰되지 않고 리(理)의 위상과 역할을 어느 정도 인정하여 이기이원(理氣二元)의 세계관을 견지한 것으로 보인다. 스승인 화담의 기론(氣論)과 당시 16세기의 보편적인 이기이원적(理氣二元的) 우주론 사이에서 고뇌한 흔적을 짐작할 수 있다. 그의 심성론, 격치론(格致論) 등 성리학의 전모를 볼 수 없는 것은 매우 아쉬운 일이다.

제3절 퇴계(退溪)를 배우다.

박순이 학문적 계통으로는 화담의 문하에서 수업을 한 대표적인 화담학파의 일원이지만, 그가 화담처럼 재야의 처사로 고고하게 일생을 보낸 것이 아니라, 평생 벼슬길에 나아가 나라와 백성을 위해 일 한 것은 퇴계, 율곡, 우계 같은 학자들과 친밀한 유대와 교유를 가진 것과 무관하지 않다. 더구나 그의 성리학에 있어서 기학적(氣

學的) 색채는 율곡과의 편지 외에는 찾아보기 어렵다. 또 당색에 있어서도 그는 화담학파의 허엽(許曄) 등이 동인 측에 가담한 것과는 달리 율곡, 우계, 송강 등과 길을 같이 한 것도 특이한 일이다.

박순은 중년에 퇴계(退溪)를 섬겨 계발(啓發)한 바가 많았다. 퇴계는 만년(晩年)에 도산(陶山)에서 늘 칭송하기를 "박모(朴某)와 마주 보고 있으면 밝기가 한 줄기의 맑은 얼음 같아 정신이 곧 상쾌하여짐을 느낀다. 남쪽으로 온 후에 그를 생각하여 마지않는다."[79]고 칭찬하였다. 박순은 퇴계를 매우 존숭하여 퇴계의 묘지명(墓誌銘)을 썼는데, 그 일부를 보기로 하자.

퇴계선생묘지명 병서(退溪先生墓誌銘 竝序)[80]

선생은 홍치(弘治) 신유년(辛酉年: 1501년) 10월 25일에 나서 이 때에 향년이 70세다. 아아, 도(道)가 밝혀지지 않고 행해지지 않은 지는 오래되었다. 하물며 우리 동방은 궁벽하고 멀어서 기자(箕子) 이후 수천 년 동안 도를 안다고 지목된 자가 몇이나 있었는가? 선생은 뛰어나게 투철한 모습으로 초연히 홀로 전적(典籍) 가운데서 터득하였다. 그의 학문은 주자(朱子)의 책을 주로 하여 장중하게 송독(誦讀)하고 정밀하게 연구하여 한결같은 마음으로 겸손하게 배워, 차라리 평천(平淺)할지언정 심오(深奧)해지지 않고, 차라리 비하(卑下)할지언정 고답(高踏)해지지 않고, 평명핵실(平明覈實)하고 적확합당(的確合當)하게 차례차례 순서가 있어 맥락이 어지러워지지 않아, 이른바 치지(致知)에서부터 지지(知止)에 이르고, 성의(誠意)에서 평천하(平天下)에 이르고, 쇄

---

79 『思庵集』, 卷5, 附錄, 「謚狀, 李恒福」.
80 『思庵集』, 卷4, 「退溪先生墓誌銘 幷序」.

소응대(灑掃應對)에서 궁리진성(窮理盡性)에 이르는 것으로, 이것이 선생이 기대한 것이고 매일같이 발전하기에 힘썼던 것이다.

지조가 더욱 굳어지고 식견이 더욱 높아지게 되어서는, 사물을 살펴서는 활짝 하니 마음속에 풀려 투철하게 맑고 밝아, 겉과 안이 잡스러움이 없고 두루 응수하는데 있어 시작하면 반드시 절도에 맞았다. 어버이를 섬김에는 성심으로의 효성을 다하여 안색을 받들고 뜻을 따르고 하여 좌우간에 어김이 없었다……임금을 사랑하고 나라를 근심한 것은 지극한 천성에서 우러나, 비록 전야(田野)에 있다 하여도 마음은 조정에 있지 않은 적이 없었다. 한 가지 정사와 한 가지 법령의 좋은 것을 들으면 기뻐서 잠을 못 이루었고, 혹 거지(擧止)에 적의함을 잃게 되면 근심이 얼굴색에 나타났고, 늘 임금의 덕을 도와서 사림을 진정시키는 것을 우선적인 일로 삼았다.

본래 벼슬할 생각이 적었는데, 중종 말년에 큰 모략이 생기자 비로소 물러나 쉬기로 결심하였고, 그때부터 조정에 오래 머물러있지 못했으며, 출처진퇴(出處進退)하는 뜻이 만년에 더욱 뚜렷해졌다. 은연중의 큰 용기가 만 길토록 곧추서 있어, 비록 분육(憤育)을 자칭하는 자라 하여도 그의 지조를 빼앗지 못했다……

공은 중국의 도학이 전승(傳承)을 잃게 될까 근심하였는데, 양명(陽明)과 백사(白沙)의 설이 또 나와서 참된 것을 어지럽혔다. 그래서 백사(白沙)의 시교(詩敎)와 양명(陽明)의 『전습록(傳習錄)』에 발문(跋文)을 써서 자기 생각을 나타냈다. 또 『주자대전(朱子大全)』의 편폭(編幅)이 호번(浩繁)하여 배우는 사람이 철저하게 토구(討究)할 수 없어서, 그 책의 절실하고 긴요한 것을 취해 요약해서 책을 만들고 주해(註解)를 보충하여 열람에 편리하도록 만들었다. 『계몽전의(啓蒙傳疑)』를 저술하여 깊은 뜻을 드러냈고, 『이학록(理學錄)』을 찬술(撰述)하여 송의 예장

(豫章)부터 원조(元朝)의 도학자까지의 언행으로 여러 책 들에 산재해 있는 것들을 다 빠짐없이 모아서, 이락(伊洛)의 연원을 이어대어 회암(晦庵)이 남긴 생각을 완결시켰다……정학(正學)을 천명(闡明)하고 후생(後生)을 개도(開導)하여 공맹정주(孔孟程朱)의 도로 하여금 찬란하게 우리 동방에 다시 밝아지게 한 사람은 오직 선생 한 사람일 것이다.

이상과 같이 박순은 퇴계의 선비다운 삶, 높은 학문의 발자취를 명료하게 요약해 밝히고, 정학(正學)을 천명하고 후생(後生)을 개도(開導)하여 공맹정주(孔孟程朱)의 도(道)로 하여금 찬란하게 우리 동방에 다시 밝아지게 한 분은 오직 퇴계 선생 한 분뿐이라고 높이 평가하였다.

여기서도 그의 도학적 사명의식은 잘 표현되어 있다. 불교나 도가 같은 이학(異學)으로부터 유학을 지켜야 한다는 도학적 사명감에서 퇴계가 「전습록논변(傳習錄論辨)」과 「백사시교변(白沙詩教辨」 등을 써서 양명학의 문제점을 학술적으로 비판한 것을 높게 평가하였다. 그리고 퇴계가 『주자서절요(朱子書節要)』, 『이학록(理學錄)』 등 정주(程朱)의 학문을 체계적으로 저술하여 당대 배우는 이들에게 큰 가르침을 주었다고 평가하였다. 다음은 박순이 퇴계를 기리며 지은 시를 감상하기로 하자.

퇴계 선생이 고향으로 돌아가는 것을 전송하다[81]

고향에서 마음 끊어지지 않는 것이 고리 사슬 같아

---

81 『思庵集』, 卷1, 七言絶句, 「送退溪先生還鄉」.

한 필의 말로 오늘 아침 서울을 떠나간다.
추위가 영남의 매화 멈춰 봄 아직 풀어놓지 않았으니
꽃을 만류하여 늙은 신선 돌아오길 기다릴 거라.

부(附) 차운(次韻) 퇴계

물러감 허락한 것이 어찌 결환(玦環)[82]을 내림과 같기야 하겠는가
제현(諸賢)이 호송(護送)하여 서울 나선다.
스스로 부끄러워하거니와 사성(四聖)[83]께서 은고(恩顧)를 베푸시어
부질없이 구차스럽게 일곱 번이나 왕복하였다.

다음은 박순이 지은 퇴계에 대한 만시(挽詩)인데 감상해 보자.

퇴계 선생 만시[84]

선각자 남쪽 땅에 나서
유학에 동량(棟樑) 생겼다.
사림(士林)에서는 그의 나서고 들어앉고 함 바라보았으나
하늘의 뜻은 본래 종잡을 수 없었다.
대과에 급제하여 초년에는 벼슬길에 올랐었고
은둔하여 만년에는 덕을 감췄다.
쓸쓸한 안씨(顔氏)의 골목[85]

82　반 원형의 패옥(佩玉)
83　중종, 인종, 명종, 선조
84　『思庵集』, 卷3, 七言排律, 「退溪先生挽」
85　서울에서의 安貧樂道하는 생활을 의미

시원스런 무이(武夷)의 별장[86]

강학(講學)에 몸 늙음 잊었고

연구에 덕 더욱 빛이 났다.

염락(濂洛)[87]의 진전(眞傳) 사모하였고

희황(羲皇)[88]의 고상한 운치 취했다.

육경(六經)의 스승 끊기려 하였는데

삼재(三才)의 도(道)가 더욱 창성하게 되었다.

조명(詔命)으로 자주 부름 받았고

성심(誠心)은 매양 국왕에 돌려졌다.

이례적인 권고 베푼 것은 선왕(先王)을 추념해서였으며

크나큰 은혜 내린 것은 후왕(後王)에게 보답한 것이었다.

부름 받아 길에 오르는데 어찌 수레 채비 기다렸겠나

병을 지니고서도 계속하여 봉장(封章)[89] 올렸다.

원숭이와 학 기르며 사는 생활 그윽한 생각 그지없더니

초선관(貂蟬冠)[90]의 벼슬살이로 본래의 반열로 돌아왔었다.

성학십도(聖學十圖)는 말 극히 간절하였고

독립특행(獨立特行)의 주장 그 뜻 펴내기 어려웠다.

충성과 신의는 진정 의지할만 하였지마는

복잡하고 시끄러움이야 참견하여 막으려야 들었겠는가

시강(侍講)하는 경연(經筵)에서 바야흐로 애쓰던 차에

돌아가는 말고삐 또 허둥지둥하였다.

---

86 陶山서원을 일컬음.
87 송대 周濂溪, 程明道, 程伊川, 張橫渠, 朱晦庵을 말함.
88 伏羲
89 상소
90 侍臣이 쓰는 관

강물의 외로운 배 멀어지매

구름 뜬 하늘에서 하나의 꿈 바빠졌다.

들 집 문짝에는 푸른 풀 덮이었고

마을의 절구에선 좁쌀 쓸어 담았다.

서울을 떠나고서 여생이 얼마나 되었을까마는

하늘의 이치 알아 이 즐거움 그지없다.

세상에선 사마광(司馬光) 같은 재상이기를 기대하였고

사람들은 백순(伯淳)[91]의 죽음 통곡하였다.

신발을 남겨 티끌 세상에 버려두고서

기미(箕尾)[92]를 타고 상제(上帝)의 고장에 갔다.

남긴 말 백대(百代)토록 전해져

넘쳐나는 꽃다움 뭇 광자(狂者)들 교화할 게라.

오랫동안 외람되이 선생으로 받들기는 하였어도

그 당오(堂奧)[93]를 배(拜)할 인연 없었다.

헤어진 지 한 해가 지났는데

생(生)과 사(死)로 다른 고장에 떨어져 있게 되었다.

가르침 받은 것 끝내 저 버렸음 부끄럽고

정리를 생각하니 단지 애끊을 뿐이라.

저승에서 누가 불러 일으키겠나

부질없이 눈물 펑펑 쏟는다.

학문적으로는 화담과 퇴계는 매우 대조적이다. 화담이 '우주 자

---

91 程明道의 字
92 준마(駿馬)의 꼬리
93 학문의 오묘한 이치

연'에 대해 깊은 관심을 가졌다면, 퇴계는 '인간'에 대해 깊은 관심을 가졌다. 또 화담은 우주 자연 일체를 기(氣)로 설명하였지만, 퇴계는 인간의 본성을 천리(天理)에 두고 리(理)에 지극한 관심을 가졌다. 그러므로 화담의 학문은 기학적(氣學的) 특성을 갖는다면 퇴계의 학문은 주리(主理)의 성격이 매우 짙다.

그런데 박순이 화담의 문하임에도 불구하고 퇴계를 존숭하는 것은 기학(氣學)이냐 주리(主理)냐의 차원이 아니라 도학(道學)이라는 관점에서였다. 즉 사화시대 네 차례의 혹독한 참화를 통해 도학은 위기에 처했는데, 이를 계승해 도학을 살린 정암 조광조(靜庵 趙光祖), 회재 이언적(晦齋 李彦迪), 화담 서경덕(花潭 徐敬德), 퇴계 이황(退溪 李滉)에 대한 존경과 신뢰가 철저했던 것이며, 한편 나이로는 후배였지만 당대 학문이나 인품에서 많은 존경을 받았던 율곡(栗谷), 우계(牛溪)를 아끼고 후원한 것도 마찬가지로 도학에 대한 확고한 신념 때문이었다. 율곡에 의하면 "진정한 도학(道學)은 격물치지(格物致知)로서 선(善)을 밝히고, 성의정심(誠意正心)으로써 그 몸을 닦아, 몸에 쌓아서는 천덕(天德)이 되고, 이를 정치에 베풀면 왕도(王道)가 되는 것이다.[94] 그러므로 진정한 유학자인 도학지사(道學之士)는 조정에 나아가면 일시에 도(道)를 행하여 백성으로 하여금 태평을 누리게 하고, 관직에서 물러나면 가르침을 만세에 베풀어, 배우는 이로 하여금 깊은 잠에서 깨어나게 하는 것이다. 만약 나아가 도를 행함이 없고, 물러나 가르침을 베풂이 없다고 하면 비록 진유(眞儒)라 하더라도 나는 믿지 않는다"[95]고 하였다.

---

94 『栗谷全書』, 卷15, 「東湖問答」, "夫道學者 格致以明乎善 誠正以修其身 蘊諸躬則爲天德 施之政則王道也."

95 『栗谷全書』, 卷15, 「東湖問答」, "夫所謂眞儒者 進則行道於一時 使斯民有熙皞之樂 退則垂教於萬世 使學者得大寐之醒 進而無道可行 退而無敎可垂 則雖謂之眞儒 吾不信也."

진정한 도학은 행도(行道)와 수교(垂敎)를 때에 따라 적의하게 해야하는 것이다. 박순의 평생 관직생활도 도학적 실천의 일환이었다고 볼 수 있다. 이런 점에서 박순에게 퇴계는 훌륭한 선배 유학자였고, 율곡과 우계는 훌륭한 후배 유학자였던 것이다.

제4절 조정의 예(禮) 논쟁에 참여하다

1. 인종과 명종의 문소전(文昭殿) 부묘(祔廟)

박순은 예서를 저술할 만큼 전문적인 예학자는 아니었으나 그의 스승이었던 화담 서경덕이 예에 깊은 관심을 가졌던 것처럼 고례(古禮)에 관해 해박한 식견을 가지고 있었다. 조선 왕실의 역대 왕과 왕비 그리고 왕실의 인물들을 모시는 사당으로는 종묘(宗廟)와 문소전(文昭殿)이 있다. 종묘는 국가의 정묘(正廟)라고 한다면, 문소전은 왕의 가묘(家廟)라고 할 수 있다. 문소전은 원묘(原廟)라고도 불리었으며, 별묘(別廟)로서 연은전(延恩殿) 등이 있었다.

1547년(명종 2) 인종의 대상이 끝났을 당시에는 문소전에 태조, 세조, 예종, 성종, 중종의 5실이 있었다. 그런데 만일 예 의리론을 따라 인종을 문소전에 부묘하면 4조 중 최상위인 세조의 신주를 체천(遞遷)해야만 했다. 그러나 그것은 명종의 입장에서 보면 친진(親盡)하지 않은 고조를 체천하는 셈이 되어 문제가 되었고, 또한 그것은 세종의 '사친 불가천(四親 不可遷)'의 유훈에 위배 되는 것이었다. 그런데 만일 따로 하나의 실을 만들어 인종의 신주를 모시면 그것은 또한 세종의 '오실 불가가(五室 不可加)'의 유훈에 위배 되는 것이었다.

  그런데 이때 이기, 윤원형 등은 문소전에서 고조를 체천하는 것은 온당하지 않고, 또 형제가 왕통을 이은 것은 비상한 일이라 하여 인종의 신주를 연은전에 별부(別祔)하고 말았다. 그것은 인종의 정통성을 부정하는 것이었고, 인종 대에 이루어진 친사림적인 모든 정책과 입안자들을 부정한 것이기도 하였다.

  그런데 1567년(명종 22) 명종이 죽자 명종의 문소전 부묘와 관련하여 또 다시 논란거리가 되었다. 명종을 문소전에 부묘하는 것은 당연한 것이지만, 그때 인종을 함께 부묘할 것인가 아닌가, 만약 함께 부묘한다면 그 위차(位次)와 배향의 방법을 어떻게 해야 할 것인가 하는 문제가 생기게 되었던 것이다.

  1569년(선조 2) 박순은 이 문제에서 혈통론을 배격하고 철저히 의리론을 지켰다. 그것은 당색의 문제 이전에 의리상 옳은 선택이었기 때문이었다. 박순은 종묘제도는 다른데서 상고하지 않고 『오례의(五禮儀)』만 보아도 결정할 수 있다 하고, 태조 1위에, 소(昭)가 2위, 목(穆)이 2위라 하였으며, 그 아래에 또 같은 소목이면 같이 1위로 한다 하였다. 선왕의 규례가 분명하게 정해져 있으니, 종묘의 체천은 조금도 의문이 없다고 하였다.

  문소전의 경우에는 소목의 위향(位向)만을 말하였으나, 형제는 같은 소목으로 같이 1위로 한다는 뜻도 그 가운데 들어있다 하고, 형제는 각각 1실로 한다는 설은 본시 주자가 말하였으나, 같은 소목이면 같이 1위로 한다는 논의가 이미 종묘의 제도로 정하여졌는데, 원묘의 경우에만 다르게 함은 곧 조법(祖法)과 고례(古禮)를 모두 폐지하는 것으로, 시행해서는 안 된다는 것을 알 수 있다 하였다. 형제를 같이 1위로 하는 것으로 되어 있다면 반드시 1실에 봉

안해야 할 것이라 하였다.[96]

또한 고조, 증조, 조, 부는 선유가 『사서장도(四書章圖)』에 배열하였고, 하순(賀循)도 고조, 증조, 조, 부에게는 제사를 지내야 한다고 하였다 한다. 다만 원묘가 종묘와 다른 점은 원묘에는 사친(四親)만을 봉안하나 종묘에는 또 불천지위(不遷之位)가 있는 것이라 하였다.[97]

박순은 또 인종, 명종을 부묘하게 되면 6실이 되어 1실이 더 많다 하여 예종을 곧 조천한다는 것은 옳지 않으며, 예종을 조천할 수 없다면 6실은 어쩔 수 없는 일이라 하였다. 전(殿) 안에 6위를 나누어 설치하고 각탁(各卓)으로 변경하며, 묘가를 고침은 부득이 한 조치라 하였다.[98]

이렇게 볼 때, 박순은 명종이 인종과 소목을 함께 하므로 양군(兩君)을 1실에 함께 부묘해야 한다는 것이며, 따라서 인종, 명종의 부묘로써 문소전이 5세 6실이 되는 것은 불가피한 것이며, 세종의 '5실을 초과해서는 안 된다'는 유훈에 구애되지 말고 변통하여 예에 맞게 해야 한다 하였다. 이선의 「행장」에서도 이에 관해 다음과 같이 소상히 설명하고 있다.

이듬해 여름에 서강(書講)에서 기대승 공과 문소전의 의논을 개진하였다. 문소전은 세종조에 설치한 것으로, 곧 한(漢)의 원묘(原廟)에 해당한다. 간흉(奸兇) 이기(李芑) 등이 인종을 한 해를 넘기지 못한 임금이라고 깎아내려, 신주를 문소전에 들이지 않고 연은전에 입사하였으니, 곧 덕종의 위판이 안치된 곳이다. 나라 사람들이 분개하고 슬퍼하였다.

이 때에 와서 퇴계 및 선생과 기고봉(奇高峰)이 의논하여 명종의 담제(禫祭)[99]후에 인종과 함께 문소전에 합사하려고 하였다. 영상 이준경(李浚慶)은 인종은 이미 연은전에 입사하였으므로 문소전에 합사할 것 없다고 여겼다. 이리하여 물의가 시끄럽게 일어나 삼사에서 번갈아 장계를 올려 준경을 비판하였다. 선생은 기공(奇公)과 함께 입대하여 인종을 문소전에 들이지 않으면 안 됨을 거듭 논하자, 준경은 마지못해 생각을 굽히고 선생의 주장에 따랐다. 전전(前殿)의 건제(建制)는 남북이 짧고 좁으며, 동서가 길고 넓어 5위를 마련하는 이외에는 전연 여지가 없기 때문에, 건제를 변경하여 크게 짓자는 의논이 나왔던 것이다.

퇴계는 또 전전에서 고협(古祫)의 제도에 따라, 태조는 동향의 소목은 남북의 위(位)로 바로 잡기를 청했으나, 또 준경에 의해 막혀버려 도가 행해지기 어려움을 알아 그래서 사직하고 돌아간 것이다. 준경은 이 때부터 사림에 대해 불평이 쌓여 오로지 분규만을 힘쓴다고 생각하고, 드디어 후진 사류와 어그러져 간격이 생기게 되었다. 퇴계가 지은 「문소전의(文昭殿議)」 역시 준경 때문에 마침내 올리지 못했다.[100]

2. 명종비 인순왕후(仁順王后)의 상에 졸곡(卒哭) 후 신하들의 시사복(視事服) 문제

1575년(선조 8) 명종비 인순왕후가 죽자 신하들이 졸곡 후 시사복을 어떻게 입을 것인가 하는 문제로 예 논쟁이 일어났다. 예조에서는 『오례의』에 근거하여 '졸곡 후에는 마땅히 현관(玄冠)과 오각대(烏角帶)를 사용해야 한다' 하였다. 그러나 사헌부 지평 민순(閔

---

99   탈상하는 제사

100   李選 撰,「行狀」.

純)은 '삼년상은 통례로서 귀천이 없이 동일하니, 마땅히 주자의 의
논에 따라 백모(白帽)와 포과 각대를 사용해야 한다' 라고 하여 조
정의 의논이 분분하였다. 박순은 좌의정으로서 우의정 노수신(盧守
愼)과 함께 '흰 의관으로 시사하는 것이 바로 예의 뜻과 부합하다'
고 건의하여 왕의 윤허를 받아냈다. 이 기간은 아직 슬픔이 다하지
않은 시기이기 때문이었다. 이선이 쓴 「행장」에서는 이에 관해 다
음과 같이 기술하고 있다.

> 을해년(1575년) 정월에 인순왕후가 승하하였는데, 졸곡 후에 예관
> 이 전대로 흑색 모대(帽帶)로 사무 보기를 청했다. 지평 민순이 상소하
> 여 송효종의 백색 모대의 제도에 따르기를 청하자 임금께서 정의(廷議)
> 를 명하시었다. 대신 권철(權轍), 홍섬(洪暹) 등은 다『오례의』는 고쳐서
> 는 안 된다고 하였으나, 선생은 동료 재상들과 함께 백의관(白衣冠)으
> 로 사무보기를 강력하게 청해 임금께서 그것에 따랐다.[101]

3. 인종비 공의대비(恭懿大妃) 상의 복제

조선조 역사에서 예송(禮訟) 문제가 많이 발생하였는데, 이는 대
개 왕이나 왕비가 죽었을 때 복을 어떻게 입어야 하는가 하는 복제
(服制)문제가 늘 논란이 되어왔다. 1577년(선조 10) 인종비 공의대
비가 죽자 복제로 시비가 일어났다. 그것은 왕대비의 상에 선조가
입어야 할 상복의 복제가 무엇이어야 하는 문제였으나, 그 이면에는
선조가 명종과 인종을 어떻게 계승했다고 볼 것인가 하는 왕통의 정

---

101 李選 撰, 「行狀」.

통성 문제와 직결되는 것이었다.

당시 『실록』에서는 예조와 삼사, 그리고 박순을 비롯한 대신들의 이에 관한 견해를 다음과 같이 보여주고 있다.

> 예조가 대행왕대비(大行王大妃)의 상에 전하가 자최(齊衰) 기년복(碁年服)을 입어야 한다고 하니, 옥당과 양사가 논쟁하고 나서서 자최(齊衰) 삼년상(三年喪)을 입어야 한다고 하므로 대신들에게 의논하게 하라고 명하였다. 영상 권철과 좌상 홍섬은, 송 고종이 철종과 맹후(孟后)에 대해 기년복을 입었으니, 지금도 이에 의거하여 숙질(叔姪)의 복을 입는 것이 마땅하다고 하였고, 박순은 계체(繼體)가 중하다는 것으로 당연히 삼년복을 입어야 한다고 하면서, 명종이 인종의 상에 이미 삼년복을 입었으므로 대행대비와 전하 사이에는 조손(祖孫)의 의리가 있으니 당연히 삼년복을 입어야 한다고 하였고, 우상 노수신도 박순의 의견과 같았는데 말이 분명하지 않았다. 그리하여 2품 이상에게 수의(收議)하였는데 의견이 각각 달랐다. 제5일이 되어서야 비로소 삼년상으로 할 것을 청하였다.[102]

또한 이선이 지은 행장에서도 이에 관해 다음과 같이 소상히 기록하고 있다.

> 정축년(丁丑年: 1577년)에 공의대비(恭懿大妃)[103]께서 훙거(薨去)[104] 하셨는데, 그때 대신 권철, 홍섬과 예판 김귀영(金貴榮) 등은 숙질의

---

102 『선조실록』, 권11, 선조 10년 11월 29일(신사)
103 인종비
104 귀인의 사망을 일컫는 말

복으로 정하고 계통의 중대성이 있다 해서 기년에 상장(喪杖)을 보태기로 했다. 선생은 임금[105]께서는 영정(榮靖)[106]께는 이미 조손(祖孫)의 의(義)가 있으므로 계체(繼體)의 복을 입어야 한다고 하였다. 만약 숙질로 따진다면 제후는 방기(旁期)[107]를 끊는 것이니, 어찌 기년상(朞年喪)을 입을 이유가 있겠는가? 삼사 및 낭사(郎舍)에서 강력히 다투어서 성복(成服) 하루 전에 비로소 3년의 복으로 정했다.[108]

여기에서 보면 예조와 영의정 권철은 선조가 자최 기년복을 입어야 한다고 하였고, 삼사에서는 자최 삼년복을 입어야 한다고 주장하고 있다. 자최 기년복을 주장하는 것은 혈통론에 근거한 것이라고 한다면, 자최 삼년복을 주장하는 것은 의리론에 기초한 예론이라고 할 수 있다. 이에 대해 박순은 삼년복을 주장하였으며 다시 2품 이상의 대신들에게 논의를 하게 한 결과 역시 삼년복으로 귀결되었던 것이다.

또한 「선조대왕 묘지문」에 의하면 "만력 5년 정축(1577년)에 영정왕비(榮靖王妃) 박씨(朴氏)가 서거하자, 예조는 '숙질의 복을 따라 자최 기년을 입어야 한다'고 하니, 대왕이 그 의논을 따라 마침내 삼년상으로 결정하였다."[109] 고 하였다.

이와 같이 박순은 왕통의 계체(繼體)를 중시하여 선조가 당연히 삼년복을 입어야 한다고 주장하고, 그 근거로서 명종이 인종의 상에 이미 삼년복을 입었으므로, 대행대비와 전하 사이에는 조손(祖

---

105 선조
106 인종을 말함.
107 방친(旁親)을 위해 입는 기년상(朞年喪)
108 李選 撰,「行狀」.
109 『宣祖實錄』, 卷221, 附錄,「宣祖大王 墓誌文」.

孫)의 의리가 있으니 당연히 삼년복을 입어야 한다는 입장이었다. 이러한 박순의 예론은 일종의 의리론으로서 당시 사림들의 공론이기도 했다.

제5절 나라와 백성을 위하여

박순은 오랜 관직생활을 통해 나라와 백성을 위한 공직자의 길을 걸었다. 그는 사화시대에서도 도학의 발전과 정도의 길을 가기 위해 많은 노력을 기울였다. 그의 상소문과 실록의 기사들을 통해 그의 경세론을 살펴보기로 하자.

첫째, 간언(諫言)의 용납, 언로(言路)의 개방, 공론(公論)의 확장을 주장하였다. 다음 『명종실록』의 기사를 보기로 하자.

> 홍문관 직제학 박순 등이 상차(上箚)하기를 "임금의 간언(諫言)을 받아들이는 도는 자신의 생각을 비우고 후하게 받아들이는데 있는 것으로, 사람들이 다 말하지 못하는 것이 없도록 할 뿐입니다. 말한 사람의 이름을 따져서 사람들이 간언을 받아들이지 않는다는 의혹을 갖게 하여, 감히 할 말을 다 하지 못하게 함이 있어서는 합당하지 않습니다⋯⋯ 신들은 전하께서 간언을 받아들이는 아름다움이 지극하지 못한 바가 있어서 언로가 더욱 막힐까 염려됩니다. 신들은 진실로 전하의 뜻이 일의 전말을 자세히 알아서 뒷 폐단을 막으려는 것인 줄 알고 있습니다만, 말을 들어주는 도량이 도리어 크지 못한듯하고, 허물을 고치는 데 인색한 듯 합니다. 만일 폐단을 막고 싶을 뿐이라면 단지 근본을 단정히 하고 근원을 깨끗이 하여 궁중을 엄숙히 하는 것이 옳을 것입니다. 어찌하여 꼭 단서를 캐묻고 실상을 따지는 것을 두세 번이나 하십니까? ⋯원

컨대 전하께서는 더욱 간언을 받아들이는 도를 크게 하여 폐단을 막는
방책을 깊이 생각하시어, 말하는 사람이 감히 할 말을 다 하지 못하는
걱정이 없도록 하소서. 그러면 종묘사직에 큰 다행이며 백성에게는 큰
다행이겠습니다."[110]

박순은 임금이 간언을 받아들이기 위해서는 자신의 생각을 비우
고 남의 말을 후하게 받아들여 사람들이 할 말을 다 하도록 해야 한
다고 하였다. 이는 곧 언로와 직결되는 문제로 임금이 간언을 용납
하는 도량이 크고 넓으면 그만큼 언로가 열리는 것이고, 반대로 간
언을 용납하지 않으면 언로는 막혀 소통할 수 없게 된다는 것이다.

박순은 또 나라를 다스리는 요체는 인심을 순화하는 데 있고, 나
라를 다스리는 방법은 공론을 펴야 한다고 하였다. 인심이 순하면
나라는 그 때문에 안정이 되고, 공론이 펴지면 나라는 그 때문에 편
안해지는 것이니, 이는 필연적인 이치라 하였다. 만약 인심이 거슬
렀는데도 순히 할 줄을 모르고, 공론이 막혔는데도 펼 줄을 모른다
면, 나라 형편은 틀림없이 위태롭게 되고 나라의 근본은 결국 쓰러
지게 될 것이라 하였다. 예로부터 나라를 융성하게 한 임금은 모두
인심을 순히 하고 공론을 폈으며, 나라를 어지럽게 한 임금은 인심
을 거슬리고 공론을 막았으니, 이는 이미 지나간 잘잘못이지만 장
래의 귀감이기도 하다 하였다.[111]

이와 같이 박순이 임금으로 하여금 넓게 간언을 받아들일 것, 언
로를 활짝 열 것, 공론의 신장을 주장한 것은 모두가 임금과 신하,
임금과 백성 간의 소통을 위해 반드시 필요했던 것이고, 또 이를 통

---

110 『명종실록』, 30권, 명종 19년 2월 16일 조.
111 『명종실록』, 31권, 명종 20년 8월 14일 조.

해 훌륭한 정책의 계발과 민심의 수렴을 기할 수 있었던 것이다. 간언, 공론, 언로라는 것은 현대 민주정치의 근간인 언론자유의 신장이며, 또 민의의 수렴을 통해 정책을 입안하는 수단이요 방법이었던 것이다. 이런 점에서 박순의 정치의식은 매우 선구적이었고 근대정신을 함축하는 것이었다고 볼 수 있다.

둘째, 박순은 공안(貢案)의 개정, 주현(州縣)의 병합, 감사(監司)의 구임(久任)을 건의하고 이를 실현하고자 많은 노력을 기울였다. 다음 이선의 「행장」을 통해 이 문제에 대한 전말을 살펴보기로 하자.

> 7월에 선생은 대신들과 회의하여 옥당과 간원의 장차(章箚)에 진술한 개공안(改貢案), 주 현병합(州縣幷合), 감사(監司)의 구임(久任) 세 가지 일의 시행을 계청(啓請)하였다. 임금께 서답하시었다. "조종(祖宗)의 법은 가볍게 고칠 수 없으니 잠시 두어두고 거론하지 마오"
> 이튿날 선생은 다시 이 일을 아뢰어 시행하기를 청해, 임금께서 호조(戶曹)에 명해 전조(前 朝)의 공안(貢案)을 들이게 하시었다. 그러나 마침내 시행하지는 않았다.[112]

박순이 당시 시급한 개혁과제로 제시한 이 세 가지 문제는 이후 율곡에 의해서도 누차 제기한 문제였다. 공안의 개혁은 그것이 시대와 맞지 않고 또 공정성을 결여하고 있어 백성들의 불만이 고조되었기 때문이다. 또한 주현의 병합문제는 일종의 합리적인 행정개혁의 일환으로 당시 쇠퇴한 작은 주현들을 합쳐 행정의 합리성을 기하고 효율을 기해야 한다고 본 것이다. 감사 구임(久任)의 문제는 관료들

---

112 李選 撰, 「行狀」

이 지방에 부임하는 것을 불명예로 생각해 오직 중앙에 진출하는 것을 일삼기 때문에 지방행정의 부실을 면치 못했던 것이다. 더욱이 어쩌다 지방 목민관으로 발령이 나면 형식적으로 잠시 머물다 가는 것이 예사가 되어 지방행정이 쇠퇴를 면치 못했던 것이다. 그러므로 감사의 임기를 오랫동안 보장하여 소신껏 행정을 할 수 있도록 해야 한다 하였다. 위에서 보듯이 박순은 여러 경로를 통해 누차 이 문제를 임금에게 제기했으나 선조의 우유부단으로 시행되지 못했던 것이다.

셋째, 박순은 향약(鄕約)을 시행할 것을 건의하였다. 1573년(선조 6) 8월 조정에서는 간원(諫院)이 제기한 향약의 시행에 관한 논의가 있었다. 이에 대한 박순의 말을 보기로 하자.

여씨향약(呂氏鄕約)을 보건대, 본디 풍교(風敎)를 돕는 아름다운 뜻이고, 주자가 또 그것을 취하여 증감(增減)하여 그 규모와 절목(節目)이 평실(平實)하고 간편합니다. 인정으로 쉽게 행할 것을 깊이 참작하여 만들었으므로 본디 구애되어 행하기 어려운 폐단이 없으니, 들어서 시행해야 할 따름입니다.

더구나 이제 교화가 밝지 않고 풍속이 매우 무너져 인륜의 이변(異變)이 보고 듣기에 놀라우니, 어찌 무너져가는 것을 앉아 보기만 하고 바로 잡지 않을 수 있겠습니까?

또 원래의 풍속은 안으로는 서울로부터, 밖으로는 시골 마을에 이르기까지 모두 동계(洞契)와 향도회(香徒會)가 있어 사사로이 약조(約條)를 세워 서로 단속하려 하나, 각각 자기 뜻에 따랐기 때문에 엉성하여 질서가 없어 기강을 세우기 위해 의지할만하지 못하고, 또 그 약속이 조정에서 나오지 않고 사사로이 만든 것이므로, 강한 자가 깔보고 악한 자가 무너뜨려도 끝내 바로 잡지 못하니, 마을의 부로(父老)들이 늘 한탄을 품으나 어찌 할 수 없습니다.

이제 선현이 이미 정한 규약을 거행하라는 명령이 한 번 내려진다면, 백성이 장차 순종하기에 겨를이 없을 것이니, 참으로 인심이 하고자 하는 바에 따라서 교도(教導)하는 것인데, 어찌 풍속을 놀랍게 하고 환란(患難)을 초래하는 일이 있겠습니까? 해조(該曹)를 시켜 빨리 선포하여 백성을 교화하고 풍속을 이룩해야 합니다.[113]

이와 같이 그는 여씨향약과 이를 보완한 주자의 향약이 그 정신과 효과가 기대할 만 하니 반포하여 시행할 것을 주청하였다. 향약은 민간의 교화와 상부상조를 목적으로 한 유교적 사회규범이라 할 수 있다. 박순보다 앞서 조광조, 김식 등이 향약의 시행을 주장한 바 있고, 퇴계, 율곡도 향약의 중요성을 강조하고 모범을 보이기도 했다.

이러한 박순의 주장은 비록 왕으로 하여금 받아들여지지 않았지만, 그것은 당시 영상(領相)이던 권철(權轍)을 비롯하여 여러 재신들의 견해와도 일치하는 것이었다.

넷째, 율곡이 제안한 경제사(經濟司)의 설치를 주장하였다. 1581년(선조 14) 10월 천재지변을 당하여 선조는 공경(公卿)들을 불러 그 대응책을 숙의하였다. 이에 호조판서 이이(李珥)는 다음과 같이 말하였다.

신에게 망령된 계책이 있습니다. 바라건대 대신과 상의하여 하나의 관서로서 경제사(經濟司)를 설치하여 대신으로 하여금 통솔하게 하고,

---

사류(士類) 가운데 시무(時務)를 잘 알고 국사(國事)에 마음을 둔 자를 선택하여 일을 맡겨서, 모든 건백(建白)한 사항은 모두 그 관사(官司)에 내려 상의하고 확정하게 하여 폐정(弊政)을 개혁하게 한다면 천심(天心)을 거의 돌이킬 수 있을 것입니다. 이제 설사 공자와 맹자가 곁에 있다 하더라도 그 재능을 발휘할데가 없다면 무슨 보익(補益)되는 바가 있겠습니까? 경제사(經濟司)를 설치한다는 것은 우선 듣기에는 생소한 것 같습니다만, 이와 같이 하지 않으면 국사를 어떻게 처리할 수 없어, 나라의 일들은 점차 비하(卑下)되고 말 것입니다.[114]

율곡은 비상시국의 난제들을 신속히 효율적으로 개혁할 수 있는 기관으로 경제사의 설치를 주장하였다. 즉 수많은 상소나 건의 사항들을 검토해 이를 시행하는 담당기관으로 경제사를 설치하고, 여기에 시무(時務)에 밝고 능력있는 인재들을 배치하여 개혁의 과제들을 체계적으로 신속히 시행해야 나라가 살고 백성의 삶이 나아질 수 있다고 보았다.

이것은 사실상 영의정 박순과 호조판서 이이가 이미 사전에 충분히 논의한 사안으로 보이지만, 요컨대 이 문제는 신하들의 모든 건의 사항을 집성하여 이것을 집중적으로 검토 확정하여 폐정을 개혁해 나갈 주체로서 경제사를 건립 운영하자는 발상이었다.

비록 이것이 율곡의 제안이었지만 내면적으로는 당시 영의정이었고 율곡과 매우 친밀했던 박순의 견해였다 해도 지나치지 않는다. 그러나 선조는 율곡의 이 제안이 우활하다 하여 받아들이지 않았다.

---

114 『선조실록』, 권15, 선조 14년 10월 16일 병오 조.

제6절 조선 문단의 거유(巨儒), 당풍(唐風)의 선구자

박순은 유교 경세가 내지 관료유학자로도 유명하지만, 문학적 측면에서도 매우 중요한 인물이다. 『사암집』에 실려 있는 그의 시는 시체(詩體)별로 수록되어 있다. 1권에는 오언고시(五言古詩) 5수, 칠언고시(七言古詩) 6수, 오언절구(五言絶句) 38제 52수, 칠언절구(七言絶句) 135제 226수, 총 184제 289수가 실려 있다. 권2에는 칠언절구(七言絶句) 131제 167수, 오언율시(五言律詩) 49제 56수, 총 180제 223수가 실려 있다. 권3에는 칠언율시(七言律詩) 78제 92수, 오언배율(五言排律) 9수, 칠언배율(七言排律) 1수, 총 88제 102수가 실려 있다. 이렇게 하여 현전(現傳)하는 그의 시는 총 466제 614수이다.[115]

이선이 쓴 행장에 의하면, 박순의 시는 이보다 훨씬 많았던 것으로 추정되지만, 온전히 전해지지 못하고 대부분 일실(佚失)되고 문집에 실린 600여 수가 전해지고 있을 뿐이다.

행장에 의하면 "선생은 당시의 문체(文體)가 부박(浮薄)에 흐르는 것을 근심하여, 그 누습(陋習)을 강력하게 변개(變改)시켜 빨아내려고 하였다. 문장을 논하면 반고(班固), 사마천(司馬遷), 한유(韓愈), 유종원(柳宗元), 이백(李白), 두보(杜甫)를 앞세웠고, 도학을 논하면 또 『소학(小學)』, 『심경(心經)』, 『근사록(近思錄)』을 입문으로 삼았다."고 전한다. 이는 박순이 당시 문체나 문학에 대해 비판적 입장에서 변화를 추구했음을 잘 말해주는 것이다. 그리고 그는 반고, 사마천, 한유, 유종원, 이백, 두보의 문학풍을 매우 존숭했다는

---

115 이향배, 「사암 박순의 문학세계」, 『지역문화포럼. 사암 박순 선생 재조명』, 2024. 12. 6, 중구문화원, 24쪽.

것을 알 수 있다.

또한 그의 「행장」에는 1572년(선조 5) 8월 등극사(登極使)로 연경(燕京)에 하례(賀禮)를 하러 갔을 때, 중국인들이 평소 선생의 높은 문재(文才)를 알고 연도(沿道)에서 글을 써 주기를 청하는 자가 매우 많았다고 전한다. 이는 박순이 이미 당시 중국에까지 그의 문학적 명성이 널리 알려져 있었음을 반증하는 사례라 할 수 있다.

또한 중국의 사신 장조(張朝), 구희직(歐希稷), 황헌(黃憲), 왕새(王璽) 등이 와서 박순은 접반사(接伴使)로, 반송사(伴送使)로 나아가 그들을 영접하였는데, 이들이 모두 박순의 위의(威儀)의 절도를 기뻐하였고, 또 박순의 문장을 존중하여 '송(宋)의 인물이고 당(唐)의 시조'라고 찬양하였던 것이다. 중국의 사신들은 박순을 가리켜 그의 인물됨은 송대 도학지사(道學之士)에 가까운데, 문학적 취향과 학풍은 당풍(唐風)을 보여준다고 평가한 것이다.

한편 나라 안에서도 그의 문학에 대한 평가와 위상은 매우 높았다. 상촌 신흠(象村 申欽)은 그의 문장을 평하기를, "시원스럽게 뛰어나고 담담하게 깨끗한데, 시는 더욱 기경(奇警)하게 드러나 힘써 당시(唐詩)의 경지를 추구하였다. 후의 최경창(崔慶昌), 백광훈(白光勳), 이달(李達)의 유파(流派)는 그 근원이 모두 공이 제창한데서 시작된 것이다."라고 하였다. 조선 문학의 대가였던 신흠은 박순의 시풍을 당시풍(唐詩風)이라 규정하고, 최경창, 백광훈, 이달의 당풍(唐風)이 바로 박순에게서 연원한 것이라 평가하였다. 또한 조선의 문장가로 일가를 이룬 택당 이식(澤堂 李植)은 박순의 시에 대해 평가하기를 "내 시는 수 백년 동안 전해지는데 불과하지만, 사암(思菴)의 칠언절구(七言絶句) 십수편(十數篇)으로 말하면, 틀림없이 천지와 함께라야 같이 없어질 것이니 결국 딸라 낼 수 없다."고 평하였다. 이식의 이러한 평가는 자신에 대한 겸양과 박순의 문학에 대한 존경이 함께 반영된 표현이라 할 것이다.

또한 실학자 이수광(李晬光)도『지봉유설(芝峰類說)』에서 "박사암(朴思庵)은 위의(威儀)와 용모(容貌)가 아름답고 백석(白晳)하여 빙옥(氷玉)같고, 시 또한 청초(淸峭)하여 당시(唐詩)에 가까웠다. 원접사(遠接使)가 된 것이 겨우 45세 때였는데, 행동거지가 단아(端雅)하여 명(明)의 사신이 자주 칭찬하였다. 재상을 면직하고서는 영평에 퇴거(退居)하면서 세상 일에 뜻을 끊었으니, 그의 청고(淸苦)한 절조(節操)는 늙어서 더욱 뚜렷하여졌다. 근세의 대신으로 진퇴(進退)가 시종 공(公) 같은 자는 적었다."[116]고 기술하였다.

이렇게 볼 때, 박순은 이미 당대에도 문학적 재능에 대해 높이 평가를 받았는데, 대체로 그의 시풍을 당풍(唐風)으로 규정하고 있는 것이다. 그리고 최경창, 백광훈, 이달 같은 삼당시인(三唐詩人)이 박순에게서 비롯됨을 분명히 하고 있다. 이런 점에서 그의 문학에 대한 현대적 관점에서의 재해석과 평가가 이루어져야 할 것이다.

---

116 李晬光의「芝峰類說」.

제9장

사람 됨과 그 위상(位相)

    문집과 실록 등 많은 자료를 통해서 볼 때 박순은 당대 가장 훌륭한 인물 중 한 분으로 평가된다. 그것은 박순을 일컬어 '세도재상(世道宰相)', '강정(剛正)한 직사(直士)', '사림(士林)의 영수(領袖)', '선류(善類)의 종주(宗主)', '동국의 충신', '일대(一代)의 고사(高士)' 라고 칭송하는 데서 입증된다. 더 이상 필요 없는 찬사요 어떻게 설명할 수 없는 인물평이다. 이렇게 우리 역사에서, 우리 유학계에서 훌륭한 분이 세상에 가려져 있고 알려져 있지 않다는 것이 이상한 일이고 잘못된 일이다. 바로 이 점이 이 책을 써야 할 이유이기도 하다.

    이제 구체적으로 박순의 인품을 살펴보고 아울러 그의 유학사적 위상 내지 학문적 위상을 생각해 보기로 하자. 그의 「행장」에 의하면, 박순은 등제(登第) 10년 동안 자기 수양에 전념하고 오로지 한결같이 권문세가의 문을 드나들지 않았다고 한다.[1] 여기서 과거 급제 이후 10년 동안 오로지 독실하게 자기 수양에 전념하고, 윤원형,

---

1　李選 撰,「行狀」, "先生登第十年 閉門自守 一不到權貴之門."

이양 같은 권력층과 사귀거나 눈을 돌리지 않았다는 데서 그의 학문이 자신을 위한 위기지학(爲己之學)에 있었음을 알 수 있고, 유학 본연으로 돌아가 내성(內聖)의 자아실현에 충실했던 도학지사(道學之士) 박순의 면모를 그리게 된다.

그는 타고 난 자질이 온수(溫粹)하고 기질이 청명(淸明)하여 효제(孝悌)로써 근본을 삼고 충신(忠信)으로써 몸가짐을 지녀, 인의(仁義)를 마음속에 쌓아 영화(英華)가 밖으로 나타났다. 또한 원흉을 축출하고 유능한 현인을 많이 추천하여 정사에 참여시키고, 세 차례에 걸쳐 조정에 나아가 10년 동안 재상을 역임하였다. 그 과정에서 그는 조정을 청명(淸明)하게 만들었고 민생을 안락하게 하여, 성주(聖主)의 신망이 두터웠고 온 사림(士林)들의 숭앙을 받았다.[2]

또한 선을 좋아하고 악을 미워함이 천성에서 나왔고, 홀로 서서 문을 닫고 자신을 지켜 의사가 조용하고 한가하여 항상 세속 밖에 있었다. 언론은 강개(慷慨)하여 시속에 따르기를 좋아하지 않아, 사람들이 자연히 경모(敬慕)하게 되었다.[3]

박순은 또 천성이 강직하고 간결하고 고아(古雅)하며 억세고 사나운 자를 두려워하지 않았다. 또 문필(文筆)의 재간이 있어서 시부(詩賦)에 능하였는데 당시에 제일로 일컬었다. 평소 집에 있을 적에 권세 있는 외척들의 의롭지 못한 일을 들으면, 개탄하여 마지않고 말과 얼굴빛에 나타내기까지 하였으며, 남의 착한 일을 들으면 그 마음에 좋아하여 비록 미천한 사람이라도 손을 대하듯 공경하니 사

2　李選 撰,「行狀」, "先生天資溫粹 氣質淸明 本之以孝悌 持之以忠信 仁義積於中 英華發於外 屛黜元凶 登進群賢 三入政府 十年輔相 以之朝著淸明 民生安樂 聖主之所倚毗 士林之所宗仰……"

3　李選 撰,「行狀」, "曰好善疾惡 出於天性 寡合孤立 閉門自守 意思蕭散 常在塵表 言論慷慨 不隨時好 使人見之 自然敬慕."

림이 어질게 여겼다.[4]

특히 청렴하여 지조가 있고, 조정에 서서는 항상 나라를 걱정하는 것으로 마음을 삼았다. 이에 이르러 훌륭한 사류(士類)의 종주(宗主)가 되어 명사(名士)들을 조정에 참여시킴에 지극한 정성을 바쳤다.[5] 그러므로 퇴계는 그를 평하기를 "박모(朴某)와 상대하면 밝기가 마치 한 조각 맑은 얼음과 같아 신혼(神魂)을 깨우침이 가지런하고 시원하다" 하였고,[6] 이지함(李之菡)은 "동국(東國)의 백성들이 다행히 살 도리가 생기느라고 주상께서 살리기를 좋아하시고, 상공(相公) 순(淳)이 청백하여 대부(大夫)에게 아부하여 명예를 구하는 뇌물이 감히 경사(京師)에 이르지 못해 벼슬길이 밝아졌다. 이는 백성들이 소생하는 때이다."[7]라고 하여, 그의 청렴을 칭찬하였다.

미암 유희춘(眉巖 柳希春: 1513~1577)은 평하기를 "자성(資性)이 고명(高明)하고 흉금(胸襟)[8]이 개활(開豁)하고 덕량(德量)이 있고 학식이 있으며, 선을 좇기를 물 흐르듯이 하여 얼굴과 기상이 단아한 군자와 같다"고 하였다.[9] 또한 율곡은 "표리(表裏)가 결백하고 나라를 걱정함이 정성스러웠다"고 평하였고, 고봉 기대승(1527~1572)은 "의리를 분석하여 밝게 변척(辨斥)함이 적절하다"고 평하였다.[10] 『명종실록』에서도 박순은 천성이 간고(簡古)[11]하고 문

---

4 『명종실록』, 31권, 명종 20년 5월 8일 조.

5 李選 撰, 「行狀」, "淸介有志操 立朝常以憂國爲心 至是 爲善類宗主 惓惓以接引名士爲務."

6 李選 撰, 「行狀」, "日與朴某相對 炯如一條淸冰 覺神魂頓爽……退溪李文純之言也."

7 『思庵集』, 卷7, 附錄, 「諸家記述」.

8 가슴속에 품은 생각

9 李選 撰, 「行狀」, "資性高明 胸襟開豁 有德有量 有學有識 從善如流 愷悌君子人云者 眉巖柳文節之言也."

10 李選 撰, 「行狀」, "稱之以表裏潔白 憂國以誠 又非李文成乎 許之以剖晳義理 明卞愷切 又非奇文憲乎……"

11 간단하고 옛스러움.

장이 청고(淸高)하였다. 가산(家産)을 영위하지 않고 생활이 담박하였다.[12]고 하였다.

또 노수신(盧守愼)은 말하기를 "좌의정 박순은 학문이 근원이 있고 조행(操行)이 흠이 없어서 많은 선비들의 명망(名望)이 있습니다. 그러니 하찮은 병 때문에 체직(遞職)하지 마시고 전직(前職)을 잉임(仍任)[13]하게 하소서."하였다.[14] 『선조실록』에서는 옥당(玉堂)의 상차(上箚)에서 "좌상 박순의 조행(操行)과 인망(人望)은 진실로 사림들의 추앙하는 바가 되고 있습니다. 전하께서 이미 그의 현명함을 아시고 정승의 자리에 두셨으니, 마땅히 성의를 다해 위임하여 오래도록 공을 이루기를 책하셔야 합니다. 어찌 한 때의 하찮은 병 때문에 경솔하게 한가한 자리에 있게 하겠습니까?"[15]하고, 그의 사직을 만류해야 한다고 진언하고 있다.

또한 율곡이 대신 지은 배인걸(白仁傑)의 상소문에서는 "오늘날 정신(廷臣)으로 학문에 있어 방향을 아는 자로는 박순 만한 자가 없고, 재주가 중임(重任)을 맡길만한 자로도 역시 박순 만한 자가 없고, 진심을 다해 나라를 근심하는 자로도 박순 만한 자가 없습니다.[16]라고 하였다.

박순의 이러한 인품으로 인해 그는 율곡, 우계와 더불어 돈독한 우의를 지녔는데, 계미년(癸未年: 1583년)에 화(禍)가 일어나자, 논자들이 박순과 우계, 율곡이 서로 친함을 일러 '순(淳)이 곧 혼(渾)이요 혼(渾)이 곧 이(珥)라, 종시 세 사람은 얼굴은 다르지만 마음은 하

---

12 『명종실록』, 34권, 명종 22년 2월 10일 조.
13 임기가 찬 관원을 계속하여 임명함.
14 『선조실록』, 8권, 선조 7년 3월 27일 조.
15 『선조실록』, 8권, 선조 7년 3월 28일 조.
16 율곡이 대작한 白仁傑의 상소문.

나'라고 일컫게 되었다.[17]

이선이 쓴 「행장」에서는 위와 같은 박순의 훌륭한 인품과 이에
대한 제유들의 평가를 다음과 같이 종합적으로 전해주고 있다. 내
용이 길지만 인용하기로 한다.

> 외람되이 생각 하건데, 선생은 타고난 자질이 온화 순수하였고, 기질
> 이 맑고 밝았으며, 효제(孝悌)로 근본을 삼고, 충신(忠信)으로 지켜나가
> 인의(仁義)가 속에 쌓여서 아름다움이 밖으로 발휘되었거니와, 원흉을
> 몰아내고 여러 현자(賢者)를 끌어올렸으며, 세 차례 정부에 들어가 10
> 년 동안 정승을 지냈고, 그 때문에 조정이 청명(淸明)하고 민생이 안락
> (安樂)해졌으며, 성군(聖君)께서 두터이 신임하는 바 되었고, 사림에서
> 종주(宗主)로 숭앙(崇仰)하는 바 되었으니, 고인에 비긴다면 사마군실
> (司馬君實)[18]과 진복공(陳福公)[19]하고나 맞 갈 것인가? 덕행과 사업이 높
> 고 빛나 천추에 빛춰나니, 또 어찌 하찮은 글로 써낼 수 있겠는가? 다만
> 선배들의 기록과 선철들의 정론(定論)을 연결하여서 갖추어 써야만 될
> 것 같다.

> "선을 좋아하고 악을 미워하는 것은 천성에서 나왔다. 마음 맞는 사람
> 이 적어 고립하여 문을 닫고 스스로를 지켰다. 생각은 조용하고 거리낌
> 없어 늘 속세 밖에 있었다. 언론은 강개하여 시대의 기호에 따라가지 않
> 았다. 사람으로 하여금 그를 보면 절로 존경하고 사모하게 된다. 늘 한문
> 공(韓文公)[20]의 "다행히 큰 절개를 잃지 않아 지하에서 선인을 뵐 수 있

---

17 『思庵集』, 卷5, 諡狀(李恒福), "……及癸未禍起 論者謂公與牛栗相善 至稱淳卽渾 渾卽珥 終始三人 貌
　　異而心一."
18 북송(北宋) 때의 문신 사마광(司馬光)의 자(字)
19 북송의 진양(陳襄)
20 당대(唐代)의 한유(韓愈)

게 된다면 족하다" 및 한위공(韓魏公)[21]의 "부귀(富貴)는 얻기 쉬우나 명예와 절개는 지키기 어렵다" 등의 말을 외워서 스스로를 갈고 닦았던 것이다." 라고 한 것은 선배의 설로, 그의 젊었을 때를 적은 것이다. "맑고 고립하여 지조가 있고, 조정에 서면 늘 나라를 근심하는 것으로 마음을 가져, 이 때에 이르러서는 선한 사류(士類)의 종주(宗主)가 되었다. 진심으로 명사(名士)를 접촉하기에 힘썼으며, 비록 정승의 자리에 있었기는 하나, 문간은 쓸쓸하여 벼슬이 없는 것 같았다."라고 한 것은 선철의 논으로 그의 중년을 적은 것이다.

"박모(朴某)와 마주 보고 있으면 밝기가 한 줄기의 맑은 얼음 같아, 정신이 곧 상쾌하여짐을 느낀다. 남쪽으로 온 후에 그를 생각하여 마지 않는다."라고 한 것은 퇴계 이문순(退溪 李文純)[22]의 말이다.

"타고난 성품이 고상하고 명철(明哲)하여 흉금이 탁 트였으며, 덕이 있고 도량이 있으며, 학문이 있고 지식이 있으며, 선에 따르는 것이 물의 흐름 같으니, 덕이 대단한 군자이구나!"라고 한 것은 미암 유문절(眉巖 柳文節)[23]의 말이다.

안팎이 결백하고 성심으로 나라를 근심한다고 칭송한 것은 이문성(李文成)[24]이 아니었던가? 의리를 분석함이 분명하고, 아주 적절하다고 허락한 것은 또 기문헌(奇文憲)[25]이 아니었던가? 대체로 그분들의 지기(志氣)가 합치하여 함께 서로 밀고 존중하여 당대의 제일류라고 여겼던 것은 성문간(成文簡)[26]: 成渾)이 문성(文成), 문절(文節) 제공과 다름이

---

21 북송의 한기(韓琦)

22 퇴계 이황(退溪 李滉)

23 미암 유희춘(眉巖 柳希春: 1513~1577)

24 율곡 이이(栗谷 李珥: 1536~1584)

25 고봉 기대승(高峰 奇大升: 1527~1572)

26 우계 성혼(牛溪 成渾: 1535~1598)

없었으며, 송강 정상(松江 鄭相)[27] 역시 그들과 언론을 같이 하였다. 그래서 그가 선생을 곡한 시에 "백순(伯淳)이 복이 없었기 때문에 천하 역시 복이 없었다"라고 하였다. 문간(文簡)은 "배견와(拜鵑窩) 위의 삼경(三更) 달은 선생의 일편단심을 비출 것이다"라고 하였다. 아아, 이점이야 어찌 다만 한 때 제현(諸賢)의 말이 그러하였을 뿐이겠는가? 전후하여 중국 사신들이 와서도 역시 모두 그분의 위의(威儀)의 절도를 기뻐하고 그분의 문장을 존중하여서, 송(宋)의 인물이고 당(唐)의 시조라고 찬양하였다. 아아, 이 점 우리 선조대왕께서 일찍이 교지를 내리시기를, "박모(朴某)로 말하면 송죽(松竹)같은 절조(節操)에 수월(水月)같은 정신(精神)이다"라고 말씀하시었다. 그분이 군부(君父)에게 이해되어 기림을 받음이 또 이러하였으니, 아름답고 대단하기도 하다.

청음상국 김상헌(淸陰相國 金尙憲: 1561~1637)은 이렇게 말했다.

"화담(花潭)이 송도(松都)에서 이학(理學)을 창도(唱導)하여 선생이 그 문에 들어가 성리(性理)의 설을 들을 수 있게 되어, 정밀심오(精密深奧)한데 까지 투철하게 깨달아, 같이 배우던 자들이 앞설 수가 없었으니, 그분이 도(道)를 터득함이 이러하였다. 현(賢)과 사(邪)를 진퇴(進退)시킴을 근심하였고, 국가의 안위(安危)를 염려하였으며, 바른 말로 곧이곧대로 대답하여 뭇 음흉한 자들이 분쇄되었으니, 그분이 선악을 분별함이 이러하였다. 도가 행해지지 않음과 말이 받아들여지지 않음을 알고서는, 높은 벼슬을 헌신짝 버리듯이 하고, 만종(萬鐘)의 복록(福祿)을 한오라기의 초개(草芥)같이 여겼으니, 그분이 선선하게 물러남이 이

---

27 송강 정철(松江 鄭澈: 1536~1593)

러하였다. 선생은 천지의 기운을 타고난 뛰어난 분이었고, 국가의 거대
한 보배였고, 사림의 종장(宗匠)이었으며, 문장은 단지 그 여사(餘事)일
뿐이었다."[28]

백사상국 이항복(白沙相國 李恒福)은 이렇게 말하였다.

"날이 훤해지면 밖에 나와 있으면서 종일토록 책상에 마주 앉아있고,
관대(冠帶)는 반드시 바르게 하고, 몸가짐은 반드시 근엄하게 하여, 엄
연히 천지에 대하여 세상을 대처해 나감이 자득(自得)하였다. 처음에
바라보면 단지 밝은 것이 얼음 거울 같을 뿐이지만, 끝에 가서 가까이하
면 화기(和氣)가 사람을 엄습하고, 평탄하며 즐겁고 쉬움을 느끼게 되
는데, 종일토록 모난 기이한 행동을 못 본다. 삼가 대물린 가업(家業)을
지켰으나 밭은 한 이랑도 늘어난 적이 없다. 주군(州郡)에서 문안하고
선물을 보내오더라도 친구가 아니라면 감히 받지도 않았고, 아는 사람
이 묻는 것은 기거(起居)에 불과할 따름이었다. 큰 의론에 임하여 큰 계
획을 정하기에 이르러서는 논의가 바람같이 일고, 유아(儒雅)로 가다듬
어 아무도 그 뜻을 꺾고 빼앗아내지 못하였다. 옛사람이 "인자(仁者)는
반드시 용기가 있다"라고 하였는데, 그것은 공을 말한 것일게다.

또 두 상공(相公)이 그분의 타고난 성품을 평해서는, "금같이 정
련되었고 옥같이 순수하며, 지극히 맑고 고매하다"고 하였다. 현옹
(玄翁: 申欽)이 그분의 문장을 논해서는, "시원스럽게 뛰어나고 담
담하게 깨끗한데, 시는 더욱 기경(奇警)하게 드러나 힘써 당시의 경

---

28 李選 撰, 「行狀」.

지를 추구하였다. 후의 최경창(崔慶昌), 백광훈(白光勳), 이달(李達)
의 유파(流派)는 그 근원 이 모두 공이 제창한데서 시작된 것이다."
라고 하였다.[29]

택당(澤堂: 李植)은 또 이렇게 말했다. "내 시는 수 백년 동안 전
해지는데 불과하지만, 사암(思菴)의 칠언절구(七言絶句) 십 수편
(十 數篇)으로 말하면 틀림없이 천지와 함께라야 같이 없어질 것이
니 결국 딸라낼 수 없다. " 문단(文壇)의 거물에게 찬탄을 받은 것
이 또 이러했다. 써낸 시문(詩文)은 난리를 겪어 흩어져 없어지고
겨우 두 권만이 간행되었다. 나 선(選)이 거둬 모은 것들이 있으나
반권(半卷)도 못 된다.[30]

송시열은 「신도비명 명문(神道碑銘 銘文)」에서 박순의 인품과 그
의 학문적 위상을 다음과 같이 기린다.

> 공은 남쪽 변두리에서 일어났다.
> 우리 명,선(明,宣) 때에는
> 진실로 창성한 시기였다.
> 아름답게 용의(容儀)를 갖추었는데
> 그 덕에 어찌 이웃이 없었겠는가?
> 의지한 이는 오직 율곡이었고
> 문순(文純: 퇴계)을 존경하였다.
> 본체를 밝혀 실제에 적용하였으니
> 실로 참된 유자(儒者)다.

---

29 李選 撰,「行狀」
30 李選 撰,「行狀」

여기서 송시열은 박순이 가장 의지한 이는 오직 율곡이었고 존경한 이는 퇴계라 단언하고, 박순이야 말로 본체를 밝혀 실제에 적용했으니 실로 참된 유자(儒者) 즉 진유(眞儒)라고 평가하였다.

이항복은 박순의 「시장」에서 "상부(相府)에 드나든 것이 15년이었는데, 오직 대물린 가업(家業)을 삼가 지켰으나 밭은 한 이랑도 늘은 적이 없다. 주군(州郡)에서 문안하고 선물을 보내오더라도 친구가 아니면 감히 받지 않았고, 아는 사람이 묻는 것은 기거(起居)에 불과할 따름이었다."고 평하였다. 그는 이와 같이 오랜 관직생활을 했으나 청렴하여 빈한한 생활을 면치 못했다 한다. 또한 다음 『명종실록』에서는 박순의 인품에 대해 다음과 같은 평을 하고 있다.

> 박순이 한산군수(韓山郡守)로 전임되었다.(다소 학식이 있고 성품이 굳센 듯 하였다. 일찍이 시호(諡號) 짓는 일로 윤원형(尹元衡)에게 미움을 사서 배척당했다. 뜻과 학식이 고명(高明)하고 성품이 강직했다. 이양(李樑)이 귀척(貴戚)으로 붕당(朋黨)을 많이 맺었는데, 일찍이 교유를 여러 번 청하였지만 가지 않았다).[31]

이는 박순이 한산군수로 발령받았을 때 사관이 평한 것인데, 다소 학식이 있고 성품이 굳센 듯 하다 하고, 임백령의 시호 짓는 문제로 윤원형에게 미움을 받아 배척을 당했다고 하였다. 그리고 뜻과 학식이 고명하고 성품이 강직했다 하고, 당시 권간이었던 이량이 박순과의 사귐을 여러 차례 시도했지만 박순이 사절하였다고 한다. 이처럼 박순은 성품이 강직하여 권세에 현혹되지 않고 고고한

---

31 『명종실록』, 27권, 명종 16년, 12월 22일 조.

절조를 지켜 존경을 받았던 것이다.

박순의 이러한 평가는 선조에게도 마찬가지였다. 박순이 좌의정을 사퇴하고자 하자 이를 허락하지 않는 교서를 내리는 가운데 다음과 같이 박순을 평가하였다.

> 생각하건대 경(卿)은 몸가짐이 근엄하고 절조(節操)를 지키기에 힘써 본래부터 훌륭한 명성(名聲)이 있었소. 문장은 나라를 빛내기에 충분하고 학문은 실용에 맞추기에 충분하오. 청렴으로 혼탁(混濁)을 쳐내고 정직(正直)으로 사악(邪惡)을 물리쳐, 우리 국가를 위해 애써서 대단한 공적이 있었으므로 나는 그것을 가상하게 여겼소. 그리하여 경을 재상으로 발탁하여 경을 시켜 진신(搢紳)들의 모범이 되어, 나의 하찮은 덕을 보필하게 하고 영원토록 변함이 없게 하였소.[32]

선조의 이러한 평가는 극찬이라 할 만하다. 선조가 박순을 얼마나 존경하고 신뢰하는가를 잘 보여준다. 또한 정홍명(鄭弘溟)은 「덕산서원(德山書院) 봉안문(奉安文)」에서 다음과 같이 박순의 훌륭한 인품을 시로 묘사하고 있다.

> 문장은 대대로 빛나고
> 관작(官爵)은 가통(家統)을 이어받아
> 산악(山嶽)같이 서서 높이 솟아오르니
> 가을 달과 봄철 꽃이라.
> 선량한 인재들을 훈도(薰陶)하여서

---

32 『思庵集』, 卷6, 附錄, 敎書, 「左議政辭免不允敎, 李珥 奉 敎製」.

젖어 들어서 물결쳐 흘러가거니와

엄연하게 사당의 건물을 열자

기둥과 서까래 나란히 늘어서 있다.

같은 집의 다른 방에서

재주와 제물 대단히 아름다운데

유생들 정제(整齊)하게

덕을 기리며 영가(詠歌)한다.

변하지 않고 영구히 지속되어

원근(遠近)까지 은택(恩澤)이 미쳐가니

우리들 소자(小子)는

경건히 받들고 다른 마음이 없다.[33]

또한 율곡은 말하기를, "박화숙(朴和叔)은 사람됨이 안팎이 결백하고 성심으로 나라를 근심하니, 조신(朝臣)중에는 그와 견줄만한 자가 없소. 단지 한스러운 것은 정신과 기백을 약하게 타고나 큰일을 담당해 내지 못할까 두려운 점이오."[34] 라고 하였다. 마음과 행동이 깨끗하고 나라를 생각하는 우국충정이 조정의 신하 가운데 견줄 사람이 없다고 평가하였다.

다음은 박순에게 보내는 지인들의 시 몇 편을 통해서 간접적으로 그의 인품을 짐작할 수 있을 것이다.

박화숙(朴和叔)에게 보내다

—하서 김인후(河西 金麟厚)

---

33 『思庵集』, 卷6, 附錄, 「德山書院奉安文」, 鄭弘溟.

34 『栗谷全書』, 卷29, 「經筵日記」.

화숙(和叔)과 헤어진 지 오래되었으니

고명(高明)하심 날로 새로우리라 생각이 된다.

시를 써서 부쳐 보내고 보니

읊어대는 수염 추운 봄 겪낼 것이라.[35]

사암시(思庵詩)에 차운(次韻)하다

—율곡 이이(栗谷 李珥)

강해(江海)의 개인 빛은 끝없이 넓은데

두어 칸의 초가집은 퇴락(頹落)해 간다.

근자에 오히려 군은(君恩)의 큼을 느끼거니와

도시와 산림(山林)이 다 같이 봄이라.[36]

송애(松崖)의 상사암영상시(上思庵領相詩)에 차운(次韻)하다.

—중봉 조헌(重峰 趙憲)

겨울 따뜻한 남국(南國)에서 매화 핀 것 보게 되는데

이날은 견디기 어려워 북극성을 바라본다.

많은 선비들은 다행히 하해(河海)같은 도량을 바라고 있으며

성군(聖君)은 바야흐로 고굉(股肱)[37] 되는 인물에 의지하고 계시다.

십 년 동인 일찍부터 늦게까지 애쓰며 간절하게 다스려지기를 바랐

으니

---

35 『思庵集』, 卷7, 附錄, 「寄朴和叔」.

36 『思庵集』, 卷7, 附錄, 「次思庵韻」.

37 임금의 팔다리가 되는 중요한 신하

조정에 돌아가서는 모름지기 태평한 봄 가져와야 할 것이다.[38]

이제까지 그의 삶에 투영된 훌륭한 인품에 대해 살펴보았는데, 다음은 박순의 학문적 위상, 역사적 위상에 대해 검토해 보기로 하자.

농암 김창협(農巖 金昌協: 1651~1708)은 「옥병서원 청액소(玉屛書院 請額疏)」에서 박순의 인품과 그 학문적 위상을 이렇게 설명하고 있다.

> 우리 명종(明宗) 말년 때에 선류(善類)가 비로소 좀 등용되었으나, 윤원형(尹元衡)이 을사(乙巳)의 원흉(元兇)이면서도 폐부(肺腑)의 친속(親屬)임에 의탁하여 자리를 차지하고 정권을 잡아, 그 세력이 확대일로여서 사람들이 감히 바른 말을 하여 쫓아내지를 못했었는데, 순(淳)은 양사(兩司)를 거느리고 주창하고 나서서 그의 묵은 간악(奸惡)을 파헤쳐, 정성을 다해 강력히 다투어 상감의 총명을 감동시켜 돌이켜서, 마침내 간당(奸黨)을 쫓겨나게 하여 조정이 말끔하니 청명(淸明) 하여졌습니다.
>
> 선조께서 재위하실 때에 순(淳)은 요직을 맡아 엄정하게 조정에 서서, 자기를 굽혀 선비에 겸하(謙下)하였고, 문성공 이이(文成公 李珥)와 문간공 성혼(文簡公 成渾)의 현철(賢哲)함을 알고 힘을 다해 추천하여, 그들과 함께 같이 조정에서 일하였던 것입니다.
>
> 대체로 그가 한결같은 마음으로 진심을 다 기울인 것은, 청의(淸議)를 회복 전개시키고 사림(士林)을 부지(扶持) 보호(保護)하여서, 세상을 지치(至治)에 올려놓은 데 있었기 때문에, 한 때의 선류(善類)가 몰려서

---

38 『思庵集』, 卷7, 附錄, 「次松崖上思庵領相韻」.

마음을 돌려 그를 종주(宗主)로 삼았던 것이옵니다. 박근원(朴謹元), 허봉(許篈) 등이 이이(李珥)를 모함하기에 이르러서는, 온 세상이 아첨하여 감히 한 마디도 시비를 밝히지 못했었는데, 순(淳)은 홀로 개연히 발분(發憤)하여 간악(奸惡)하고 기만적인 실정을 열거하고, 그들의 무고(誣告)를 폭로하여 사설(邪說)이 받아들여지지 못하게 하고, 성총(聖聰)이 가리어지지 못하게 하였던 것입니다. 이리하여 뭇 원한이 사방에서 일어나 자신조차도 용납되지 못해, 드디어는 결연히 용퇴(勇退)하여서, 산곡간(山谷間)에서 여생을 보내고 경상(卿相)의 자리 보기를 헌신짝 버리듯이 하였으니, 이것이 순(淳)이 조정에 섰던 본말(本末)이옵니다.

을사사화(乙巳士禍) 이래로 선비들의 기상이 끊어져 소멸하여 정론(正論)이 굽혀져 펴지지 못하고, 유교의 교화가 폐하여 일어나지 못한 지 거의 수십 년이 되었다. 그런데 박순이 앞장서서 정론(正論)을 발하여, 간사하고 흉악한 무리들을 쓸어 없애 훌륭한 사류(士類)들이 비로소 그 기운을 펴게 되었고, 선비 된 자가 이에 감히 군신부자(君臣父子)의 도(道)를 공언하게 되어, 패연(沛然)히 도(道)를 향하는 뜻이 있게 되었다 한다. 이러한 기풍을 심고 가꾸어 선조의 성시(盛時)에 이르러서는 청의(淸議)가 더욱 펼쳐지고 유술(儒術)이 크게 밝아져 송대 인종이나 철종의 정치가 전개되었으니, 이는 모두가 박순의 힘이었습니다.[39]

이와 같이 김창협은 박순이 명종 말년에 윤원형을 비롯한 권간(權奸)들이 권력을 전횡할 때 아무도 바른 소리를 못 하는데, 박순이 이들 일당을 숙청하여 조정을 깨끗이 하여 청의(淸議)의 장(場)

---

39 『思庵集』, 卷6, 「玉屛書院請額疏」, "盖自乙巳以來 士氣斬伐銷鑠 正論詘而不伸 儒化廢而不興者 幾數十年矣 至淳首發正論 掃除姦兇 而善類始得發舒其氣 爲士者及敢訟言君臣父子之道 而沛然有向道之志 於是 栽培扶植 以迄于宣廟之盛 而淸議益張 儒術大明 廩廩乎慶曆元祐之治者 皆淳之力也."

을 만들었다고 평가한다. 그리고 선조 초 조정의 중책을 맡아 율곡과 우계 같은 훌륭한 인물들을 추천하여 조정의 분위기를 일신하고 선류(善類)들이 모이도록 그 계기를 만들었다는 것이다. 그리고 박순이 조정에 있으면서 늘 힘쓴 것은 청의(淸議)의 회복, 사림(士林)의 부지(扶持)와 보호를 통해 지치(至治)를 추구한 것이라 하였다. 그리하여 많은 선류(善類)들이 그를 중심으로 조정에 모여들었고 박순을 '선류(善類)의 종주(宗主)'로 삼았다고 평가하였다. 또 『홍재전서(弘齋全書)』「일득록(日得錄)」에서는 "박사암(朴思庵)은 청개(淸介)하여 지조(志操)가 있었고, 선류(善類)의 종주(宗主)가 되어 진심을 다해 명사(名士)를 끌어들이고 세도(世道)를 만회(挽回)하는 것을 자기의 소임으로 삼았다."고 평가한다.[40]

이지함(李之菡)은 개탄하여 말하기를, "동국(東國)의 충신은 단지 박순(朴淳)이 있을 뿐인데, 그가 조정에서 안심하고 있지 못하게 만든다. 순(淳)이 만약 나라를 떠나버린다면 조정이 위태로워질 것이다."[41]라고 하여, 박순을 오직 하나뿐인 '동국(東國)의 충신(忠臣)'이라 하고, 그가 벼슬을 버린다면 조정이 위태로워진다고 그의 사직을 극력 만류하였다.

이상 여러 문헌을 통해 사암 박순의 사람 됨과 그에 대한 평가를 종합해 보면, 그는 '사림(士林)의 영수(領袖)'[42], '동국지강(東國之

---

40 『弘齋全書』,「日得錄」, 直提學 朴祐源 錄.
41 『思庵集』, 卷7, 附錄,「諸家記述」.
42 『思庵集』, 卷7, 附錄,「諸家記述」, 重峰 丁亥封事

綱)'[43], '사림(士林)의 종장(宗匠)'[44], '선류(善類)의 종주(宗主)'[45], '동국(東國)의 충신(忠臣)'[46], '일대(一代)의 고사(高士)'[47] 등으로 칭송되었던 것이니, 이를 통해 박순의 당대 학문적 위상 그리고 그의 유학사적 역할을 가히 짐작할 수 있는 것이다.

끝으로 그의 사후 추숭(追崇)과 현창에 관해 고찰해 보고자 한다. 박순은 1589년(기축, 선조 22) 7월 66세를 일기로 경기도 포천 영평 백운동에서 별세하였다. 「행장」에 의하면 그날 숨을 거두자 하늘에서는 비가 내리고 천둥을 쳤다고 한다. 그날 밤 흰 기운이 하늘에 가득 찼고, 불길이 땅을 비춰 빛나기가 밝은 달 같았다 한다. 산골 사람들이 그것을 바라보고 놀라고 의아했는데, 아침이 되어 그 자취를 알아보니 선생이 세상을 떴던 것이라 하였다. 부음(訃音)이 알려지자 조정은 3일 동안 폐하고, 승지가 조의를 전달하고 예관이 제사를 드리도록 명했다. 10월에 예를 갖추어 종현산 동쪽 지맥의 갑향 언덕에 장사지냈으니, 그곳은 곧 배견와(拜鵑窩)의 뒤쪽 산기슭으로 선생이 일찍이 스스로 잡아놓았던 땅이다. 인조 때 '문충(文忠)'이라 시호를 내렸으니, 시법(諡法)에 "학문에 근면하고 글을 좋아함을 문(文)이라 하고, 현인을 추천하고 충성을 다함을 충(忠)이라 한다"고 하였다.

『사암집(思庵集)』은 1646년(인조 24) 박순의 외손들에 의해 처음으로 간행되었는데, 서문은 청음 김상헌(淸陰 金尙憲)이 쓰고, 시장(諡狀)은 백사 이항복(白沙 李恒福)이 쓰고, 발문(跋文)은 정홍명

---

43 『思庵集』, 卷7, 附錄, 「諸家記述」, 重峰 丁亥封事.
44 李選 撰, 「行狀」.
45 李選 撰, 「行狀」.
46 『思庵集』, 卷7, 「諸家記述, 李之菡」
47 『명종실록』, 32권, 명종 21년 3월 12일 계묘.

(鄭弘溟)과 이경석(李景奭)이 썼다.

송시열의 문인인 지호 이선(芝湖 李選)에 의해 1670년(현종 11) 추가 보완 자료를 모은 『계년록(繫年錄)』이 만들어지고, 또 이선의 요청에 의해 우암 송시열(尤庵 宋時烈)이 「신도비명(神道碑銘)」을 썼다.

다음은 박순을 제향하는 서원에 관해 살펴보기로 하자. 박순을 향사하는 서원이 적은 이유는 무엇보다 그는 거의 전 생애를 중앙 정계에서 활동하여 후학을 많이 양성하지 못했기 때문이다. 또한 그는 적손이 대를 잇지 못하여 후손들의 활동이 거의 없었기 때문이기도 하다.[48]

화곡서원(花谷書院)은 경기도 개풍군 염남면 현화리에 있는데, 1609년(광해군 1) 서경덕과 그 제자 박순(朴淳), 민순(閔純), 허엽(許曄)을 향사하는 서원으로 세워져 그해에 사액을 받았다. 화담학파의 대표적인 서원인데, 1871년 대원군의 서원 훼철령에 의해 훼철되었다.

옥병서원(玉屛書院)은 경기도 포천군 창수면 주원리에 있다. 박순은 1586년 당쟁이 격화되자 포천 영평(永平)에 은거하였는데, 창옥병(蒼玉屛)은 영평 팔경(永平 八景)의 하나인데 창옥병 바로 위에 옥병서원을 지었다.

그가 세상을 떠난 후 1649년(인조 27년) 사림의 공의로 그의 학문과 덕행을 기리기 위해 배견와 터에 사우(祠宇)를 세우고, 1658년(효종 9년) 비로소 위패를 모시고 제향하였다. 1680년(숙종 6년)에는 영정을 봉안했는데, 영정 봉안문은 박세채(朴世采)가 쓰고 서

원의 상량문은 김수항(金壽恒)이 썼다.

1698년(숙종 24년) 영의정 신완(申琓)의 주청으로 이의건(李義建), 김수항(金壽恒)을 추향(追享)하였는데, 이의건은 박순과 친교가 두터운 사이였다. 1713년(숙종 39년) 김창협이 서원 청액소(請額疏)를 올려 '옥병(玉屛)'이라는 사액(賜額)을 받았다. 뒤에 김성대(金盛大), 이화보(李和甫), 윤봉양 등이 추향되었다. 1871년 훼철되었다가 1980년 다시 복원하였다.

월정서원(月井書院)은 전남 나주시 노안면 금안리 광곡에 있다. 1659년(효종 10년) 나주 사림들이 이곳에서 성장한 박순을 기려 그의 서원을 세웠다. 1664년(현종 5년) 박순을 비롯해 그와 교류가 가장 많았던 김계휘(金繼輝), 심의겸(沈義謙), 정철(鄭澈)의 학문과 덕행을 기리기 위해 세운 것이다. '월정(月井)'이란 사액(賜額)을 받았는데, 1868년 훼철되었다가 1960년 다시 복원되었다.

또한 광주시 광산구 임곡동에 1575년(선조 8년) 김계휘가 고봉 기대승(高峰 奇大升)의 학덕을 기리기 위해 광산구 비아면 산월리에 망천사를 창건하여 제향하다가, 1646년(인조 24년) 현재의 위치로 이사하여 1654년(효종 5년) '월봉(月峰)'이라는 사액을 받았다.

박상(朴祥)과 박순(朴淳)을 향사(享祀)하는 서원으로 광주에 덕산서원(德山書院)이 있었는데, 1671년 덕산서원의 박상과 박순을 월봉서원(月峰書院)에 합향(合享)하였다. 1673년 김장생(金長生)과 김집(金集)을 추향(追享)하고 1868년 훼철되었다가 1938년 빙월당(氷月堂)을 건립하고 1980년 사우를 다시 건립하였다.

또한 대전시 서구 도안동에 1781년(정조 5) 돈파사(遯坡祠)를 건립하고 박순과 박희성(朴希聖), 박희철(朴希喆), 박로(朴輅), 민재문(閔在汶)을 향사하였다. 1868년 훼철되었다가 1878년 이곳에 다시 유허비(遺墟碑)를 세우고, 1966년 다시 복설(復設)하였다.

박순이 대전 돈파사에 향사되고 있는 것은 대전지방의 충주박씨 문중과 깊은 연관이 있다. 조선 중기 이후 전국에 서원이 곳곳에 세워지면서 대전지방 유성의 양반 자제들은 호우(湖右)에서 가장 먼저 세워진 공주 공암(孔巖)의 충현서원(忠賢書院: 1581년, 선조 14년에 창건)에서 수학하였다. 유성의 박씨 자제들은 공암의 먼길을 왕래하면서 중간에서 휴식을 취했던 곳이 바로 동학사 입구의 '박정자(朴亭子)'이다. 박씨 문중에서 쉼터인 정자를 세울 만큼 박씨 문중은 충현서원의 출입이 많았다. 충현서원은 고청 서기(孤靑 徐起)에 의해 세워졌고, 서기는 박순과 더불어 화담 서경덕(花潭 徐敬德)의 문하에서 수학하였다. 박순과 서기의 관계는 잘 알 수 없으나 박순이 기호 사림에 영향을 준 것으로 보아 대전의 박씨 일가도 그 영향을 받았을 것으로 생각된다.

충현서원에서 수학한 박로(朴輅, 1540~?), 박희성(朴希聖)은 충현서원의 원장을 역임하였다. 박희성은 서기의 문인으로 임진왜란 후 공암서원(孔巖書院: 忠賢書院)을 중수(重修)할 때 원장으로 중수를 주도했다. 그가 죽자 공주의 사림들은 그를 충현서원에 추가 배향하려고 김장생, 김집에게 제향 여부를 문의했으나 추배(追配)는 신중해야 한다는 태도를 보여 결국 추배 되지 못했다. 충현서원에 충주박씨의 명망 높은 선비들이 향사되지 못하자, 유성의 박씨 문중은 1781년(정조 5년)에 그들이 세거하던 곳에 사우(祠宇)를 새로 건립하고 문중의 인물을 향사하였다. 충주박씨가 세운 사우에는 대전에 잠시 은거하였고 기호 사림의 종장(宗匠)이었던 박순을 주향(主享)으로 박희성(朴希聖), 박희철(朴希喆), 박로(朴輅) 등 박

씨 문중의 4인과 민재문(閔在汶)을 배향하게 되었다.[49]

　송호영당(松湖影堂)은 본래 눌재 박상(訥齋 朴祥)의 출생지인 광주시 서창동 절골에 있었으나 1868년 철폐되었다가 1903년에 다시 세워졌다. 2008년 광주 광산구 소촌동으로 옮겼다. 박상과 박순의 영정을 모신 사우로 1728년(영조 4) 충주박씨 후손들에 의해 건립되었다. 본래 이곳에 『사암집』 목판이 소장되어 있었는데 2004년 광주 역사민속박물관으로 이관하여 소장되어 있으며, 1990년 광주유형문화재 제17호로 지정되었다. 박순의 초상화는 박상의 초상화와 함께 전북 유형문화유산으로 지정되어 원광대박물관에 소장되어 있다.

　전북 장수군 계남면에 화산사(華山祠)가 있는데, 1961년 절의와 우국 충절을 지킨 선현들을 선양하고자 건립하였다. 여기에는 박수기(朴秀基), 박상(朴祥), 김정(金淨), 박지견(朴枝堅), 박순(朴淳), 박지효(朴之孝)가 모셔져 있다.

<hr>

49　이상 최근묵의 「사암 박순의 역사적 위상」 참조.

영의정 증시 문충공 사암 박선생 행장(領議政 贈諡 文忠公 思庵 朴先生 行狀)

선생의 휘(諱)는 순(淳)이요, 자(字)는 화숙(和叔)이고, 젊어서의 호(號)는 청하자(靑霞子)인데 후에 사암(思庵)으로 바꿨다. 선대(先代)의 족보는 실전(失傳)되어 알아볼 수 없다. 족보에 올릴 수 있는 이는 부정(副正) 휘(諱) 영(英)부터 시작하는데, 선생에게는 11대 조가 되고 그때부터 대대로 인물이 나왔으며, 첨의평리(僉議評理) 휘(諱) 득승(得升)과 지도첨의사사(知都僉議司事) 휘(諱) 세량(世梁)이 가장 세상에 드러났다. 도첨의사사(都僉議司事)가 휘(諱) 광리(光理)를 낳았는데, 여말에 사관(仕官)하여 민도의랑(民都議郎)의 벼슬을 지냈고 사복시정(司僕寺正)을 추증(追贈)하였으니, 곧 선생의 고조(高祖)이다. 증조(曾祖) 이하의 증직(贈職)은 모두 선생의 귀현(貴顯)으로 추은(推恩)한 것이다.

박씨(朴氏)는 처음에 호서(湖西)에 살아서 판서공(判書公)의 묘도 회덕(懷德)의 정민역(貞民驛)에 있다. 찬성공(贊成公)이 처음에 서부인(徐夫人)의 고향이어서 광주(光州)에 이거(移居)하였고, 의정공(議政公)이 또 나주(羅州)로 옮겼으니, 역시 부인의 고향이어서였다. 그때부터 드디어 호남 사람이 되었다.

의정공(議政公)은 호(號)가 육봉(六峰)이니, 곧 기묘(己卯)의 명현(名賢)인 눌재 박상(訥齋 朴祥)의 아우다. 눌재(訥齋)는 문장과 절조(節操)있는 행실로 당대에 존중되는바 되었다. 육봉(六峰) 역시 문장과 행실로 이름났고, 어려서 사마시(司馬試)에 장원(壯元)을 하고, 이어 대과(大科)에 급제하여 미산(眉山) 이소(二蘇: 軾, 轍)로 일컬어졌다. 그의 행실과 업적은 석천 임억령(石川 任億齡)이 지은 비문에 자세히 실려 있다. 김부인(金夫人)은 생원(生員) 효정(孝禎)의 딸이고 현감(縣監) 종(琮)의 손녀다. 선생의 배태(胚胎) 이전의 가문의 영광은 그 연원이 오래되었거니와, 가정(嘉靖) 계미년(癸未年: 중종 18년, 1523년) 10월 모일(某日) 나주(羅州)의 촌사(村舍)에서 탄생하였다.

선생은 나면서부터 남다른 자질이 있었고, 6세에 김 부인이 돌아가 광주의 서모 집에 가서 의탁하였는데, 여러 아이들과 놀이를 하게 되면 으레 읍양(揖讓) 진퇴(進退)하는 절차를 하고는 하였다. 8세에 입을 열어 사물을 읊조렸는데 글을 불러대면 사람들을 놀라게 하여, 이웃에 아이들을 가르치는 자가 있었는데, 도리어 가르치지를 않고 "내가 감히 그의 선생 노릇을 하겠는가?"하고 말하였다. 의정공은 기묘사화를 겪고서부터는 늘 개탄하여 오직 매일같이 술만 마시고 아무 일도 하지 않았다. 어느 날 술김에 음주시(飮酒詩)를 지으라고 명하자, 선생은 네 하고 대답하고 글을 지었는데, 의정공은 혀를 내 젓고 "늙은이의 무릎을 꿇어야 하겠다"라고 말했다.

18세에 진사에 합격하여 명성이 대단하여졌다. 그러나 즐거워하는 것은 거기에 있지 않아서, 서화담(徐花潭)한테 가서 수업하는데 화담이 대단히 칭찬하였다.

정미년(丁未年: 1547년)에 의정공의 상을 당했다. 선생은 늘 어려서 어머니를 잃은 것을 슬퍼하여 제사를 지낼 때마다 슬피 울어 옷소매를 적셔, 보는 사람들이 감동하곤 하였다. 이때에 이르러 또 큰 상처를 입게 되어, 물이 입에 들어가지 않는 것이 사흘이나 계속되었고, 소상(小祥)이 지나고서도 그대로 죽을 먹었으며, 3년이 다 하도록 책을 치워버리고 감히 읽지를 않았고, 사람들은 그의 웃는 얼굴을 못 보았으며, 제물은 반드시 친히 마련하였고, 묘막(墓幕) 아래서 못 쓰게 말라 죽는가 의심할 정도여서 지팡이를 짚고서야 일어섰다.

기유년(己酉年: 1549년) 겨울 상(喪)이 나서 집으로 돌아왔고, 월여(月餘) 후에 곧 책을 가지고 산으로 들어가 공부하였는데, 한 해가 넘도록 하고 나서 돌아왔다.

계축년(癸丑年: 1553년) 가을 명종께서 정시(庭試)를 개설하고 친히 일경(一經) 씩을 시험하시었다. 선생은 『중용(中庸)』을 강론하였는데, 신기(神氣)와 자태(姿態)가 상쾌 명랑하고 행동거지가 점잖으며, 심오한 뜻을 변별 해석하고, 응대(應對)가 정확 민첩하여 군신(群臣)이 주목하자 곧 장원급제를 내리시었고, 성균관전적(成均館典籍)을 배(拜)하였다가 공조좌랑(工曹佐郞)에 이배(移拜)하였다.

무오년(戊午年: 1558년)에 병조(兵曹)에서 이조좌랑(吏曹佐郞)으로 전임(轉任)하였고, 또 홍문관수찬(弘文館修撰), 교리(校理), 이조정랑(吏曹正郞)으로 옮겼고, 호당(湖堂)에서 사가독서(賜暇讀書)하였다. 기미년(己未年: 1559년) 가을에 어명(御命)을 받들어 소열방제갈도(昭烈訪諸葛圖) 십운배율(十韻排律)을 지어 그림 족자에 써서 바쳤다. 임금께서는 또 취로정(翠露亭)에 납시어 사가(賜暇) 제신(諸臣)에게 전강(殿講)과 제술(製述)을 명하시었는데, 선생도 거기에 참여하였다.

임금께서는 상사(賞賜)를 후히 하시고, 친히 푸른 술잔을 잡으시어 가득 따라서 마시게 하여 몹시 취했다. 날이 저물어 파하고 나갔는데 각각 촛불을 내려 집에 돌아가게 하였으니, 소식(蘇軾)의 금련촉(金蓮燭) 고사(故事)에 따른 것으로, 한 때 영예롭게 여겼다. 이듬해 정월 의정부검상(議政府檢詳)을 배 했고, 곧 사인(舍人)에 승임(陞任)되었다. 그때 조사(詔使)가 온다는 소문이 있어 원접사(遠接使) 임당 정유길(林塘 鄭惟吉)의 종사관(從事官)이 되었는데, 조사(詔使)가 오지 않아 그만 두었다. 가을에 재상어사(災傷御史)로 호서(湖西)를 순찰하였다. 10월 사복시부정(司僕寺副正)을 배했다.

신유년(辛酉年: 1561년) 봄 홍문관응교(弘文館應教)를 배했고, 5월에 특명으로 파출(罷黜)되어 곧 나주의 구가(舊家)로 돌아갔다. 그때 옥당(玉堂)에서는 바로 임백령(林百齡)의 시(謚)를 의논하였는데, 영상(領相) 윤원형(尹元衡)은 그와 동맹자(同盟者)로 요로(要路)를 맡고 있으면서, 바야흐로 직언(直言)하는 인사를 원수같이 보고 있었다. 선생이 홍문관에 들어가 동료들을 살펴보니, 모두 옆을 돌아다보며 기색을 살피기에 급급하고 있었다.

대체로 포미(褒美)하는 것은 물론 수치스럽고, 폄하(貶下)하면 곧 앙화(殃禍)를 도발하게 될 것이므로, 모두 두 가지 방법 사이에 방황하며 고의로 그 일을 지연시켰던 것이다.

선생은 분연히 의논하여 올리기를, '소공(昭恭)'이라 하였다. 시법(謚法)에 따르면 과오를 저질렀다가 고칠 수 있음을 소(昭)라 하고, 용모와 거동이 공손하고 아름다움을 공(恭)이라 하는데, 폄하(貶下)한 것이다. 원형(元衡)이 보고는 곧 목메어 울면서 조정에서 떠들기를, "저 백령(百齡)은 나라의 원훈(元勳)인데, 시(謚)에 충자(忠字)가 없으니 그렇게 한 마음이 흉측하다"고 하며, 심문하여 그 죄를 다스리려 하자, 사림에서는 떨며 두려워하였으나, 선생은 태연한 마음으로 동요하지 않았다. 부응교(副應敎) 박근원(朴謹元)은 심히 두려워하여 척리(戚里)의 권귀(權貴)에게 구원을 요구하였고, 조산(朝臣)들 중에는 시(諡)를 고치도록 몰래 권하는 자가 많았다. 근원(謹元) 역시 고치려고 하였으나 선생은 끝내 따르지 않았다.

정부에서 감정(勘定)하여 충자(忠字)가 없다 해서 고치게 하여 부득이 충헌(忠憲)으로 고쳐서 입계(入啓)하였다. 그때 원형은 전시(前諡)와 함께 써드렸는데, 임금께서는 대로(大怒)하여 중형에 처하려고 하시었는데, 안현(安玹)이 힘써 구원한 데 힘입어 단지 파출(罷黜)에 그칠 수 있었던 것이다.

처음 선생이 화가 일어났음을 듣고 금부(禁府)에 가서 대명(待命)하려고 마침내 방에 들어가 옷을 갈아입고 아무렇지도 않게 가버려 집안사람들은 일이 있었는지를 몰랐다. 체직(遞職)되어 집에 돌아가 어린 딸이 나와 맞이하기에 이르러서야 그녀의 손을 잡고 웃으며 말하기를, "하마터면 너를 다시 만나지 못할뻔했다"라고 하였다. 선생이 향리에 돌아가고 나서는 기고봉(奇高峰)과 왕래하며 학문을 강론하면서 서로 즐겼다.

12월에 한산군수(韓山郡守)를 배했다. 선생은 급제한 이후 10년 동안 문을 닫고 스스로를 지키며 한 번도 권귀(權貴)의 문을 가지 않았다. 심강(沈鋼), 이양(李樑) 등은 그분의 대단한 명성을 존중하여 매양 굽혀 오게 하려고 하였으나 그렇게 하지 못하였다. 양(樑)은 도합 세 차례나 잔치를 차려서 맞이하였으나 모두 사절하고 가지 않아 양(樑)은 부끄러워하여 원망하는 말을 했다. 시(諡)를 짓는 화가 일어나게 되어서는 강(鋼)과 양(樑)은 그대로 구제하여 그 덕으로 모면할 수 있었다.

그러나 끝내 조금도 굽히지 않아 몹시 원한을 품었다. 이리하여 임금께서는 이 직으로 내보내시었는데, 폐전(陛前)에서 하직하기에 이르러 인견(引見)하고 보내시었다. 그 이듬해 임지(任地)에 가서 행정이 청간(淸簡)하였고, 관아(官衙)가 파하면 곧 송정(松亭)에 나아가 독서를 일삼으니, 이웃 고을 학자들로 소문을 듣고 모여드는 자가 뒤따라, 1년 만에 온 고장에서 부모같이 받들었다. 떠나기에 이르러 비석을 세워 덕을 송미(訟美)하였다.

계해년(癸亥年: 1563년) 7월에 성균관사성(成均館司成)을 배했고, 9월에 시강원보덕(侍講院輔德)에 진배(進拜)하였는데, 곧 순회세자(順懷世子)의 상을 당해 비통이 특히 심했고 만사(挽辭)를 제진하였는데, 그 중에 "승화궁(承華宮)은 이미 상심(傷心)의 곳이 되었는데, 옥루(玉漏)는 여전히 안부를 묻는 새벽 전한다"라는 구절이 있어, 한 때 전해져 낭송되었다. 겨울에 사헌부집의(司憲府執義)를 배했다. 그 이듬해 정월에 홍문관직제학(弘文館直提學)에 옮겨져 차자(箚子)를 올려 시사(時事)를 논했다. 윤 3월에 통정대부(通政大夫) 승정원동부승지(承政院同副承旨)로 승배(陞拜)하였고 통례(通例)대로 좌승지(左承旨)까지 승임(陞任)되었는데, 고가문(告假文)을 올려 휴가를 가졌다. 10월에 이조참의(吏曹參議)를 배 하고, 또 좌부승지(左副承旨)에서 우승지(右承旨)에 승임(陞任)되었다.

을축년(乙丑年: 1565년) 정월에 성균관대사성(成均館大司成), 사간원대사간(司諫院大司諫)을 배하여 합사(合司)로 이양(李樑), 이감(李戡), 윤백원(尹百源) 등의 죄를 논하고 율(律)에 따라 처벌하기를 청했다. 양(樑) 등에 서용(叙用)하라는 명이 있어 양사(兩司)에서 앞서 이미 논하여 환수하기를 청했고, 율(律)에 따라 처벌하자는 의논은 선생한테서 나왔다.

하루 4, 5차례씩 아뢰었으나 윤허하지 않으시어, 선생은 대사헌(大司憲) 이탁(李鐸) 등과 함께 사직(辭職) 인피(引避)하자, 임금께서는 불러서 위유(慰諭)하여 집무시키도록 명하여, 전후 9차례 사퇴하고서야 비로소 직위에 나갔다.

2월에 이조판서 송기수(宋麒壽)를 탄핵 소추하였는데, 대소의 정사를 공상(公相)의 집에 분주(奔走)하면서 지의(旨意)를 왜곡품신(歪曲稟申)하는 실수였다. 동월에 사간원의 직을 사퇴하여 체직(遞職)되었다. 4월에 문정왕후(文定王后)의 국휼(國恤)을 당하였고, 5월에는 대사간을 배 했다. 대사헌 이탁(李鐸)과 함께 요승(妖僧) 보우(普雨)의 죄를 논하여 주(誅)하기를 청해 절도(絶島)로 유배하는 판결을 얻었다. 8월에 합사(合司)로 윤원형의 죄를 논했고, 또 재차 차자(箚子)를 올려 논해서 드디어 삭출(削黜)하여 전리(田里)로 방귀(放歸)시켰다.

선생이 처음 대사간을 배하자, 곧 개연히 말하기를 "양기(梁冀)를 탄핵하고 두헌(竇憲)을 처참하여 세도(世道)를 만회하는 것이 나의 책임이니, 직책에서 죽는 것일 뿐이다"

그래서 대사헌 이탁(李鐸)을 찾아가서 "내가 원형(元衡)의 죄를 바로 잡는 데는 공의 찬성이 필요하오"라고 말하자, 탁(鐸)이 목을 오그라뜨리고 "공은 이 노부(老夫)를 멸족(滅族)시키려고 하는 거요?"라고 말했다. 공이 서서히 설명하자 탁(鐸)이 허락하였다. 공은 심히 기뻐 달려서 집으로 돌아가 옷을 벗을 겨를도 없이 촛불을 가져다 탄핵하는 글을 기초하였다. 이튿날 양사(兩司)에서 합동으로 탄핵하였으나, 명종께서는 모후(母后) 때문에 차마 못 해하시고 주저한 것이 월여나 되었는데, 선생은 다투기에 더욱 힘을 기울여 마침내 윤허를 얻었다. 원형이 쫓겨나 버렸으나 좌의정 심통원(沈通

源)이 여전히 정부에 있어 선비들의 마음이 자못 우울하였는데, 후에 역시 뒤이어 파출(罷黜)되어 백성들이 길에서 가무(歌舞)하고, 민간에서 책을 끼고 유학을 하는 자는 점차로 기를 펴게 되어, 비로소 부자군신(父子君臣)의 도(道)를 공언하여, 모두 그것에 따르면 군자가 되고 거역하면 곧 위험하고 욕되어 인간으로 다루어지지 않음을 알아, 벅차게 도(道)를 지향하는 뜻을 가지고 옷깃을 바로 잡고 손을 맞잡고서 기다리는 자가 떼 지어 일어났다. 이리하여 육행(六行: 孝, 友, 睦, 인婣, 任, 恤)의 인사를 뽑고, 억울하게 죽은 관원들을 회복시키고, 무릇 구정(舊政)으로 나라를 좀먹고 백성을 병들게 하는 것은 모두 씻어버렸으며, 퇴계(退溪: 李滉)와 남명(南冥: 曹植)이 영남에서 창도(唱導)하고, 고봉(高峰: 奇大升)과 대곡(大谷: 成運)이 호중(湖中)에서 일어나고, 우계(牛溪: 成渾), 율곡(栗谷: 李珥) 제현(諸賢)이 차례로 계속하여 일어나 그 뒤를 따랐으니, 이는 모두 선생의 힘이었다. 사람들은 명종 말 선조 초의 정치를 송(宋)의 원우(元祐)에 비겼다. 겨울에 사헌부대사헌을 특히 제수하였고, 가선계(嘉善階)에 올랐으며, 이윽고 체직되어 한성부우윤(漢城府右尹)을 배하였다.

병인년(丙寅年: 1566년) 봄에 경조직(京兆職)에서 갈려 동추(同樞)로 돌려졌다. 6월에 다시 부제학과 대사헌을 배하였다가 겨울에 체직되었다. 이듬해에 정월부터 여름 초까지 또 대사헌이 된 것이 두 차례, 부제학이 된 것이 한 차례였다.

6월에 예조참판이 되었고, 동월에 명종께서 승하하셨는데, 상례가 끝나기 전에는 밖에 거처하고 감히 안에는 들지 않았다. 뒤에 연이어 의성(懿聖)과 공의(恭懿) 양 대비의 상을 당하기에 이르러서도 모두 이 예를 지키고 변하지 않았다.

무진년(戊辰年: 1568년) 2월에 태감(太監) 장조(張朝)와 행인(行人) 구희직(歐希稷)이 공헌대왕(恭憲大王: 명종)의 시제(諡祭) 때문에 와서 서울로 돌아왔을 때 선생이 접반(接伴)이 되었는데, 자용(姿容)이 청아(淸雅)하고 예의 시행에 잘못이 없어 조사(詔使)는 이미 마음속으로 존경심이 생겼고, 시를 보고서는 놀라 "송대의 인물에다가 당대의 시조다. 우리들은 얼굴이 두꺼울 뿐이다"라고 말하며, 향봉(香封), 견초(絹綃) 등의 물건을 본가로 보내와 자제들을 시켜 답서를 쓰게 하였다. 후에 성(成), 왕조사(王詔使) 때 다시 원접사(遠接使)가 되었는데, 존경을 받은 것이 역시 구공(歐公)의 경우와 같았다. 동월에 대사헌을 배했다가 다음 달에 체직되었고, 반송사(伴送使)로 서로(西路)를 왕복하였다. 양관대제학(兩館大提學)을 배하고 겸직은 전례와 같았는데, 곧 자헌대부(資憲大夫) 한성부판윤(漢城府判尹)을 특배(特拜)하였다. 7월에 성(成), 왕조사(王詔使)가 입경(入京)하였는데, 그들이 돌아가게 되자 반송사(伴送使)로 의주(義州)까지 전송하였고, 8월에 복명(復命)하였다. 장계(狀啓)를 올려 문형(文衡)을 이문순공 퇴계(李文純公 退溪)에게 돌리기를 청해 마침내 제학(提學)으로 내려갔고, 임시로 실록찬집청(實錄撰集廳) 각방당상(各房堂上)을 지냈다.

사론(士論)은 그의 양보해낸 것을 찬미하였다. 곧 퇴계가 사양하여 체직되자 선생이 또 돌아와 문형(文衡)을 맡았다. 선생은 당시의 문체(文體)가 부박(浮薄)에 흐르는 것을 근심하여, 그 누습(陋習)을 강력하게 변개(變改)시켜 빨아내려고 하였다. 문장을 논하면 반고(斑固), 사마천(司馬遷), 한유(韓愈), 유종원(柳宗元), 이백(李白), 두보(杜甫)를 앞세웠고, 도학을 논하면 또 『소학(小學)』, 『심경(心經)』, 『근사록(近思錄)』을 입문으로 삼았다.

얼마 안 되어 퇴계는 산으로 돌아가고, 고봉은 뒤이어 조정을 떠나 선배와 후진 사이에 사론 (士論) 역시 그에 따라 갈라지게 되었다. 이듬해 여름에 서강(書講)에서 기대승(奇大升)공과 문소전(文昭殿)의 의논을 개진하였다. 문소전은 세종조에 설치한 것으로, 곧 한(漢)의 원묘(原廟)에 해당한다. 간흉(奸兇) 이기(李芑) 등이 인종을 한 해를 넘기지 못한 임금이라고 깎아내려 신주를 문소전(文昭殿)에 들이지 않고 연은전(延恩殿)에 입사(入祀)하였으니, 곧 덕종(德宗)의 위판이 안치된 곳이다. 나라 사람들이 슬퍼하고 분개하였다.

이때에 와서 퇴계 및 선생과 기고봉이 의논하여 명종의 담제(禫祭) 후에 인종과 함께 문소전에 합사하려고 하였다. 영상(領相) 이준경(李浚慶)은 인종은 이미 연은전(延恩殿)에 입사(入祀)하였으므로 문소전(文昭殿)에 합사(合祀)할 것 없다고 여겼다. 이리하여 물의가 시끄럽게 일어나 삼사(三司)에서 번갈아 장계(狀啓)를 올려 준경(浚慶)을 비판하였다. 선생은 기공(奇公)과 함께 입대(入對)하여 인종을 문소전에 들이지 않으면 안 됨을 신론(申論)하자, 준경(浚慶)은 마지못해 생각을 굽히고 선생의 주장에 따랐다. 전전(前殿)의 건제(建制)는 남북이 짧고 좁으며 동서가 길고 넓어 오위(五位)를 마련하는 이외에는 전연 여지가 없기 때문에 건제(建制)를 변경하여 크게 짓자는 의논이 나왔던 것이다.

퇴계는 또 전전(前殿)에서 고협(古祫)의 제도에 따라 태조는 동향(東向)의 소목(昭穆)은 남북의 위(位)로 바로잡기를 청했으나, 또 준경(浚慶)에 의해 막혀버려 도가 행해지기 어려움을 알아 그래서 사직하고 돌아간 것이다. 준경은 이때부터 사림에 대해 불평이 쌓여 오로지 분규만을 힘쓴다고 생각하고, 드디어 후진 사류(士類)와 어그러져 간격이 생기게 되었다. 퇴계가 지은 「문소전의(文昭殿

議)」 역시 준경(浚慶) 때문에 마침내 올리지 못했다.

7월에 이조판서(吏曹判書)를 배했는데, 그것이 신진(新進)으로 구관(舊官)을 이간시키는 것을 꺼려하여 누차 병으로 사퇴하였으나 임금께서 끝내 허락하지 않으시어 취임하였다. 선생은 행정함에 있어 청탁을 막아버리고 한결같이 공도(公道)에 따랐다. 처음 사재(四宰) 송순(宋純)이 남중(南中)에서 선생이 이조판서가 되었음을 듣고 사람들에게 말하기를, "청탁은 이제부터 끊어지게 되었다"라고 하였다. 그가 선배에게 중시됨이 이러하였다.

경오년(庚午年: 1570년) 봄에 당시 재상에 거슬려 겸직까지 강력히 사퇴하여 단지 총재(冢宰: 吏判)만이 체직되고 예판(禮判)으로 감시(監試)를 관장하였다.

이듬해 정월에 실록봉안관(實錄奉安官)으로 호남에 갔는데, 그대로 휴가를 받아 광(光), 나(羅) 두 곳에서 성묘하였다. 6월에 참찬(參贊)으로 다시 이조판서를 배 했고, 가을에 숭정대부(崇政大夫) 의정부좌찬성(議政府左贊成)을 특배(特拜)했다. 그때 사류(士類)가 비록 청요(淸要)한 자리를 차지하고 있기는 하였으나, 대신들은 다 유속(流俗)이어서 논의가 모순을 일으켰다. 홍담(洪曇), 김개(金鎧), 등이 이준경(李浚慶)에 빙자하여 모함하려고 함께 도모하였으나 다 해내지 못했다. 이때에 와서 준경(浚慶)의 재종제(再從弟) 원경(元慶)이 상감의 외숙 정창서(鄭昌瑞)와 몰래 선생과 사류(士類)를 공격하려고 모의하여 물의가 시끄럽게 일어나 많은 의혹이 가라앉지 않았다. 임금께서 특히 이 명령을 내리시어 인심이 안정되었다. 겨울에 『주자어류(朱子語類)』를 찍을 것을 청했는데 그것에 따랐다. 그 이듬해 4월에 사퇴하여 찬성(贊成)을 체직하였다가 다음 달에 다시 특수(特授)하였다.

선생은 봄부터 문형(文衡)을 사퇴하여 여름에 이르러서도 중지하지 않고 장계(狀啓)를 누차 올렸으나, 임금께서는 끝내 윤허하지 않고 또 이 명령을 내리셨다. 7월에 영상(領相) 이준경(李浚慶)이 임종 때 유소(遺疏)를 바쳐 붕당(朋黨)의 발생을 막기를 청했는데 그것은 선생 및 한 때의 사류(士類)를 가리킨 것이다. 임금께서는 대단히 놀라 대신을 불러 "조신(朝臣) 중에 붕당을 만드는 자가 누구인가?"라고 물었다. 밖의 의론이 흉흉해져 삼사(三司) 및 호당(湖堂)의 관원들이 다 차자(箚子)를 바쳐 준경의 설을 논척(論斥)하였다. 율곡 이문성공(栗谷 李文成公) 역시 붕당소(朋黨疏)를 바쳐 그 일을 변백(辨白)하였다. 동월에 대광보국(大匡輔國) 숭록대부(崇祿大夫) 의정부우의정(議政府右議政)을 탁배(擢拜)하였고, 겸직은 전례대로였다. 8월에 등극사(登極使)로 경사(京師: 燕京)에 하례(賀禮)하러 갔다. 출발에 임박하여 임금께서 인견(引見)하여 선온(宣醞)하시고, 친히 술잔을 잡고 권하시었다.

중국인들은 평소 선생의 높은 문재(文才)를 알고 있었으므로, 연도(沿道)에서 글 써 주기를 청하는 자가 매우 많았다. 입조(入朝)하게 되자 구례(舊例)로는 외국의 진주자(進奏者)는 모두 협문(夾門)으로 들어가게 하였던 것이었으나, 선생은 항의하여 말하기를 "배신(陪臣)의 출입은 시키는 대로 하겠소. 표문(表文)으로 말하면 지존(至尊)께 바치는 것인데, 어찌 협문(夾門)으로 들어가야 한단 말이오?" 하였다. 예부(禮部)에서는 그것을 공박할 수 없어 정문으로 들어가도록 허락하여 마침내 그것이 정식이 되었다. 객관(客館)에 머물러 있는 날 예부주사(禮部主事)가 개시(開市: 물품교역)할 것을 묻자, "과군(寡君)은 교역할 물품이 없는데 개시(開市)는 해서 무엇하겠소?"라고 말해 중국인들이 칭찬하였다. 또 이듬해 2월에

조정에 들어와 왕수인(王守仁)의 학술의 부정(不正)함이 중국학자
들을 그르친 폐단을 아뢰었다.

익월(翌月)에 좌의정에 승임(陞任)되었다. 겨울에 뇌변(雷變)으로
면직을 바랐으나 그렇게 하지 못했다. 미출신인(未出身人)[1]으로 대
헌(臺憲: 사간원과 사헌부)에 통임(通任)하는 것은 율곡(栗谷)이 건
의하여 청했던 것인데, 선생과 동료 재상 역시 시행하기를 청했기
때문에 임금께서 그에 따르시었다.

갑술년(甲戌年: 1574년) 봄에 연신(筵臣)들이 또 송도(松都)의
선성상(先聖像)을 철거하고 목판(木版)으로 대신하기를 청했다. 송
도의 유사(儒士)들은 그대로 남겨두기를 청했고, 대신들 역시 다 건
의하기를 외교(外校)의 설치는 비록 의리에 미진하다 하더라도 묻
어두는 것으로 말하면 미안하다는 것이었다. 홀로 선생은 신을 모
독하고 이치에 어긋나므로 즉각 철거해야 한다고 하여, 임금께서는
마침내 선생의 건의에 따르시었다. 3월에 사퇴하여 체직되고 판중
추부사(判中樞府事)를 배했는데, 선생은 병을 내 세워 다섯 차례 고
하여 임금께서 체직을 윤허하시었다. 정원(政院) 및 대신은 각각 세
차례 아뢰고, 옥당(玉堂)에서도 역시 차자(箚子)를 올려 그대로 두
기를 청했으나 모두 받아들여지지 않았다.

4월에 영중추부사(領中樞府事)에 승임(陞任)되었고, 7월에 다시
좌의정(左議政)을 배하였다. 을해년(乙亥年: 1575년) 정월에 인순
왕후(仁順王后)가 승하하였는데, 졸곡(卒哭) 후에 예관(禮官)이 전
대로 흑색(黑色) 모대(帽帶)로 사무보기를 청했다. 지평(持平) 민순
(閔純)이 상소하여 송 효종(宋 孝宗)의 백색(白色) 모대(帽帶)의 제

도에 따르기를 청하자 임금께서 정의(廷議)를 명하시었다. 대신 권철(權轍), 홍섬(洪暹) 등은 다 『오례의(五禮儀)』는 고쳐서는 안 된다고 하였으나, 선생은 동료 재상들과 함께 백의관(白衣冠)으로 사무 보기를 강력하게 청해 임금께서 그것에 따랐다. 여름에 서화담(徐花潭)의 증직(贈職)을 올려주기를 청해 우의정(右議政)을 추증(追贈)하도록 명하였고, 후에 문강공(文康公)이라 시호(諡號)하였다.

또 숭양(嵩陽)서원을 송도에 세워서 포은 정문충공(圃隱 鄭文忠公)을 제사하고 화담(花潭)을 배향하기를 제청하였다. 가을에 대사헌 허엽(許曄) 등에 의해 탄핵을 받아 인책하고 들어앉아 면직을 구했다. 마침 임금의 건강이 좋지 않으셨고, 또 배릉(拜陵)의 예를 거행할 때가 되어 네 차례 고한 후에 부득이 출사(出仕)하였다. 그때 재령(載寧)에서 종이 주인을 죽인 변이 생겨 금부(禁府)에 국문(鞫問)하였는데, 선생은 위관(委官)으로 그 옥사(獄事)를 주관하였다. 당초에 검시(檢屍)가 잘못되어 옥사가 오래도록 성립되지 않아 선생은 다시 검시하기를 청하였으나, 끝내 실정을 파악하지 못해 다시 정의(廷議)를 널리 수집하였는데, 정의(廷議) 역시 같지 않아서 임금께서 검시한 결과가 틀리다는 이유로 석방을 명하시었다.

대사간 허엽(許曄)은 피살자의 가까운 친척이어서 옥사(獄事)가 성립되지 않은 것을 분개하여 사간(司諫) 김효원(金孝元)과 함께 논하여 옥사를 다스리면서 실정을 파악하지 못했다 하여, 선생을 추고(推考)하고 금부당상(禁府堂上)을 파직하기를 청하였으나 임금께서 따르지 않으시었다.

이에 앞서 심의겸(沈義謙)과 김효원(金孝元)이 서로 맞지 않아 그로 말미암아 후배 사이에 붕당(朋黨)이 생겨나게 되었다. 허엽(許曄)은 비록 선배이기는 하였으나 실은 후배의 종주(宗主)였고, 선생은 비록 청렴한 명성으로 사림(士林)의 중망(重望)을 받고 있기는 하였으나 그래도 선배였기 때문에, 사람들이 혹 의겸(義謙)의 친구로 지목하기도 하였다. 이때에 와서 엽(曄)과 효원(孝元)이 이 장계(狀啓)를 내어 병을 이유로 사퇴하자, 사림에서는 더욱 의심하기를 효원(孝元)이 선생을 공격하여 의겸(義謙)의 세력을 고립시키는 것이라 하여 심히 옳지 않게 여겼다.

정언(正言) 조원(趙瑗)이 아뢰어 말하기를, 추고(推考)란 태장(笞杖)의 율(律)에 비추어 시행하는 것으로 서관(庶官)을 다스리는 방법인데 어찌 대신에게 시행할 수 있겠는가? 사간원에서 추고(推考)를 청한 것은 잘못이라고 하였다. 양사(兩司)에서 또 인피(引避)하여 대신을 추고하기를 청하는 것이 불가함을 모르겠다고 하였다.

홀로 대사헌 김계휘(金繼輝) 공 만은 원(瑗)과 같았고, 그대로 엽(曄)은 죽은 사람 친척의 가까운 족인이어서 그 말을 믿고 따라 지론(持論)이 중용을 벗어난 잘못을 논했다. 이문성공(李文成公)은 부제학으로 일을 처리하는데 많은 관원을 다 체직시키려 하였으나 대사헌과 조원(趙瑗)을 빼놓았는데, 저작(著作) 홍적(洪迪), 이경중(李敬中) 등은 대사헌까지 체직시키라고 강력하게 다투었으니, 이것이 동서 경쟁의 시작이라고 한다.

병자년(丙子年: 1576년) 봄에 입시(入侍)하여 종핵(綜核)[2]하는 정치는 태평성세의 일이 아니고, 과격하더라도 뜻있는 인사는 배양해야 함을 말했다. 또 이이(李珥)가 조정을 떠나려고 하는데 힘써 만류하지 않으면 안 됨을 말했다. 임금께서 말씀하시기를 "그는 뜻은 높으나 지나친 것 같으니, 그가 성숙되기를 기다려 쓴들 무슨 상

---

2 총괄적으로 본말을 밝혀냄.

관이 있겠소. 또 나를 섬기기를 원치 않는데 어찌 그의 뜻을 빼앗을 수 있겠소."라고 하자, 선생이 말했다. "이(珥)의 의론은 도리어 평화스럽지 지나치게 과격한 사람은 아닙니다. 그의 뜻이란 단지 병 때문이고 또 한가하게 있으면서 공부하려는 것일 뿐입니다." 하였다.

그 후부터 늘 경연에서 율곡이 현량(賢良)하고도 재능이 있어 쓸 만하다고 천거하였다. 그때 율곡은 벼슬을 버리고 고향에 돌아갔기 때문에 선생이 그렇게 말했던 것이다. 겨울에 사퇴하여 체직되고, 판중추부사(判中樞府事)를 배했다가 곧 영중추부사(領中樞府事)로 승임(陞任)되었다.

정축년(丁丑年: 1577년)에 공의대비(恭懿大妃: 인종 비)께서 훙거(薨去)하였는데, 그때 대신 권철(權轍), 홍섬(洪暹)과 예판(禮判) 김귀영(金貴榮) 등은 숙질(叔姪)의 복(服)으로 정하고 계통(繼統)의 중대성이 있다 해서 기년(期年)에 상장(喪杖)을 보태기로 하였다. 선생은 임금(선조)께서는 영정(榮靖: 인종)께는 이미 조손(祖孫)의 의(義)가 있으므로 계체(繼體)의 복을 입어야 한다고 하였다. 만약 숙질(叔姪)로 따진다면 제후(諸侯)는 방기(旁期)[3]를 끊는 것이니, 어찌 기년상(期年喪)을 입을 이유가 있겠는가?

삼사(三司) 및 낭사(郎舍)에서 강력히 다투어서 성복(成服) 하루 전에 비로소 3년의 복으로 정했다. 무인년(戊寅年: 1578년) 3월에 판중추부사(判中樞府事)로 내려갔다가 도로 영중추부사(領中樞府事)로 폐임(陞任)되었고 영경연사(領經筵事)를 겸임하였다.

기묘년(己卯年: 1579년) 2월에 다시 영의정을 배했다. 경진년(庚辰年: 1580년) 봄에 무지개가 해를 꿰뚫는 변이 생겨, 동료 재상들

---

3 旁親을 위해 입는 朞年喪

과 사직하려 하자 임금께서 답하시기를 "이것은 임금이 임금답지 못하면서 그 자리를 욕되게 한데서 말미암은 것이오. 경(卿) 등이 무슨 허물이 있겠소." 그때 내국(內局)을 겸관(兼官)하였다. 하루는 선조께서 급병이 나셔서 선생이 달려가 대궐에 갔는데, 병이 이미 위독하여졌다. 선생은 재상 노수신(盧守愼)과 들어가 뵈었는데 임금께서는 손을 잡으시고 말씀하셨다. "불행하게도 병이 이 지경에 이르렀으니 아마도 살아날 수 있다고는 말할 수 없을 것 같소. 뒤를 이을 여러 아들이 다 어리니 공 등이 돌봐주기 바라오."

수신(守愼)은 슬피 울고 자신을 가누지 못했는데, 공은 돌아보고 말리면서 "제발 그렇게 하지 마시오"라고 말하고는 앞으로 나가서 서서히 설명하였다. 그때 창졸간이라 하여 의원은 둘러서서보고 감히 약을 쓰지 못했는데, 선생이 급히 약을 들여 마침내 서서히 소생할 수 있게 되었다.

그때 강원감사 정철(鄭澈)이 장계(狀啓)를 올려 노산군(魯山君: 端宗)의 묘를 개축하고 또 표석을 세우고 관원을 보내 제사를 들이는데, 모두 일품례(一品禮)의 장례에 따라 할 것을 청했다. 장계(狀啓)가 당해 조(曹)에 내려가자, 당해 조(曹)에서 장계같이 할 것을 청했다. 임금께서 대신과 의논하시자 선생은 해조(該曹)의 공사(公事)에 따라 결(缺)했던 예전(禮典)을 거행함은 실로 성덕(盛德)의 일이라고 하였다. 임금께서 그것에 따랐다. 이리하여 노산군(魯山君) 묘를 봉식(封植)하고 조정에서 전대(前代)의 절의를 지킨 사람들을 제사하도록 명했다. 선생은 또 건의하여 야은 길재(冶隱 吉再)의 묘를 제사하여 풍교(風敎)를 면려(勉勵)하기를 청했다. 명년(明年) 정월에 재이(災異)로 사직하려 했으나 허락하지 않았다. 그때 선생은 정부에 있으면서 사류(士類)를 끌어들여 율곡은 대간(臺諫)

에 있고 우계(牛溪)는 부름을 받았고, 한 때 청명(淸明)한 인사들이 조정에 많이 모여 사기가 돋구어져, 사람들이 다 희망을 걸었으나 임금께서 선악을 구별하는 것을 과격하다고 여기시고, 법도를 경장(更張)하는 것을 어려운 일로 여기셨기 때문에 끝내 이룩된 것이 없었다.

마침 재이(災異)로 면직을 바랐으나 그렇게 하지 못했다. 4월에 성우계(成牛溪)가 봉사(封事)를 올려 진덕(進德), 경국(經國)의 도(道)를 논하였는데, 임금께서 그 소문을 내려 보이셔서 선생이 회계(回啓)하여 가납(嘉納)하기를 청했고, 또 경연을 겸임해서 강학에 대비하도록 하기를 청했다.

임금께서는 경연을 겸임하는 것은 신규를 창설할 수 없으므로 후에 다시 답할 것이라고 하시었다. 후에 우계(牛溪)가 누차 상소하여 돌아갈 것을 구하자, 임금께서는 또 돌아가기를 허락할 여부를 물으셨다. 선생은 또 건의하여 한직(閑職)으로 승임(陞任)시켜 옮기고, 참찬관(參贊官)을 겸임시켜 과동(過冬)할 신탄(新炭)을 양급(量給)하고 퇴거(退去)를 허락하지 말고 정치하는 도(道)를 묻도록 하기를 청하였다.

임금께서 전대로 한직(閑職)으로 경연(經筵)에 입시(入侍)하도록 명하고, 또 신탄(新炭)을 지급하였다. 또 경연에서 김효원(金孝元)을 수용해서 동서 붕당설을 씻어버리기를 청하였으나 임금께서는 받아들이지 않으셨다. 그때 이조(吏曹)에서 김효원을 사간(司諫)에 의정(擬定)하였는데, 임금께서 말씀하셨다.

"조정을 불안하게 만든 자는 다 옳지 않다. 김효원은 단지 서관(庶官) 낭료(廊僚)로 쓰면 족하다. 어찌 사간에 응정할 수 있겠는가?" 수일 후에 선생이 경연에서 아뢰었다.

"동서의 설은 여항(閭巷)의 잡담이므로 조정에서는 개의하지 않아야 하는데, 어찌 그것 때문에 쓸 만한 사람을 버려버릴 수 있겠습니까? 김효원의 재기(才氣)는 버리면 아깝습니다. 근일 동서의 설이 아직 다 없어지지 않았기 때문에 공박 당한 자와 버려둔 자들이 다 동서로 구실을 삼습니다. 지금 만약 효원을 쓰지 않는다면 구실을 삼는 자가 더욱 많아질 것입니다." 하였다. 임금께서 말씀하셨다. "비록 효원을 쓰지 않는다 하여도 어찌 쓸만한 자가 없겠는가?"

또 경연에서 물으심을 받고 미리 재력을 축적하여서 기근을 구제하기를 청했고, 또 주현(州縣)을 합병해서 줄이는 편리를 말했다.

7월에 선생은 대신들과 회의하여 옥당(玉堂)과 간원(諫院)의 장차(章箚)에 진술한 개공안(改貢案), 주현병합(州縣幷合), 감사(監司)의 구임(久任) 세 가지 일의 시행을 계청(啓請)하였다. 임금께서 답하시었다. "조종(祖宗)의 법은 가볍게 고칠 수 없으니 잠시 두어두고 거론하지 마오"

이튿날 선생은 다시 이 일을 아뢰어 시행하기를 청해, 임금께서 호조(戶曹)에 명해 전조(前朝)의 공안(貢案)을 들이게 하시었다. 그러나 마침내 시행하지는 않았다. 이문성공(李文成公)이 경제사(經濟司)를 설치해서 대신을 시켜 맡아보게 하고, 사류(士類) 중 시무(時務)에 통달한 자를 택해서 선(選)에 들게 하여, 무릇 건의가 있으면 모두 그 사(司)에 내려보내 폐정(弊政)을 혁신하기를 청했다. 군신(群臣)이 아뢰기를 끝내자 임금께서 선생에게 이르기를 "군신(群臣)의 계사(啓辭) 중에 무슨 일을 시행할 수 있소?"하시어, 선생이 차례로 설명하고 이렇게 말했다. "경제사(經濟司)의 일은 구체적으로 아뢰지 않았기 때문에 상감께서 시행하기 어렵다고 생각하시므로, 다시 불러서 물어보기를 청합니다"

문성(文成)이 장계(狀啓)를 바쳐 그것을 시행할만함을 신론(申論)하였으나 임금께서는 끝내 받아들이지 않으셨다. 겨울에 성묘하기 위해 청가(請暇)하여 향리(鄕里)에 다녀왔다.

임오년(壬午年: 1582년)에 황(黃), 왕(王) 조사(詔使)가 왔을 때, 예에 따라 벽제관(碧蹄館)에서 송영(送迎)하였다. 계미년(癸未年: 1583년) 2월에 경원(慶源)의 오랑캐 니탕개(尼湯介)가 난동을 일으켜 본부와 변경의 보루를 계속하여 함락시켰다. 선생은 본병(本兵: 兵判) 이문성(李文成)과 함께 밤낮으로 비국(備局)에 있으면서 힘을 합해 작전하여 장수를 보내 방어하고 군사를 수송하고 군량을 운반하고 하는데, 모두 실책이 없어 상하가 의지하여 존중하였다.

이에 앞서 선생은 경연의 자리에서 북로(北路)가 기근에 빠져 있으므로, 먼저 미리 치밀한 식량 대책을 강구할 것을 강력하게 말하고, 몇 가지 계책을 내놓았는데, 사람들은 우활하다고 여기었다. 적도(賊徒)가 변란을 일으켜 군사를 동원하는데 군량이 모자라게 되자, 비로소 그 원견(遠見)에 감복하였다.

3월에 인재를 추천하라고 명하였는데, 선생은 성혼(成渾)이 재덕(才德)이 다 우월하고, 김여물(金汝岉), 최경회(崔慶會), 서익(徐益)이 문무(文武)의 재능이 있다고 하여 이들을 추천하였고, 이밖에 전후로 추천한 인재로 청련 이후백(靑蓮 李後白), 황강 김계휘(黃岡 金繼輝), 구봉령(具鳳齡), 신응시(辛應時), 이산보(李山甫) 같은 사람들은 다 한 때의 명성과 덕망이 대단했던 인사들이었다.

7월에 병조판서를 겸임하게 되어 숙사(肅謝)한 후에 세 차례 장계(狀啓)를 올려 강력하게 사퇴하였으나 우악(優渥)한 비답(批答)을 내려 윤허하지 않으시고 말씀하시었다.

"국사가 이 지경에 이르렀으니 겸임하지 않을 수 없소. 경(卿) 또

한 부득불 변란에 임해 힘을 다해야 할 것으로, 마땅히 본조(本曹)와 합심 진력하여 나의 근심을 풀어 주어야 하오.”

선생은 일찍이 태복제조(太僕提調)가 되었는데, 병조판서를 겸임하기에 이르러 양사(兩司)의 수종자(隨從者)들에게는 모두 사제(私第)로 들어옴을 허락하지 않았으니, 청고(淸苦)했던 일면으로야 선생의 경중(輕重)을 따질 게 못되었지만 바로 그의 본래의 성품이 그러했던 것이다. 동월에 탄핵을 받고 강가로 나아갔다. 그때 이문성공(李文成公)은 삼사(三司)의 무근한 탄핵을 받았으니, 독단적으로 굴고 임금을 업신여긴다는 이유였다. 선생은 전후하여 혹 진계(陳啓)하기도 하고 혹 입대(入待)하기도 하여, 문성(文成)이 난국에 임해서 충성을 다했음을 자세하게 말하고, 출사(出仕)하도록 돈독하게 설유(說諭)하기를 청했다.

또 전랑(銓郎)이 오로지 동류(同類)만을 쓰므로 마땅히 낭천(郎薦)을 개혁하여서 사람을 쓰는 길을 공변되게 해야 함을 말했다. 이때에 이르러서는 문성(文成)이 파산(坡山)으로 퇴귀(退歸)하였는데, 성우계(成牛溪)가 부름을 받아 서울에 와서 상소하여 삼사(三司)의 붕당(朋黨) 참언(讒言)의 간사한 꾀에 말려든 것을 두루 논하였다. 임금께서 삼공(三公)을 부르라고 명하여 교지를 전했다.

“이이(李珥)를 배척한 것은 누가 한 짓인가? 그 붕간(朋奸)의 동류(同類)는 또 누구인가? 따져서 아뢰고 더 이상 어물거리지 말라.”

선생이 배알(拜謁)하기를 청해서 허봉(許篈), 송응개(宋應漑) 등이 시기를 이용해서 날조한 상황을 철저하게 진술하였다. 응개(應漑)는 대사간으로 인피(引避)하고 선생 및 문성(文成)과 문간(文簡)을 철저하게 헐뜯었다. 임금께서 말씀하시기를 “설사 너의 말이 다 옳다 하더라도 이제 비로소 그것을 말하였으니 그것은 불충(不忠)

이다."

양사(兩司)의 체직(遞職)을 특명(特命)하였다. 이기(李墍), 성낙(成洛) 등은 합계(合啓)로 파직을 청하고, 선생의 열 가지 죄를 늘어놓고 극도로 헐뜯었으며 , 옥당(玉堂)에서도 또 차자(箚子)로 빨리 허락하기를 청하였으나 임금께서는 끝내 윤허하지 않으시었다.

우상(右相) 정지연(鄭芝衍)이 진계(陳啓)하여 선생을 변호했고, 현감(縣監) 윤희경(尹希慶), 참봉(參奉) 변사정(邊士貞), 유학(幼學) 신박, 호남 유생 서대수(徐台壽) 등 수 백인이 계속하여 항소하여 신변(申辨)하였는데, 임금께서는 모두 포답(褒答)하시었다. 왕자 사부(師傅) 하낙(河洛)이 또 상소하여 구제를 논했는데, 도승지(都承旨) 박근원(朴謹元) 등이 낙(洛)을 음휼(陰譎)하고 편당적이라고 아뢰자, 임금께서는 특명(特命)으로 근원(謹元) 등 제승지(諸承旨)를 다 체직시키시고 교지를 내리시었다.

"보잘 것 없는 몇몇 신하가 근밀한 데 가까이 엎디어서 멋대로 당파를 만들고 사람들의 말을 막아버리니 참으로 소인으로 기탄함이 없는 자로다." 또 교지를 전하였다.

"근자에 너희 삼사(三司)가 재보(宰輔)를 논핵(論劾)하는데 의겸(義謙)과 교결(交結)한 것을 붉은 기치로 삼았으니, 의겸을 나라의 함정으로 만든 데 불과하다. 무릇 한 때의 명신(名臣) 현사(賢士)로 자기네와 다른 자는 반드시 그 가운데에 밀어 빠뜨린다. 다만 영상(領相)의 사람됨을 보니, 송죽(松竹)의 절조(節操)이고 수월(水月)의 정신(精神)이며, 충용(忠勇)의 금도(襟度)는 온화하고 우아하게 도와서 천성을 이루었고, 청신(淸愼)한 덕은 백옥(白玉)을 가리우고 문채를 떨친다. 이제 너희 삼사(三司)는 일찍부터 분개하고 미워하는 뜻을 품고, 무형의 말을 날조하여 멋대로 헐뜯음이 이르지 않는

데가 없다. 천하 후세에 너희 무리를 어떠한 사람들이라고 말하겠는가? 비록 그것을 십 년 동안 논한다 해도 어찌 따를 수 있는 이치가 생기겠는가?”

임금께서 친히 교서를 만드시어 송응개(宋應漑), 허봉(許篈), 박근원(朴謹元) 등 세 간악한 자들을 변경 끝으로 유배시키도록 명하고, 그 나머지 삼사(三司)의 간당(奸黨)들은 특지(特旨)로 전후하여 다 물리쳐 외읍(外邑)에 보했고, 또 혹 파직되기도 하였다. 응개(應漑)와 봉(篈)은 처음에는 역시 외직에 보해졌었으나 이때에 와서 다시 죄를 주어 유배하였다. 그때 말하는 자가 이르기를 “이(珥)는 혼(渾)이고 모(某)이니, 다른 사람으로 보아서는 안 된다.”라고 하자, 임금께서는 교지를 내리시었다.

“그래 이 설로 내 마음을 움직일 수 있겠는가? 아아, 만약에 군자라면 당여(黨與)가 있음을 근심하지 않고, 오히려 그 당여(黨與)가 적음을 근심한다. 나 역시 주자(朱子)의 설을 본받아 이(珥), 혼(渾)의 당(黨)에 들어가고자 한다. 지금부터는 너희들은 나를 이(珥), 혼(渾)의 당으로 여겨도 좋다.”

선생은 세 차례 고하여 면직을 바랐으나 교지를 전하기를 “사장(辭章)이 세 차례 올라와 나의 마음은 두려워졌소. 그러나 경(卿)의 마음과 간신의 거짓됨은 내가 번거롭게 설명할 필요가 없소. 지금 만약 경이 사직하여 물러나는 것을 허락한다면, 이는 내를 건너고자 하는 자가 스스로 자기 노를 꺾는 것일 뿐이오. 내가 비록 우매하다 하여도 반드시 이 지경에 이르지는 않을 것이오. 경은 속히 출사(出仕)하여 뭇사람의 마음을 무마하도록 하오.”

또 차자(箚子)를 올려 강력하게 사퇴하였으나, 곧 위로하여 타이르고 윤허하지 않으셨다. 어비(御批)에 “청렴근신(淸廉勤愼)한 우아한 절조(節操)로 사람을 아끼고 선비에게 겸손하게 굴거니와 정색하여 조정에 서니, 진실로 만물을 진수(鎭守)하는 높은 산악이요, 충성과 근면으로 나라에 몸 바치기를 허락하니, 정녕 냇물을 건너는 배로다. 바야흐로 의지하고 신임하는 소중함이 간절하니, 어찌 쉬러 물러나겠다는 청을 용납하겠는가? 등의 말이 있었다. 출사한 후에 또 두 차례의 장계(狀啓)로 강력하게 사퇴하였는데, 임금께서는 드디어 인견(引見)하여 면대(面對)하여 타이르고 윤허하지 않으시었다.

갑신년(甲申年: 1584년) 봄에 아뢰어 말하기를, 이문성(李文成)이 뜻밖에 죽어 그의 임금을 사랑하고 나라를 근심하는 마음을 펴내지 못했으니, 증직(贈職)의 영전을 베풀어서 그의 충성을 포미(褒美)해야 마땅하다고 하였다. 임금께서 말씀하시기를 "벼슬이 찬성(贊成)에 이르렀으니 추증(追贈)한들 무슨 소용이 있겠소. 그 도(道)의 관찰사에 명하여 처자를 호송하고 상례(喪禮)와 장례(葬禮)를 돌보아 주도록 하오."

을유년(乙酉年: 1585년) 여름에 스스로 사퇴하여 체직되었고 영중추부사(領中樞府事)를 배하였다. 적당(賊黨) 정여립(鄭汝立)이 처음 벼슬을 버리고 고향으로 돌아가 독서한다고 내걸고, 율곡(栗谷), 우계(牛溪) 양현(兩賢)이 한 때의 유종(儒宗)임을 듣고 찾아와서 학문을 물었다. 율곡 몰후(歿後)에 여립(汝立)이 수찬(修撰)으로 서울로 들어와 당시의 의논이 크게 변한 것을 보고는 경연 자리에서 극도로 우계와 율곡을 공격하였다.

송강(松江)과 선생은 그의 함부로 굴고 근신하지 못함을 면대하여 물리치자, 여립(汝立)은 선생까지 아울러서 공격하는데 온 힘을 기울였다. 그때 우계(牛溪) 역시 물러나 돌아가 있었고, 오직 선생과 정송강(鄭松江)이 홀로 조신(朝臣)의 수위에 있었기 때문에 이발(李潑), 김수옹(金守顒) 등이 배척하여 마지않았고, 여립(汝立)이 또 부회(附會)하여 헐뜯어 배척하였다. 선생은 자퇴하고 들어가 병을 고하기를 세 차례까지 하였다. 임금께서는 사관(史官)을 보내 대신들에게 체직(遞職)의 타당 여부를 물으시었는데, 우상(右相) 정유길(鄭惟吉)은 "한 사나이가 발언한 것을 그 허실(虛實)을 구명하지 않고 상신(相臣)을 물리침은 뒤에 올 폐단을 깊이 생각하니, 신은 옳다고 여겨지지 않습니다."라고 말했다.

이리하여 임금께서는 불충비답(不充批答)을 내도록 명하기를 네 차례나 하시고, 또 불충비답(不充批答)을 내도록 명하시었다. 후에는 마침내 체직되어 영중추부사(領中樞府事)가 해임되고 용호(龍湖)에 들어앉아 있었다. 5월에 의주목사(義州牧使) 서익(徐益)이 상소하여 여립(汝立)이 앞장서서 이문성(李文成)을 배반한 전후에 반복했던 상황을 역술(歷述)하였고, 또 선생 및 정송강(鄭松江)을 위안(慰安)하여 그 지위로 회복시키게 하도록 청했으며, 삼사(三司)에서는 번갈아 차자(箚子)를 올려 논했다. 가을에 양사(兩司)에서 청양군(靑陽君) 심의겸(沈義謙)을 파직시키기를 논했고, 그의 당여(黨與) 13인을 두루 꼽았는데, 다 한 때의 명현(名賢)이었고, 선생을 첫머리에 놓아 마침내 당적(黨籍)으로 엮어 버렸다. 생원(生員) 이귀(李貴)가 상소하여 양사(兩司)를 비판했다. 양사(兩司)의 김수(金睟)와 이발(李潑)이 또 선생 및 우계(牛溪), 율곡(栗谷), 송강(松江)을 두루 헐뜯었다. 그 장계(狀啓)는 대략 다음과 같다.

이(珥), 혼(渾)이 다시 들어온 후에는, 이해수(李海壽), 백유함(白惟咸) 등을 끌어써서 그들을 전조(銓曹)에 배치하였습니다. 그들이 정사를 행하고 사람을 쓰고 하는데, 공의(公議)를 돌보지 않고 한결같이 사정(私情)에만 따라, 그때 자기네를 공격한 사람들을 다 물리치고 전일에 뜻을 잃었던 무리를 다 써서, 조정의 관원들 사이에는 참언(讒言)과 아첨으로 면대(面對)하여 아유할 수 있는 사람이 많아져, 나랏일이 날로 혼탁과 난맥(亂脈)속으로 들어갔으니, 이는 이(珥), 혼(渾)의 지난날의 나라 근심하는 마음이 바뀌어, 나라를 그르치는 계략으로 되어진 것입니다. 이(珥)가 죽은 후에는 혼(渾) 역시 오래지 않아 귀전(歸田)하였고, 순(淳), 철(澈)이 국론을 주도하였습니다. 갑신(甲申) 한해는 혼탁과 난맥이 더욱 심했으니, 실로 성명(聖明)하신 상감께서 위에 계시어, 헛개비들이 자취를 감춰 그 간악함을 드러내지 못했던 것입니다.

군소배(群小輩)의 생각은 의겸(義謙)에서 있지 않았고, 의겸을 함정으로 만들어 우계(牛溪), 율곡(栗谷) 및 선생과 한 때의 현량한 인사들을 밀어 넣으려고 하였던 것으로, 발(潑), 계(啓)가 실로 그 근저(根底)였던 것이다. 성상께서의 전일의 교지는 미리 그 정상을 밝히셨던 것이다.

병오년(丙午年: 1586년) 가을에 청가(請暇)하여 영평(永平)의 초정(椒井)으로 목욕하러 갔는데, 임금께서는 중사(中使)를 보내시어 동도문(東都門) 밖 보제원(普濟院)에서 술을 하사하시고 호초(胡椒)와 호피(虎皮)를 특사(特賜)하시었다. 그때 선생은 서울을 영영 하직한 것으로 선면(扇面)에 시를 써서 뜻을 나타냈고, 그래서 영평현(永平縣)의 백운계(白雲溪) 가에 집을 짓고, 입을 다물고 시사(時事)를 말하지 않고, 쓸쓸하게 진속(塵俗)을 벗어날 생각을 가지고 있었다. 매일같이 낚시질과 약초 캐기를 일삼았고, 간간이 소리높여 읊조렸다.

온 백성과 전야(田野)의 늙은이가 술그릇을 들고 찾아와 기꺼이 마주 앉아 마시는 것이 자리를 다투려 들것 같았다. 배우는 사람이 와서 글을 배우게 되면, 선생은 으레 추위나 더위를 잊고는 하였다. 거처하는 곳에 배견와(拜鵑窩), 이양정(二養亭), 백운계(白雲溪), 청랭담(淸泠潭), 토운상(吐雲牀), 창옥병(蒼玉屛)과 산금(散襟), 청학(靑鶴), 백운대(白雲臺) 등의 명칭이 있다. 겨울에 백운계(白雲溪)가에서 상소하여 관직을 사퇴하였다. 임금께서는 사관(史官)을 보내 이렇게 설유(說諭)하셨다.

"자취를 감추고 돌아오지 않는 일은 자처(自處)하는 데는 잘된 것이오. 한 때 기풍(氣風)의 경향이 사나웠거니와 전에 경(卿)을 재촉하여 서울에 올라오게 하여, 잡초 사이에 쓰러져 버리지 않게 하려던 까닭은 경을 위해서가 아니었소. 교지(教旨)가 도착한 말 길에 올라 서울에 거처하오."

그 이듬해 도신(道臣)이 또 병의 상황을 알리자, 임금께서는 의원을 보내 약을 가지고 역마(驛馬)를 달려서 구했고, 전후 교지를 내려 재촉하여 부른 것이 세 차례였으나 끝내 일어나지 않았다. 한 필의 말과 한 동자로 산수에 발자취를 남겼다. 금강(金剛), 백운(白雲) 등 여러 산 들을 두루 다니며 철저히 승경(勝景)을 찾았고, 써낸 시편(詩篇)은 모두 사람들의 입에 퍼졌다. 그때 당의(黨議)가 날로 격해져 사사로운 생각이 공변(公辨)됨을 다 없애버리니, 을유년(乙酉年: 1585년) 이후부터는 재상의 임명에는 다시는 관여하지 않았다. 중봉 조공(重峰 趙公)은 누차 상소하여 선생, 우계(牛溪) 및 율곡(栗谷), 송강(松江)의 현량(賢良)함으로 군소배(群小輩)들에게 배척된 상황을 극단적으로 논하고, 또 이산해(李山海), 이발(李潑), 백유양(白惟讓) 등이 정권을 농락하여 정치를 어지럽힌 죄를 비판하였다. 중봉(重峰)은 끝내 이 때문으로 변경으로 유배되었다.

기축년(己丑年: 1589년) 7월에 선생은 백운계(白雲溪) 가에서 세상을 떠났으니, 향년(享年) 67세다. 이날 아침에 시를 읊조리시기를 계속하다가 홀연히 베개에 기대어 신음하는 것이 위독한 것 같았는데, 고부인(高夫人)에게 말하기를, "나는 가오" 라 하고, 곧 훌쩍하니 세상을 떠났다. 숨을 거두게 되자 하늘에선 비가 내리고 천둥을 쳤다. 그날 밤 흰 기운이 하늘에 가득 찼고, 불길이 땅을 비춰 빛나기가 밝은 달 같았다. 산골 사람들이 그것을 바라보고 놀라고 의아해했는데, 아침이 되어 그 자취를 알아보니 선생이 과연 졸(卒)했던 것이다. 부음(訃音)이 알려지자 조정을 3일 동안 폐하고, 승지가 조의(弔意)를 전달하고 예관(禮官)이 제사를 드리도록 명했다. 10월에 예를 갖춰 종현산(鐘賢山) 동쪽 지맥(支脈)의 갑향(甲向) 언덕에 묻었으니, 그곳은 곧 배견와(拜鵑窩)의 뒤쪽 산록(山麓)으로 선생이 일찍이 스스로 잡아놓았던 땅이다. 이해 겨울 여립(汝立)이 역난(逆亂)을 도모하여 그 지당(支黨)이 다 복주(伏誅)하였다. 지천 황정욱(芝川 黃廷彧) 공이 차자(箚子)를 올려 장곡강(張曲江)의 고사(故事)에 따라 그 묘에 제사하니 일이 비록 시행되지 않았어도 정당한 의론 측에서는 그 주장을 옳다고 하였다.

인조조(仁祖朝)에 문충(文忠)이라 시호(諡號)하였으니, 시법(諡法)에 "학문에 근면하고 글을 좋아함을 문(文)이라 하고, 현인을 추천하고 충성을 다함을 충(忠)이라 한다". 선비들은 선생을 화담서원(花潭書院)에 배향하였고, 광주와 영평에는 모두 사당을 세워 제사를 드렸고, 나주에는 현종(顯宗) 무신년(戊申年: 1668년)에 특명(特命)으로 선액(宣額)하였다.

외람되이 생각 하건데, 선생은 타고난 자질이 온화 순수하였고,

기질이 맑고 밝았으며, 효제(孝悌)로 근본을 삼고, 충신(忠信)으로 지켜나가 인의(仁義)가 속에 쌓여서 아름다움이 밖으로 발휘되었거니와, 원흉을 몰아내고 여러 현자(賢者)를 끌어올렸으며, 세 차례 정부에 들어가 10년 동안 정승을 지냈고, 그 때문에 조정이 청명(淸明)하고 민생이 안락(安樂)해졌으며, 성군(聖君)께서 두터이 신임하는 바 되었고, 사림(士林)에서 종주(宗主)로 숭앙(崇仰)하는 바 되었으니, 고인에 비긴다면 사마군실(司馬君實)과 진복공(陳福公)하고나 맞 갈 것인가? 덕행과 사업이 높고 빛나 천추(千秋)에 빛춰 나니, 또 어찌 하찮은 글로 써낼 수 있겠는가? 다만 선배들의 기록과 선철(先哲)들의 정론(定論)을 연결하여서 갖추어 써야만 될 것 같다.

"선(善)을 좋아하고 악(惡)을 미워하는 것은 천성(天性)에서 나왔다. 마음 맞는 사람이 적어 고립하여 문을 닫고 스스로를 지켰다. 생각은 조용하고 거리낌 없어 늘 속세 밖에 있었다. 언론은 강개하여 시대의 기호에 따라가지 않았다. 사람으로 하여금 그를 보면 절로 존경하고 사모하게 된다. 늘 한문공(韓文公: 韓愈)의 "다행히 큰 절개를 잃지 않아 지하에서 선인을 뵐 수 있게 된다면 족하다" 및 한위공(韓魏公: 韓琦)의 "부귀(富貴)는 얻기 쉬우나 명예와 절개는 지키기 어렵다" 등의 말을 외워서 스스로를 갈고 닦았던 것이다." 라고 한 것은 선배의 설로, 그의 젊었을 때를 적은 것이다. "맑고 고립하여 지조가 있고, 조정에 서면 늘 나라를 근심하는 것으로 마음을 가져, 이 때에 이르러서는 선한 사류(士類)의 종주(宗主)가 되었다. 진심으로 명사(名士)를 접촉하기에 힘썼으며, 비록 정승의 자리에 있었기는 하나, 문 간은 쓸쓸하여 벼슬이 없는 것 같았다."라고 한 것은 선철(先哲)의 논으로 그의 중년을 적은 것이다.

"박모(朴某)와 마주 보고 있으면 밝기가 한 줄기의 맑은 얼음 같아, 정신이 곧 상쾌하여짐을 느낀다. 남쪽으로 온 후에 그를 생각하여 마지않는다."라고 한 것은 퇴계 이문순(退溪 李文純)의 말이다.

"타고난 성품이 고상하고 명철(明哲)하여 흉금이 탁 트였으며, 덕(德)이 있고 도량이 있으며, 학문이 있고 지식이 있으며, 선에 따르는 것이 물의 흐름 같으니, 덕이 대단한 군자이구나!"라고 한 것은 미암 유문절(眉巖 柳文節)의 말이다.

안팎이 결백하고 성심으로 나라를 근심한다고 칭송한 것은 이문성(李文成)이 아니었던가? 의리를 분석함이 분명하고, 아주 적절하다고 허락한 것은 또 기문헌(奇文憲)이 아니었던가? 대체로 그분들의 지기(志氣)가 합치하여 함께 서로 밀고 존중하여 당대의 제일류(第一流)라고 여겼던 것은 성문간(成文簡)이 문성(文成), 문절(文節) 제공과 다름이 없었으며, 송강 정상(松江 鄭相) 역시 그들과 언론을 같이 하였다. 그래서 그가 선생을 곡한 시에 "백순(伯淳)이 복이 없었기 때문에 천하 역시 복이 없었다"라고 하였다. 문간(文簡)은 "배견와(拜鵑窩) 위의 삼경(三更) 달은 선생의 일편단심을 비출 것이다"라고 하였다. 아아, 이 점이야 어찌 다만 한 때 제현(諸賢)의 말이 그러하였을 뿐이겠는가? 전후하여 중국 사신들이 와서도 역시 모두 그 분의 위의(威儀)의 절도를 기뻐하고 그분의 문장을 존중하여서, 송(宋)의 인물이고 당(唐)의 시조라고 찬양하였다. 아아, 이 점 우리 선조대왕께서 일찍이 교지를 내리시기를, "박모(朴某)로 말하면 송죽(松竹)같은 절조(節操)에 수월(水月)같은 정신(精神)이다"라고 말씀하시었다. 그분이 군부(君父)에게 이해되어 기림을 받음이 또 이러하였으니, 아름답고 대단하기도 하다. 청음상국 김상헌((淸陰相國 金尙憲)은 이렇게 말했다.

"화담(花潭)이 송도(松都)에서 이학(理學)을 창도(唱導)하여 선생이 그 문에 들어가 성리(性理)의 설을 들을 수 있게 되어, 정밀심오(精密深奧)한 데까지 투철하게 깨달아, 같이 배우던 자들이 앞설 수가 없었으니, 그분이 도를 터득함이 이러하였다. 현(賢)과 사(邪)를 진퇴(進退)시킴을 근심하였고, 국가의 안위(安危)를 염려하였으며, 바른 말로 곧이곧대로 대답하여 뭇 음흉한 자들이 분쇄되었으니, 그분이 선악을 분별함이 이러하였다. 도가 행해지지 않음과 말이 받아들여지지 않음을 알고서는, 높은 벼슬을 헌신짝 버리듯이 하고, 만종(萬鐘)의 복록(福祿)을 한오라기의 초개(草芥)같이 여겼으니, 그분이 선선하게 물러남이 이러하였다. 선생은 천지의 기운을 타고난 뛰어난 분이었고, 국가의 거대한 보배였고, 사림(士林)의 종장(宗匠)이었으며, 문장은 단지 그 여사(餘事)일 뿐이었다."

백사상국 이항복(白沙相國 李恒福)은 이렇게 말하였다.

"날이 훤해지면 밖에 나와 있으면서 종일토록 책상에 마주 앉아 있고, 관대(冠帶)는 반드시 바르게 하고, 몸가짐은 반드시 근엄하게 하여, 엄연히 천지에 대하여 세상을 대처해 나감이 자득(自得)하였다. 처음에 바라보면 단지 밝은 것이 얼음 거울 같을 뿐이지만, 끝에 가서 가까이하면 화기(和氣)가 사람을 엄습하고, 평탄하며 즐겁고 쉬움을 느끼게 되는데, 종일토록 모난 기이한 행동을 못 본다. 삼가 대물린 가업(家業)을 지켰으나 밭은 한 이랑도 늘어난 적이 없다. 주군(州郡)에서 문안하고 선물을 보내오더라도 친구가 아니라면 감히 받지도 않았고, 아는 사람이 묻는 것은 기거(起居)에 불과할 따름이었다. 큰 의론에 임하여 큰 계획을 정하기에 이르러서는 논의가 바람같이 일고, 유아(儒雅)로 가다듬어 아무도 그 뜻을 꺾고 빼앗아내지 못하였다. 옛사람이 "인자(仁者)는 반드시 용기가 있다”라고 하였는데, 그것은 공을 말한 것일게다.

또 두 상공(相公)이 그분의 타고난 성품을 평해서는, “금같이 정련되었고 옥같이 순수하며, 지극히 맑고 고매하다”고 하였다. 현옹(玄翁: 申欽)이 그분의 문장을 논해서는, “시원스럽게 뛰어나고 담담하게 깨끗한데, 시는 더욱 기경(奇警)하게 드러나 힘써 당시의 경지를 추구하였다. 후의 최경창(崔慶昌), 백광훈(白光勳), 이달(李達)의 유파(流派)는 그 근원이 모두 공이 제창한데서 시작된 것이다.”라고 하였다. 택당(澤堂: 李植)은 또 이렇게 말했다.

“내 시는 수 백년 동안 전해지는데 불과하지만, 사암(思菴)의 칠언절구(七言絶句) 십수편(十數篇)으로 말하면 틀림없이 천지와 함께라야 같이 없어질 것이니 결국 딸라낼 수 없다. ”

문단(文壇)의 거물에게 찬탄을 받은 것이 또 이러했다. 써 낸 시문(詩文)은 난리를 겪어 흩어져 없어지고 겨우 두 권만이 간행되었다. 나 선(選)이 거둬 모은 것들이 있으나 반권(半卷)도 못 된다.

배필(配匹) 정경부인(貞敬夫人) 청주고씨(淸州高氏)는 선공감판관(繕工監判官) 몽삼(夢參)의 딸이고, 참판(參判) 남세웅(南世雄)의 외손녀다. 가정(嘉靖) 병술년(丙戌年: 1526년)에 출생하였는데, 유심(幽深) 한아(閒雅)하며 청초(淸楚) 신중(愼重)하여 군자의 배필이 되어 덕을 어김이 없었다. 선생보다 15년을 뒤져서 졸했는데, 수(壽)는 79세였고 선생의 무덤 곁에 합장하였다.

아들이 없고 단지 딸 하나가 있어, 군수 이희간(李希幹)에게 출가하여서 두 아들과 한 딸을 두었다. 아들 광(芫)은 별좌(別坐)이고 택은 참봉이고 딸은 선비 윤기파(尹起坡)에게 출가하였다. 광(芫)은 1남 2녀를 낳았는데, 아들 공망(公望)은 무과 출신의 부사(府使)이고, 딸들은 군수 민여흠(閔汝欽)과 선비 김공보(金公輔)에게 출가

하였다. 택은 4남 1녀를 낳았다. 아들 문망(文望)은 현감이고 다음은 시망(蓍望)이고 다음은 덕망(德望)이고 다음은 영망(英望)이고, 딸은 선비 안재(安載)에게 출가하였다. 윤기파(尹起坡)는 딸 하나가 있는데, 지사(知事) 이경(李坰)에게 출가하였다. 시망(蓍望)은 아들이 있어 한익(漢翊)이라고 하는데, 전의 모관(某官)으로 실은 선생의 제사를 받든다.

거듭 생각하거니와, 선생의 시장(諡狀)은 이미 이백사(李白沙)가 지은 것이 있어 후세에 알리기에 충분하나, 다만 배관(拜官) 파직(罷職)에 따라 진퇴(進退)하는 어간에 누락하고 잘못되고 한 곳이 없지 않아, 나 선(選)은 외람되게 스스로를 헤아리지 않고, 일찍이 임자년(壬子年: 1672년)간에 선생의 연보(年譜)를 저술하였고, 또 행장(行狀)의 글을 서술하였으나, 다만 끝머리의 총론을 완결시키지 못하고 있다가 이제 비로소 위와 같이 추보(追補)하였다.

기사년(己巳年: 1689년) 초여름에
후학(後學) 완산(完山) 이선(李選)이 삼가 씀.

연보[1]

1523년(癸未, 중종 18년, 1세) 10월 모일 전라도 나주(羅州) 촌사(村舍)에서 아버지 박우(朴祐)와 어머니 당악 김씨(棠岳 金氏)의 장남으로 태어나다.

1528년(戊子, 중종 23년, 6세) 모친 김 부인이 별세하여 광주 서모 집에서 의탁, 여러 아이들과 놀이를 하게 되면 으레 읍양(揖讓), 진퇴(進退)하는 절차를 하곤 하였다.

1530년(庚寅, 중종 25년, 8세) 입을 열어 사물을 읊조렸는데 글을 불러내면 사람들을 놀라게 하여, 이웃에 아이들을 가르치는 자가 있었는데, 도리어 가르치지를 않고 "내가 감히 그의 선생 노릇을 하겠는가?"하였다.

1540년(庚子, 중종 35년, 18세) 진사에 합격하여 명성이 대단하였다. 이때 화담 서경덕(花潭 徐敬德)의 문하에 들어가 칭찬을 받다.

1547년(丁未, 명종 2년, 25세) 부친 의정공(議政公: 朴祐)의 상을

---

1 필자가 行狀, 諡狀, 實錄을 참작하여 만든 것임.

당하다. 선생은 늘 어려서 어머니를 잃은 것을 슬퍼하여 제
사를 지낼 때마다 슬피 울어 옷소매를 적셔 보는 사람들이
감동하곤 하였다. 부친의 상을 당해 물이 입에 들어가지 않
는 것이 사흘이나 계속되었고, 소상(小祥)이 지나고서야 죽
을 먹었으며, 3년이 다하도록 책을 읽지 않았고, 사람들은
그의 웃는 얼굴을 보지 못했으며, 제물(祭物)은 반드시 친히
마련하였으며, 묘막(墓幕) 아래에서 수척해 지팡이를 짚고
서야 일어섰다.

1549년(己酉, 명종 4년, 27세) 겨울 탈상 후 집에 돌아왔다. 그 후
곧 책을 들고 입산해 한 해가 넘도록 공부하고 돌아왔다.

1553년(癸丑, 명종 8년, 31세) 가을 8월 26일 명종(明宗)이 정시
(庭試)를 개설하였는데, 선생은 『중용(中庸)』을 강론하고 장
원급제를 하였다. 8월 27일 성균관전적(成均館典籍)에 임
명되고 이어 9월 5일 공조좌랑(工曹佐郎)이 되었다.

1554년(甲寅, 명종 9년, 32세) 11월 2일 사간원정언(司諫院正言)이
되다.

1555년(乙卯, 명종 10년, 33세) 9월 5일 이양(李樑), 김계휘(金繼
輝) 등과 함께 사가독서(賜暇讀書)에 선발되다.

1556년(丙辰, 명종 11년, 34세) 6월 22일 홍문관부교리(弘文館副
校理)가 되다.

1558년(戊午, 명종 13년, 36세) 5월 14일 병조정랑(兵曹正郎)이
되다. 이어 이조좌랑(吏曹左郎), 홍문관수찬(弘文館修撰),
교리(校理), 이조정랑(吏曹正郎)을 역임하고 호당(湖堂)에
서 사가독서(賜暇讀書)를 하다.

1559년(己未, 명종 14년, 37세) 가을 어명(御命)을 받들어 「소열방

제갈도 십운배율(昭烈訪諸葛 圖 十韻排律)」을 지어 그림 족
자에 써서 바치다. 임금은 취로정(翠露亭)에 나와 사가제신
(賜暇諸臣)에게 전강(殿講)과 제술(製述)을 명하였는데, 선
생도 이에 참여하였다.

1560년(庚申, 명종 15년, 38세) 1월 14일 의정부검상(議政府檢詳)
에 임명되고 이어 사인(舍人)으로 승진되다. 가을 재상어사
(災傷御史)로 호서지방을 순찰하다. 10월 사복시부정(司僕
寺副正)이 되다.

1561년(辛酉, 명종 16년, 39세) 1월 17일 홍문관응교(弘文館應敎)
가 되다. 5월 특명으로 파출(罷黜)되어 나주 본가로 돌아갔
다. 이때 옥당(玉堂)에서는 임백령(林百齡)의 시호(諡號) 문
제로 논란이 컸는데, 선생은 영상(領相) 윤원형(尹元衡)의
눈치를 보지 않고 '소공(昭恭)'이라 지었는데, 이는 과오를
저질렀다가 고칠 수 있음은 소(昭)라 하고, 용모와 거동이
공손하고 아름다운 것은 공(恭)이라 한다는 뜻이었다. 이에
윤원형이 유감을 갖고 선생을 처벌하려 하자 태연히 대처하
였고, 안현(安玹)이 힘써 선생을 구원하여 파출(罷黜)로 끝
나 향리로 돌아간 것이다. 이때 고봉 기대승(高峰 奇大升)과
왕래, 학문을 강론하며 즐겼다.
12월 22일에 한산군수(韓山郡守)가 되다. 선생은 급제 후
10년 동안 권귀(權貴)의 문에 출입하지 않았다. 심강(沈鋼)
과 이양(李樑)이 선생을 회유했으나 결코 응하지 않았다. 이
에 이양이 선생에게 원한을 품었고 임금은 한산군수로 내
보낸 것이다.

1562년(壬戌, 명종 17년, 40세) 부임하여 행정이 청간(淸簡)하였

고, 관아가 파하면 곧 송정(松亭)에 나아가 독서를 일삼으니, 이웃 고을 학자들이 소문을 듣고 찾아와 선생을 받들었다. 떠나갈 때에는 비석을 세워 그 덕을 칭송하였다.

1563년(癸亥, 명종 18년, 41세) 7월 26일 성균관사성(成均館司成)이 되고, 9월 6일에 시강원 보덕(侍講院輔德)이 되다. 순회세자(順懷世子)의 상을 당해 만사(挽辭)를 제진 했는데, "승화궁(承華宮)은 이미 상심(傷心)의 곳이 되었는데, 옥루(玉漏)는 여전히 안부를 묻는 새벽 전한다"는 시구가 한 때 유행해 낭송되었다. 11월 12일 사헌부집의(司憲府執義)가 되다.

1564년(甲子, 명종 19년, 42세) 1월 22일 홍문관직제학(弘文館直提學)이 되어 차자(箚子)를 올려 시사(時事)를 논하다. 윤 2월 10일에 통정대부 승정원 동부승지(通政大夫 承政院 同副承旨)가 되고, 5월 6일 좌부승지(左副承旨)를 겸임하였다. 10월 13일 이조참의(吏曹參議)가 되고, 10월 23일 우승지(右承旨)가 되었다.

1565년(乙丑, 명종 20년, 43세) 1월 5일 성균관대사성(成均館大司成), 1월 11일 사간원대사간(司諫院大司諫)이 되어, 합사(合司)로 이양(李樑), 이감(李戡), 윤백원(尹百源) 등의 죄를 논하고 처벌을 주청했다. 하루 4, 5 차례나 아뢰었으나 윤허하지 않아 선생은 대사헌(大司憲) 이탁(李鐸) 등과 함께 사직(辭職) 인피(引避)하자, 임금이 불러서 달래어 전후 9차례나 사퇴하고서야 직위에 나아 갔다. 2월에 이조판서(吏曹判書) 송기수(宋麒壽)를 탄핵 소추하였고, 4월 문정왕후(文定王后)의 상을 당했고, 5월에는 대사간(大司諫)이 되었다. 대사헌(大司憲) 이탁(李鐸)과 함께 요승(妖僧) 보우(普雨)의

죄를 논하고 처벌을 주청하여 절도(絕島)로 유배시켰다. 8
월 합사(合司)로 윤원형(尹元衡)의 죄를 논하고, 또 재차 차
자(箚子)를 올려 삭출(削黜)하여 전리(田里)로 추방하였다.
뒤이어 심통원(沈通源)까지 퇴출 시키자 사림들의 기상이
가일층 진작되었다. 아울러 퇴계 이황(退溪 李滉)과 남명 조
식(南冥 曹植)이 영남에서 창도(唱導)하고, 고봉 기대승(高
峰 奇大升)과 대곡 성운(大谷 成運)이 호중(湖中)에서 일어
나고, 우계 성혼(牛溪 成渾), 율곡 이이(栗谷 李珥) 제현(諸
賢)이 차례로 계속 일어나 그 뒤를 따랐으니, 이는 모두 선
생의 힘이었다.

10월 19일 사헌부대사헌(司憲府大司憲)을 제수(除授)하였
고, 가선계(嘉善階)에 올랐으며, 이윽고 체직(遞職)되어 11
월 18일 한성부우윤(漢城府右尹)이 되었다.

1566년(丙寅, 명종 21년, 44세) 3월 12일 첨지중추부사(僉知中樞
府事)가 되다. 6월 7일 홍문관부제학(弘文館副提學), 6월 17
일 사헌부대사헌(司憲府大司憲)을 하다가 겨울에 체직되다.

1567년(丁卯, 명종 22년, 45세) 2월 10일, 4월 15일 두 차례나 대
사헌(大司憲)을 맡다. 3월 14일 홍문관부제학(弘文館副提
學)을 맡다. 6월 25일 예조참판(禮曹參判)이 되다.

1568년(戊辰, 선조 1년, 46세) 2월 태감(太監) 장조(張朝)와 행인
(行人) 구희직(歐希稷)이 명종(明宗)의 시제(諡祭) 때문에
들어왔는데, 반접사(接伴使)가 되어 그들의 신뢰와 존경을
받았다. 조사(詔使)들이 선생의 시를 보고 "송대(宋代)의 인
물에다가 당대(唐代)의 시조다. 우리들은 얼굴이 두꺼울 뿐
이다"라고 극찬하였다. 2월 18일 대사헌(大司憲)을 맡았다

가 다음 달에 체직되었고, 2월 26일 반송사(伴送使)로 서로
(西路)를 왕복하였다. 3월 26일 양관대제학(兩館大提學)을
맡고 겸직은 전례와 같았는데, 4월 8일 자헌대부한성부판
윤(資憲大夫 漢城府判尹)에 부임하였다. 7월에 성헌(成憲),
왕새(王璽) 두 조사(詔使)가 입경(入京)하였는데, 그들이 돌
아가게 되자 반송사(伴送使)로 의주(義州)까지 전송하였고
8월에 복명(復命)하였다. 장계(狀啓)를 올려 대제학(大提學)
을 이문순공(李文純公) 퇴계(退溪)에게 돌리기를 청해 마침
내 제학(提學)으로 내려갔고, 8월 12일 임시로 실록찬집청
참찬관(實錄撰集廳參贊官)을 맡았다. 퇴계가 이를 사양하고
퇴직함에 선생이 8월 26일 다시 대제학(大提學)을 맡았다.
1569년(己巳, 선조 2년, 47세) 여름 서강(晝講)에서 기대승(奇大
升) 공과 문소전(文昭殿)의 의논을 개진하였다. 간흉(奸兇)
이기(李芑) 등이 인종을 한해를 넘기지 못한 임금이라 하여
신주를 문소전(文昭殿)에 들이지 않고 연은전(延恩殿)에 들
였다. 이에 퇴계(退溪) 및 선생과 기고봉(奇高峰)은 의논하
여 명종의 담제(禫祭) 후에 인종(仁宗)과 함께 문소전(文昭
殿)에 합사(合祀)하기로 의견을 모았다. 그러나 영상(領相)
이준경(李浚慶)이 반대하고 삼사(三司)에서도 번갈아 장계
를 올려 이준경(李浚慶)을 비판하였다. 선생이 기대승(奇大
升)과 함께 입대(入對)하여 아뢰자 이준경도 굽히고 따랐다.
7월 13일에 이조판서(吏曹判書)가 되었는데 누차 사퇴하
였으나 끝내 임금이 허락하지 않아 하는 수 없이 취임하였
다. 선생은 행정(行政)함에 있어서 청탁을 막아버리고 한결
같이 공도(公道)에 따랐다. 송순(宋純)이 선생이 이조판서가

되었다는 소식을 듣고 "청탁은 이제부터 끊어지게 되었다"
라고 하였다.

1570년(庚午, 선조 3년, 48세) 봄 재상에 거슬려 겸직까지 극력 사
퇴하였으나 다만 이조판서만 체직되고 예조판서로 감시(監
試)를 관장하였다.

1571년(辛未, 선조 4년, 49세) 정월 실록봉안관(實錄奉安官)으로
호남에 갔는데, 그대로 휴가를 받아 광주, 나주에서 성묘하
였다. 6월 참찬(參贊)으로 다시 이조판서(吏曹判書)를 맡았
고 7월 16일에 숭정대부 의정부 우찬성(崇政大夫 議政府
右贊成)에 임명되었다.

1572년(壬申, 선조 5년, 50세) 4월 사퇴하여 찬성(贊成)을 체직하
였다가 다음 달 다시 특별히 받았다. 봄부터 문형(文衡)을
사퇴하여 여름에 이르러서도 장계(狀啓)를 누차 올렸으나
윤허하지 않았다. 7월 영상(領相) 이준경(李浚慶)이 임종 때
유소(遺疏)를 바쳐 붕당(朋黨)의 발생을 막기를 청하였는데,
그것은 선생 및 한 때의 사류(士類)들을 가리킨 것이다. 임
금은 매우 놀라 "조신(朝臣) 중에 붕당(朋黨)을 만드는 자가
누구인가?"라고 물었다. 의논이 분분해 삼사(三司) 및 호당
(湖堂)의 관원들이 모두 차자(箚子)를 바쳐 이준경(李浚慶)
의 설을 배척하였다. 동월(同月)에 대광보국숭록대부 의정
부우의정(大匡輔國崇祿大夫 議政府右議政)을 탁배(擢拜)하
였고 겸직은 전례대로였다.

8월에 등극사(登極使)로 경사(京師: 燕京)에 하례(賀禮)하
러 갔다. 중국인들이 선생의 문재(文才)를 알고 연도(沿道)
에서 글을 써 주기를 청하는 자가 많았다. 입조(入朝)하게

되자 외국의 진주자(進奏者)는 모두 협문(夾門)으로 들어가
도록 하였는데, 선생이 항의하여 정문으로 들어가도록 이를
바꾸었다.

1573년(癸酉, 선조 6년, 51세) 2월 조정에 돌아와 왕수인(王守仁:
王陽明)의 학술이 부정함이 중국 학자들을 그르친 폐단이라
아뢰었다. 2월 25일 좌의정(左議政)에 승진되다. 겨울 뇌변
(雷變)으로 면직을 바랐으나 허락받지 못했다. 4월 24일 정
시(庭試) 시관(試官)이 되고, 9월 29일 친시(親試) 시관(試
官)이 되다.

1574년(甲戌, 선조 7년, 52세) 봄에 연신(筵臣)들이 송도(松都)의
선성상(先聖像)을 철거하고 목판으로 대신할 것을 청했다.
송도의 유사(儒士)들은 그대로 남겨두기를 청했고, 대신들
역시 모두 건의하기를 외교(外校)의 설치는 비록 의리에 미
진하다 하더라도 묻어두는 것으로 말하면 미안하다는 것이
었다. 홀로 선생은 신을 모독하고 이치에 어긋나므로 즉각
철거해야 한다고 하여 임금이 마침내 선생의 건의에 따랐
다.

3월 25일 판중추부사(判中樞府事)로 승진되었고, 7월 8일
다시 좌의정(左議政)이 되었다. 9월 11일 전시(殿試) 독권
관(讀券官)으로 참여하다.

1575년(乙亥, 선조 8년, 53세) 정월 인순왕후(仁順王后)의 상을 당
해 흑색모대(黑色帽帶)와 백의관(白衣冠) 논쟁이 벌어졌는
데, 선생이 동료 재상들과 함께 백의관(白衣冠)으로 사무 보
기를 강력하게 청해 임금의 허락을 받았다.

여름 서화담(徐花潭)의 증직(贈職)을 청해 우의정(右議政)

으로 추증(追贈)되었고, 후에 문강공(文康公)의 시호(諡號)를 받았다. 또한 숭양서원(嵩陽書院)을 송도(松都)에 세워 포은 정문충공(圃恩 鄭文忠公)을 제사하고 화담(花潭)을 배향(配享)하기를 제창하였다. 가을 대사간(大司諫) 허엽(許曄) 등에 의해 탄핵을 받아 인책하고 들어앉아 면직을 구 했다. 재령(載寧)에서 종이 주인을 죽인 사건이 발생하여 선생이 이 옥사(獄事)를 주관 하였는데, 검시(檢屍)가 분명하지 않아 종을 석방시켰다. 대사간(大司諫) 허엽(許曄)이 피살자의 친척이었는데, 옥사(獄事)가 성립되지 않은 것에 분개하여 선생을 추고(推考)하고 금부당상(禁府堂上)을 파직하기를 청했으나 임금이 따르지 않았다.

1576년(丙子, 선조 9년, 54세) 봄에 입시(入侍)하여 총괄적으로 일의 본말을 밝혀내는 정치는 태평성세의 일이 아니고, 과격하더라도 뜻있는 인사는 배양해야 함을 말하였다. 또 이이(李珥)가 조정을 떠나려고 하는데 힘써 만류할 것을 강조하였다. 그때 율곡은 벼슬을 버리고 고향에 들어갔기 때문에 선생이 그렇게 말했던 것이다. 겨울 사퇴하여 체직되고 판중추부사(判中樞府事)를 임명했다가 11월 영중추부사(領中樞府事)로 승진되었다.

1577년(丁丑, 선조 10년, 55세) 공의대비(恭懿大妃: 仁宗妃)가 죽자 복제(服制)로 시비가 일었다. 선생은 선조는 인종에게 이미 조손(祖孫)의 의리가 있으므로 계체(繼體)의 복을 입어야 한다고 주장하였다. 만약 숙질(叔姪)로 따진다면 제후(諸侯)는 방기(旁期)를 끊는 것이니, 어찌 기년상(期年喪)을 입을 이유가 있겠느냐 하였다. 삼사(三司) 및 낭사(郎舍)에서

강력히 다투어서 성복(成服) 하루 전에 비로소 3년 복으로
정했다.

1578년(戊寅, 선조 11년, 56세) 3월 판중추부사(判中樞府事)로 내
려갔다가 도로 영중추부사(領中樞府事)로 승임(陞任)되었
고, 영경연사(領經筵事)를 겸임하였다.

1579년(己卯, 선조 12년, 57세) 2월 다시 영의정(領議政)이 되었다.

1580년(庚辰, 선조 13년, 58세) 봄 무지개가 해를 꿰뚫는 변이 생
겨 동료 재상들과 사직하려하자, 임금 자신의 허물이라 하
고 만류하였다. 이때 간의대개수도감도제조(簡儀臺修改都
監都提調)에 임명되었다. 선생은 야은 길재(冶隱 吉再)의 묘
를 제사하여 풍교(風敎)를 면려(勉勵)하기를 청하였다.

1581년(辛巳, 선조 14년, 59세) 정월 재이(災異)로 사직하려 했으
나 허락받지 못했다. 그때 선생은 정부에 있으면서 사류(士
類)를 끌어들여 율곡은 대간(臺諫)에 있고 우계(牛溪)는 부
름을 받았고, 한 때 청명(淸明)한 인사들이 조정에 많이 모
여 사기가 돋구어져 사람들이 모두 희망을 걸었으나, 임금
이 선악을 구별하는 것을 과격하다고 여기고, 법도를 경장
(更張)하는 것을 어려운 일로 여겼기 때문에 끝내 이루어진
것이 없었다.

4월 우계(牛溪)가 봉사(封事)를 올려 진덕경국(進德經國)의
도(道)를 논하였는데, 임금이 그 소문(疏文)을 내려 보여서
선생이 회계(回啓)하여 가납(嘉納)하기를 청했고, 또 경연
(經筵)을 겸임해서 강학(講學)에 대비하도록 하기를 청했다.
이에 임금은 경연을 겸임하는 것은 신규(新規)를 창설할 수
없으므로 후에 다시 답할 것이라 하였다. 이때 김효원(金孝

元), 심의겸(沈義謙)을 중심으로 동서붕당(東西朋黨)의 설이 조정을 시끄럽게 했다.

7월에 선생은 대신들과 회의하여 옥당(玉堂)과 간원(諫院)의 장차(章箚)에 진술한 개공안(改貢案), 주현병합(州縣幷合), 감사(監司)의 구임(久任) 세 가지 일의 시행을 계청(啓請)하였다. 그러나 임금은 조종(祖宗)의 법은 가볍게 고칠 수 없으니 잠시 두어 두고 거론하지 말라 하였다. 이튿날 선생은 다시 이 일을 아뢰어 시행하기를 청해 임금이 호조(戶曹)에 명해 전조(前朝)의 공안(貢案)을 들이게 하였다. 그러나 마침내 시행하지는 않았다. 이문성(李文成: 栗谷)이 경제사(經濟司)를 설치해서 대신을 시켜 맡아보게 하고, 사류(士類) 중에 시무(時務)에 통달한 자를 택해 선(選)에 들게 하여 무릇 건의가 있으면 모두 그 사(司)에 내려보내서 폐정(弊政)을 혁신하기를 청했다. 임금이 선생에게 군신(群臣)의 계사(啓辭) 중 무슨 일을 시행할 수 있느냐 묻자, 선생은 "경제사(經濟司)의 일은 구체적으로 아뢰지 않았기 때문에 상감께서 시행하기 어렵다고 생각하시므로 다시 불러서 들어보기를 청합니다."하였다. 문성(文成)이 장계(狀啓)를 바쳐 그것을 시행할만함을 거듭 아뢰었으나 임금은 끝내 받아들이지 않았다. 겨울 성묘하기 위해 휴가를 얻어 향리에 다녀왔다.

1582년(壬午, 선조 15년, 60세) 황(黃), 왕(王) 조사(詔使)가 왔을 때 예에 따라 벽제관(碧蹄館)에서 송영(送迎)하였다.

1583년(癸未, 선조 16년, 61세) 2월 경원(慶源)의 오랑캐 니탕개(尼湯介)가 난을 일으켜, 선생은 병판(兵判) 이문성(李文成)

과 함께 밤낮으로 비국(備局)에 있으면서 힘을 합해 작전하여 장수를 보내 방어하고, 군사를 수송하고 군량을 운반하고 하는데, 모두 실책이 없어 상하가 의지하였다. 이에 앞서 선생은 경연에서 북로(北路)가 기근에 빠져 있으므로 먼저 치밀한 식량 대책을 강구할 것을 강력하게 말하고, 몇 가지 계책을 내놓았는데, 사람들은 우활하다고 여기었다. 적도(賊徒)가 변란(變亂)을 일으켜 군사를 동원하는데 군량이 모자라게 되자 비로소 원견(遠見)에 감복하였다. 3월 인재를 추천하라고 명하였는데, 선생은 성혼(成渾)이 재덕(才德)이 다 우월하고 김여물(金汝岉), 최경회(崔慶會), 서익(徐益)이 문무(文武)의 재능이 있다고 하여 이들을 추천하였고, 이밖에 전후로 추천한 인재로 청연 이후백(靑蓮 李後白), 황강 김계휘(黃岡 金繼輝), 구봉령(具鳳齡), 신응시(辛應時), 이산보(李山甫) 같은 사람들은 다 한 때의 명성과 덕망이 대단했던 인사들이었다. 7월에 병조판서(兵曹判書)를 겸하게 되어 숙사(肅謝)한 후에 세 차례 장계를 올려 강력하게 사퇴하였으나 임금이 윤허하지 않았다.

선생은 일찍이 태복제조(太僕提調)가 되었는데, 병조판서(兵曹判書)를 겸임하기에 이르러 양사(兩司)의 수종자(隨從者)들에게는 모두 사제(私第)로 들어옴을 허락하지 않았으니, 청고(淸苦)했던 일면으로야 선생의 경중(輕重)을 따질 게 못 되었지만, 바로 그 본래의 성품이 그러했던 것이다. 동월(同月)에 탄핵을 받고 강가로 내려갔다. 그때 이문성(李文成)은 삼사(三司)의 무근한 탄핵을 받았으니, 독단적으로 굴고 임금을 업신여긴다는 이유에서였다. 선생은 전후하여 혹 진계(陳啓)하기도 하고, 혹 입대(入對)하기도 하여 문성(文成)이 난국에 임해서 충성을 다했음을 자세하게 말하고 출사(出仕)하도록 돈독하게 설유(說諭)하기를 청했다. 또 전랑(銓郎)이 오로지 동류(同類)만을 쓰므로 마땅히 낭천(郎薦)을 개혁하여 사람을 쓰는 길을 공변(公辨)되게 해야 함을 말하였다. 이때에 이르러서는 문성(文成)이 이미 파산(坡山)으로 물러나 돌아갔는데, 성우계(成牛溪)가 부름을 받아 서울로 와서 상소하여 삼사(三司)의 붕당(朋黨) 참언(讒言)의 간사한 꾀에 말려든 것을 두루 논하였다.

1584년(甲申, 선조 17년, 62세) 봄에 아뢰어 말하기를, 이문성(李文成)이 뜻밖에 죽어 그의 임금을 사랑하고 나라를 근심하는 마음을 펴내지 못했으니, 증직(贈職)의 영전(榮典)을 베풀어서 그의 충성을 포미(襃美)해야 마땅하다고 하였다.

1585년(乙酉, 선조 18년, 63세) 여름 스스로 사퇴하여 체직되었고, 영중추부사(領中樞府事)를 배하였다. 적당(賊黨) 정여립(鄭汝立)이 처음 벼슬을 버리고 고향으로 돌아가 독서한다고 내걸고, 율곡(栗谷), 우계(牛溪) 양현(兩賢)이 한 때의 유종(儒宗)임을 듣고 찾아와서는 학문을 물었다. 율곡(栗谷) 몰후(歿後)에 여립(汝立)이 수찬(修撰)으로 서울에 들어와 당시의 의론이 크게 변한 것을 보고 경연 자리에서 우계와 율곡을 심하게 공격하였다.

송강(松江)과 선생은 그가 함부로 굴고 근신하지 못함을 면대하여 물리치자, 여립(汝立)은 선생까지 아울러 공격하는 데 온 힘을 기울였다. 그때 우계 역시 물러나 돌아가 있었고, 오직 선생과 정송강(鄭松江)이 홀로 조신(朝臣)의 수위

(首位)에 있었기 때문에, 이발(李潑), 김수옹(金守顒) 등이 배척하여 마지않았고, 여립(汝立)이 또 부회(附會)하여 헐뜯어 배척하였다. 선생은 자퇴하고 들어가 병을 고하기를 세 차례까지 하였다.

임금이 네 차례나 사퇴를 받아들이지 않았으나 결국 체직되어 영중추부사(領中樞府事)가 해임되고 용호(龍湖)에 들어앉아 있었다. 5월에 의주목사(義州牧使) 서익(徐益)이 상소하여 여립(汝立)이 앞장서서 이문성(李文成)을 배반한 전후에 반복했던 상황을 역술(歷述)하였고, 또 선생 및 정송강(鄭松江)을 위안(慰安)하여 그 지위로 회복시키게 하도록 청했으며, 삼사(三司)에서는 번갈아 차자(箚子)를 올려 논했다. 가을에 양사(兩司)에서 청양군(靑陽君) 심의겸(沈義謙)을 파직시키기를 논했고, 그의 당여(黨與) 13인을 두루 꼽았는데, 모두 한 때의 명현(名賢)이었고 선생을 첫머리에 놓아 마침내 당적(黨籍)으로 엮어 버렸다. 생원(生原) 이귀(李貴)가 상소하여 양사(兩司)를 비판했다. 양사의 김수(金睟)와 이발(李潑)이 또 선생 및 우계(牛溪), 율곡(栗谷), 송강(松江)을 두루 헐뜯었다.

1586년(丙戌, 선조 19년, 64세) 가을 휴가를 청하여 영평(永平)의 초정(椒井)으로 목욕하러 갔는데, 임금이 중사(中使)를 보내 동문 밖 보제원(普濟院)에서 술을 하사(下賜)하고 호초(胡椒)와 호피(虎皮)를 특사(特賜)하였다. 그때 선생은 영영 서울을 하직한 것으로 부채에 시를 써서 뜻을 나타냈고, 영평현(永平縣)의 백운계(白雲溪)에 집을 짓고 입을 다물고 시사(時事)를 말하지 않고 쓸쓸하게 진속(塵俗)을 벗어날 생각을 가지고 있었다. 매일 낚시질과 약초 캐기를 일삼았고, 간간이 소리 높여 읊조렸다. 겨울 백운계(白雲溪)가에서 상소하여 관직을 사퇴하였다.

1587년(丁亥, 선조 20년, 65세) 도신(道臣)이 병의 상황을 알리자 임금이 의원을 보내 약을 가지고 역마(驛馬)를 달려서 구했고, 전후 교지를 내려 재촉하여 부른 것이 세 차례였으나 끝내 일어나지 않았다.

1589년(己丑, 선조 22년, 66세) 7월 22일 백운계(白雲溪) 가에서 별세하다. 부음(訃音)이 알려지자 조정(朝政)은 3일 동안 폐하고 승지(承旨)가 조의(弔意)를 전달하고 예관(禮官)이 제사를 드리도록 명했다. 10월에 예를 갖추어 종현산(鐘賢山) 동쪽에 묻혔으니, 그곳은 곧 배견와(拜鵑窩)의 뒤쪽 산록(山麓)으로 선생이 일찍이 스스로 정해놓은 곳이었다.

인조조(仁祖朝)에 문충(文忠)이라 시호(諡號)를 내렸는데, 시법(諡法)에 학문에 근면하고 글을 좋아함을 문(文)이라 하고, 현인을 추천하고 충성을 다함을 충(忠)이라 한다. 선비들은 선생을 화담서원(花潭書院)에 배향(配享)하였고, 광주와 영평에는 사당을 세워 제사를 드렸고, 나주에는 1668년(戊申, 顯宗 9) 특명(特命)으로 현판을 내렸다.

『사암집(思庵集)』 소개

일반적으로 유학자의 경우 그의 학문과 삶을 알 수 있는 자료가 문집이다. 문집은 대개 사후 문인들이 만들거나 후손과 문중의 후예들이 만드는 것이 통례라고 할 수 있다. 그런데 박순의 경우 이 『사암집(思庵集)』은 그가 죽은 후 60여 년이 지난 1652년(효종 3) 그의 외증손 이문망(李文望)이 이경석(李景奭)에게 편정을 부탁하여 전주 부윤 서필원(徐必遠)의 도움을 받아 5권 2책으로 간행되었다. 그 후 박상의 후손 박원응(朴源應)이 원집(原集)에 박순의 나머지 유문(遺文)과 행적을 더해 홍직필(洪直弼)의 편집을 거쳐 전라도 관찰사 김병교(金炳喬), 심경택(沈敬澤)의 도움을 받아 1857년(철종 8) 중간본(重刊本) 7권 3책이 간행되었다.

박순은 학문으로 보나 관료 경력으로 보나 상당한 예우를 받아야 할 인물임에도 불구하고 문집 간행도 늦게 되고 또 문집도 온전하지 못하다. 이렇게 그에 대한 추숭(追崇)과 현창이 부실하게 된 이유는 무엇보다 후사가 없었기 때문이며, 또 하나는 서거 후 3년 만에 닥친 임진왜란으로 그의 글들이 거의 유실되어 시문(詩文) 일부만이 남아 있었기 때문이다. 더욱이 박순은 오랜 관료 생활을 하다

보니, 유학자로서 강학을 할 시간도, 제자를 양성할 기회가 별로 없었다. 이러한 연유로 박순의 문집도 온전하지 못해 그의 학문을 종합적으로 검토하는데 한계가 있다.

『사암집』의 서문은 청음 김상헌(淸陰 金尙憲: 1561~1637)이 썼는데, "나는 어려서부터 선생의 마을에 살면서 선생의 의표(儀表)를 바라보고 선생의 행사(行事)를 알아, 마음으로 기꺼이 사모하여 소원이 그분의 마부(馬夫)가 되자는 것이었다."고 술회하고 있다. 박순에 대한 「가장(家狀)」은 본래 그의 딸이 언문으로 쓴 것이었는데, 이를 바탕으로 이항복(李恒福)이 보완하여 「행장(行狀)」을 썼던 것이며, 이것이 다시 문집에는 「시장(諡狀)」으로 실려 있다.

이선(李選: 1632~1692)은 우암 송시열의 문인으로, 박순의 현창에 많은 기여를 했다. 그는 박순이 죽은 후 백 년이 되었는데도 비석 하나가 없으니 유감이라 하고, 스승인 우암에게 신도비명을 써 줄 것을 요청하는 글을 다음과 같이 올렸다.

사암이 세상을 떠난 지가 이미 백 년이 되었는데도, 사후에 덕행을 쓴 글은 단지 백사상공(白沙相公)이 지은 행장(行狀)이 있을 뿐이고, 묘도(墓道)로 말하면 아직까지도 비문이 없으니 정녕 사림의 유감사입니다. 오랫동안 이 일을 문하(門下)에서 품신(稟申)하여 선생의 한 말씀을 빌어 얻어서 그의 묘소를 빛나게 하려고 하였습니다마는, 다만 그 백사(白沙)의 행장에는 소루(疎漏)한 곳이 있습니다. 대체로 백사의 행장은 그의 가장(家狀)에 의거한 데 불과하고, 가장 또한 사암의 딸인 이씨(李氏) 처(妻)가 언문(諺文)으로 기록한 것에 의거한 데 불과하였으니, 그것이 그렇게 된 것은 괴이할 것이 없습니다.

반드시 그의 역임한 관직과 행한 일을 갖추어 기록해서 행장의 글에 빠진 것을 보충한 연후에야 비로소 비문 작성 때에 필삭(筆削)할 거리가 될 수 있습니다. 그래서 일찍이 사실을 찾아내어 연보(年譜)의 초고(草稿)는 완결하였으나 아직 정본(定本)을 만들지는 않고 잠시 책 상자에 두어두었습니다. 이제 당질(堂姪) 우휘(遇輝)가 사암의 외손배(外孫輩)와 함께 이미 이 일을 아뢰어 다행히 허락을 받았다고 일러주었으므로 속히 해내야 하게 되었습니다. 부득이하여 이에 감히 보서(譜書) 및 백사상공(白沙相公)의 행장을 삼가 바치옵거니와, 한두 마디의 글월을 얻어서 불후(不朽)하게 전해지게 된다면 사문(斯文)에 큰 다행이라 하겠습니다.

여기에서 볼 때 박순의 딸이 언문으로 쓴 것이 「가장」이고, 이 가장을 근거로 쓴 것이 이항복이 쓴 「행장」인데, 이 행장에 빠진 것이 많아 본인이 보완하여 다시 행장을 쓰게 되었다 한다. 그리고 위에서 언급한 것처럼 박순이 세상을 떠난 지 백 년이 되었는데도 비문 하나가 없으니 매우 유감스러워 스승인 우암으로 하여금 비문을 써달라고 요청하였던 것이다. 이선은 자신이 박순의 「행장」을 쓰게 된 까닭을 다음과 같이 설명하고 있다.

거듭 생각하거니와, 선생의 시장(諡狀)은 이미 이백사(李白沙)가 지은 것이 있어 후세에 알리기에 충분하나, 다만 배관(拜官) 파직(罷職)에 따라 진퇴(進退)하는 어간에 누락하고 잘못되고 한 곳이 없지 않아, 나 선(選)은 외람되게 스스로를 헤아리지 않고, 일찍이 임자년(壬子年: 1672년)간에 선생의 연보(年譜)를 저술하였고, 또 행장(行狀)의 글을 서술하였으나, 다만 끝머리의 총론을 완결시키지 못하고 있다가 이제 비로소 위와 같이 추보(追補)하였다.

　또한 이선은 「계년록발(繫年錄跋)」에서 문집 발간을 위한 기초 작업으로 박순의 문적과 자료들을 모아 『계년록(繫年錄)』을 먼저 만든 과정을 이렇게 설명하고 있다.

> 아아, 사암(思庵) 선생이 세상을 떠난 지는 지금 거의 백 년이 되었다. 그런데 그 집안은 쓸쓸하고 문도(門徒)는 침체하였으며, 덕업(德業)의 본말에 관해서는 아직까지 기록하여 책이 된 것이 없으니, 실로 사문(斯文)의 유감된 일이다. 나는 이 일로 개연(慨然)해져 외람되이 스스로를 헤아리지 않고, 앞서 공사(公私)의 문적(文籍)과 및 선배가 기술한 것을 가지고 무릇 선생의 사실을 밝힌 것이 있으면 다 수집하여 한 책으로 만들었다. 다만 그것은 얻는대로 기록하였기 때문에 착잡하고 차서(次序)가 없었다. 이제 하추간(夏秋間) 참막(參幕) 여가(餘暇)에 선군자(先君子)의 연보를 편찬하고 나서 다시 이 책을 뒤이어 써내 약간 면목이 새로워졌다. 연도에 따라 사적(事蹟)을 붙여나가 졸후(卒後) 사시건사(賜諡建祠)한 데 까지에서 끝내고, 또 가장(家狀), 만제(挽祭) 등의 잡문을 부록하여 상하 두 질로 나누어 ‘계년록(繫年錄)’이라 이름 붙였다. 비록 심히 번잡하여 남에 보일 만한 것은 못되기는 하나, 그래도 훌륭한 덕행을 앙모(仰慕)하는 성의를 스스로 기우(寄寓)하고 또 연보와 행장에 산삭(刪削)해 넣을 거리로 삼을 수는 있을 것이다.
>
> 경술년(庚戌年: 1670년) 추석을 하루 지나
> 후학(後學) 완산(完山) 이선(李選)이 쓰다.

　다음은 『사암집』의 내용을 소개하고 이를 분석 설명해 보고자 한다. 1권에는 오언고시(五言古詩) 5수, 칠언고시(七言古詩) 6수, 오언절구(五言絶句) 38제 52수, 칠언절구(七言絶句) 135제 226수, 총 184제 289수가 실려 있다. 권2에는 칠언절구(七言絶句) 131제 167수, 오언율시(五言律詩) 49제 56수, 총 180제 223수가 실려 있다. 권3에는 칠언율시(七言律詩) 78제 92수, 오언배율(五言排律) 9수, 칠언배율(七言排律) 1수, 총 88제 102수가 실려 있다. 이렇게 하여 현전(現傳)하는 그의 시는 총 466제 614수이다.

권4에는 「논윤원형계(論尹元衡啓)」 2편, 「답이숙헌서(答李叔獻書)」, 「답정운용서(答鄭雲龍書)」, 「사제주세붕문(賜祭周世鵬文)」, 「독기덕양유고당의일편(讀奇德陽遺稿讜議一篇)」, 「명심록서(銘心錄序)」, 「이양정기(二養亭記)」, 「야천박공신도비명(冶川朴公神道碑銘)」, 「충재권선생신도비명(沖齋權先生神道碑銘)」, 「고려시중절효서공정려비명(高麗侍中節孝徐公旌閭碑銘)」, 「퇴계선생묘지명(退溪先生墓誌銘)」, 「추만정공묘지명(秋巒鄭公墓誌銘)」, 「의송소식하금귀장표(擬宋蘇軾賀擒鬼章表)」, 「의진산도청석오이위외구표(擬晉山濤請釋吳以爲外懼表)」 등 편지, 서문(序文), 제문(祭文), 기문(記文), 비명(碑銘), 표문(表文) 등이 실려 있다.

권5에는 부록으로 이선(李選)이 쓴 「행장(行狀)」, 이항복(李恒福)이 쓴 「시장(諡狀)」, 송시열(宋時烈)이 쓴 「신도비명 병서(神道碑銘幷序)」가 있다.

권6에는 부록으로 「교서(敎書), 좌의정사면불윤교(左議政辭免不允敎)」, 「사제문(賜祭文), 월정서원선액시(月井書院宣額時)」, 「사제문(賜祭文), 옥병서원선액시(玉屛書院宣額時)」, 「옥병서원봉안문(玉屛書院奉安文)」, 「옥병서원영정봉안문(玉屛書院影幀奉安文)」, 「옥병서원상량문(玉屛書院上樑文)」, 「옥병서원청액소(玉屛書院請額疏)」, 「월정서원청건소(月井書院請建疏)」, 「덕산서원이안문(德

山書院移安文)」, 「월봉서원삼선생합향제문(月峰書院三先生合享祭
文)」, 「화상찬(畫像贊)」 2, 기타 축문(祝文) 2, 「영평알사암묘문(永
平謁思庵墓文)」, 「서연보후(書年譜後)」, 「계년록발(繫年錄跋)」, 「연
보발(年譜跋)」, 「쌍취헌기(雙翠軒記)」, 「금명(琴銘)」이 실려 있다.

끝으로 권7 부록에는 「제가기술(諸家記述)」과 중국 사신 구희직
(歐希稷)의 「봉별박이조(奉別朴吏曹)」, 성헌(成憲)의 「봉원접사박
대재대인(奉遠接使朴大宰大人) 2수(2首)」, 왕새(王璽)의 「봉별원
접사박대재(奉別遠接使朴大宰)」, 황홍헌(黃洪憲)의 「평원정십영위
박의정부(平遠亭十詠爲朴議政賦)」, 왕경민(王敬民)의 「평원정십영
(平遠亭十詠)」, 김인후(金麟厚)의 「기박화숙(寄朴和叔)」, 임억령(林
億齡)의 「동박진사화숙야영(同朴進士和叔夜詠) 3수(3首)」, 이이(李
珥)의 「차사암운(次思庵韻)」, 백광훈(白光勳)의 「봉별사암상공(奉
別思庵相公)」, 이춘영(李春英)의 「상사암선생(上思庵先生)」, 신응
시(辛應時)의 「제만절정(題萬節亭)」, 조헌(趙憲)의 「차송애상사암
영상운(次松崖上思庵領相韻)」, 「차송애운상사암대좌(次松崖韻上
思庵台座) 2수(2首)」, 「서대사우박습독성견야도퇴계사암사심상(西
臺寺遇朴習讀成堅夜道退溪思庵事甚詳)」, 성혼(成渾)의 「만사암(挽
思庵)」, 정철(鄭澈)의 「호정억박사암(湖亭憶朴思庵)」, 윤근수(尹根
壽)의 「문사암상공부음유작(聞思庵相公訃音有作) 3수(3首)」, 성문
준(成文濬)의 「회장사암선생차절필운(會葬思庵先生次絶筆韻)」, 안
민학(安敏學)의 「곡사암선생(哭思庵先生) 2수(2首)」, 이안눌(李安
訥)의 「유감사암선생(有感思庵先生)」, 이정립(李廷立)의 「제사암선
생시집후(題思庵先生詩集後)」, 이정구(李廷龜)의 「차사암집운증양
만세(次思庵集韻贈楊萬世)」, 김현성(金玄成)의 「차운(次韻)」, 차천
로(車天輅)의 「차운(次韻)」, 권필(權韠)의 「유감(有感)」, 이경석(李

景奭)의 「사암선생연시연회운(思庵先生延諡宴會韻)」, 이일상(李一相)의 「배사암선생유상(拜思庵先生遺像)」, 김창협(金昌協)의 「창옥병(蒼玉屛) 2수(2首)」, 이건명(李健命)의 「옥병배사암선생진정(玉屛拜思庵先生眞幀)」, 이재(李縡)의 「방창옥병(訪蒼玉屛)」, 민우수(閔遇洙)의 「옥병서원(玉屛書院)」, 남유용(南有容)의 「창옥병(蒼玉屛)」, 유언술(兪彦述)의 「배견와구허지감(拜鵑窩舊墟志感)」, 김상정(金相定)의 「옥병서원(玉屛書院)」, 정홍명(鄭弘溟)의 「문집발(文集跋)」, 이경석(李景奭)의 「문집발(文集跋)」, 홍직필(洪直弼)의 「중간발(重刊跋)」, 김홍근(金興根)의 「중간발(重刊跋)」, 조두순(趙斗淳)의 「중간발(重刊跋)」, 윤정현(尹定鉉)의 「중간발(重刊跋)」, 송달수(宋達洙)의 「중간발(重刊跋)」, 심경택(沈敬澤)의 「중간발(重刊跋)」이 게재되어 있다.

『사암집』을 통해서 볼 때 박순과 시를 주고받은 사람으로는 이이(李珥), 정철(鄭澈), 양사언(楊士彦), 정운용(鄭雲龍), 김계휘(金繼輝), 송순(宋純), 장운익(張雲翼), 이정립(李廷立), 윤두수(尹斗壽), 이황(李滉), 윤근수(尹根壽), 황정욱(黃廷彧), 이의건(李義健), 이헌국(李憲國), 한호(韓濩), 백광훈(白光勳), 김천일(金千鎰), 남언경(南彦經), 안민학(安敏學), 이후백(李後白), 이항(李恒), 정유길(鄭惟吉), 유홍(兪泓), 홍천경(洪千璟), 김경헌(金景憲), 황혁(黃赫), 홍인우(洪仁祐), 허엽(許曄), 정지연(鄭芝衍), 조식(曹植), 기대승(奇大升), 박계현(朴啓賢) 등이 있다. 이를 통해 그의 학문적, 문학적 교유의 폭이 얼마나 넓은지 알 수 있다. 지역이나 당색을 떠나 폭넓게 많은 사람들과 교유하고 있음을 알 수 있다.

박순의 문집은 위에서 언급한 대로 온전하지 못하다고 볼 수 있다. 그것은 박순에게는 아들이 없고 딸 하나만 있었으며, 그가 세상

을 떠난 지 3년 만에 임진왜란이 닥쳐 그의 글들이 온전하게 보존
되지 못하고 잃어버렸다. 그러므로 젊은 시절 화담 문하에서 공부
한 흔적이나 글들이 남아 있지 않아 그의 철학적 면모를 밝히는 데
는 한계가 있다. 다만 율곡과 주고받은 편지 세 편만이 전해져 그나
마 그의 성리학적 입장과 견해를 맛볼 수 있을 뿐이다.

연구목록

- 『思庵集』, 한국문집총간38, 한국고전번역원.

- 『국역 사암집』

- 김갑기, 「목능문원의 학당과 시적 변이 -사암 박순을 중심으로-」, 『한국사상과 문화』, 제29집, 한국사상문화학회, 2005.

- 김갑기, 「한국문학 목릉문원의 학당과 시적 변이 -사암 박순을 중심으로-」, 『한국사상과 문화』, 제30집, 한국사상문화학회, 2005.

- 김상일, 「사암 박순의 도학적 입장과 시풍에 대하여」, 『율곡학 연구』, 20, 2001.

- 김상일, 「조선 중기 도학자의 대 승려 시 연구 -박순과 이이의 시를 중심으로- 」, 『불교학보』, 46, 2005.

- 김상일, 「박순의 사상적 기저와 당시적 성취」, 『동악어문학』, 2001.

- 김성년, 「사암 박순의 시 세계」, 『한문학연구』, 7, 계명대한문학연구회, 1991.

- 김종서, 「사암 박순 시의 풍격 특성 -淸邵를 중심으로-」, 『한국시가연구』, 19권, 한국시가학회, 2005.

- 김찬동, 「사암 박순의 당 시풍 시에 관한 연구」, 청주대대학원(석사), 2006.

- 노재현 외 2인, 「창옥병의 위치 비정 및 사암 박순의 정원유적 연구」, 『한국

전통조경학회지』, 제34권 제4호, 한국전통조경학회, 2016.

- 박래호, 「사암 박순 선생의 생애와 사상」, 『향토문화』, 18, 향토문화개발협의회, 1998.

- 박명희, 「사암 박순의 시를 통한 포천 지역 공간 형상화와 현대적 가치」, 『인문과 예술』, 12, 2022.

- 박병익, 「16-17세기 호남 한시의 풍정; 사암 박순의 당시풍 수용과 전개 양상」, 『한국한시연구』, 14권, 한국한시학회, 2006.

- 박해남, 「사암 박순의 문학 연구 -조선 중기 당풍 등장의 배경과 관련하여-」, 『반교어문연구』, 16권, 반교어문학회, 2004.

- 배성희, 「사암 박순의 시 문학」, 동국대교육대학원(석사), 1992.

- 오종일, 「사암 박순」, 『한국인물유학사』, 2, 한길사, 1996.

- 유용환, 「사암 박순 현창의 필요성과 방안」, 『지역문화포럼, 사암 박순선생 재조명』, 대전중구문화원, 2024.

- 유진희, 「사암 박순의 즉흥시 연구」, 『민족문화 연구』, 82권, 고려대민족문화연구원, 2019.

- 유호진, 「박순 시의 도학적 측면에 대하여 -화담학파의 특성과 관련하여-」, 『동양고전연구』, 2022.

- 이지후, 「사암 박순 시의 풍격적 특징 연구」, 충북대대학원(석사), 2019.

- 이창경, 「사암 박순론」, 『한양어문연구』, 제5집, 한양대, 1987.

- 이향배, 「사암 박순의 문학세계」, 『지역문화포럼. 사암 박순선생 재조명』, 대전중구문화원, 2024.

- 임방연, 「사암 박순의 시문학 연구」, 성신여대교육대학원(석사), 1991.

- 임헌규, 「사암-율곡 태극논변과 율곡의 태극론」, 『한국사상과 문화』, 제29집, 한국사상문화학회, 2005.

- 최근묵, 「사암 박순의 역사적 위상」, 『한국사상과 문화』, 제28집, 한국사상

문화학회, 2005.

- 최영성, 「조선 도학 정치사에서의 사암 박순의 위상 -世道와 淸議를 중심으로-」, 『동양고전 연구』, 68권, 동양고전학회, 2017.

- 한기범, 「사암 박순의 관료활동과 경세관」, 『한국사상과 문화』, 34집, 한국사상문화학회, 2006.

- 허경진, 『사암 박순 시선』, 평민사, 2023.

- 황광욱, 「사암 박순과 율곡 이이의 이기론변 고찰 -화담 서경덕의 이기론과 연관하여-」, 『인문과학』, 29집, 성균관대, 1999.

- 황의동, 「사암 박순의 성리학에 대한 검토」, 『한국사상과 문화』, 제27집, 한국사상문화학회, 2005.

- 황의동, 「사암 박순은 누구인가」, 『지역문화 포럼, 사암 박순선생의 재조명』, 대전중구문화원, 2024.

| 저자 주요 저서 |

<율곡철학연구>, 경문사, 1987.

<한국사상>, 청주대출판부, 1990.

<한국의 유학사상>, 서광사, 1995.

<율곡사상의 체계적 이해1(성리학 편), 서광사, 1998.

<율곡사상의 체계적 이해2(경세사상 편), 서광사, 1998.

<율곡학의 선구와 후예>, 예문서원, 1999.

<유교와 현대의 대화>, 예문서원, 2002.

<한국의 사상가 10인, 율곡 이이>, 예문서원, 2002.

<위기의 시대 유학의 역할>, 서광사, 2004.

<우계학파 연구>, 서광사, 2005.

<율곡 이이>, 살림출판사, 2007.

<기대승>, 성균관대 출판부, 2008.

<기호유학 연구>, 서광사, 2009.

<한국유학사상 연구>, 서광사, 2011.

<이율곡 읽기>, 세창미디어, 2013.

<율곡에서 도산으로>, 충남대 출판문화원, 2014.

<역사의 도전과 한국유학의 대응>, 책미래, 2015.

<사는 것도 모르면서 죽음을 어찌 아느냐>, 서광사, 2017.

<조선 유교지식인의 꿈과 실천>, 책미래, 2020.

<나라를 위하여, 백성을 위하여 -방촌 황희- >, 도서출판 보림, 2021.

<황의동의 율곡철학연구>, 책미래, 2022.

<조선유학의 다양한 시선>, 책미래, 2024.

2025 장애인 창작집 발간지원 사업 선정 작품집

조선의 직사, 사암 박순

1쇄 발행일 | 2025년 12월 15일

지은이 | **황의동**
펴낸이 | **정화숙**
펴낸곳 | **개미**

출판등록 | 제313200161호 1992. 2. 18
주소 | (04175) 서울시 마포구 마포대로 12, B-103호(마포동, 한신빌딩)
전화 | (02)7042546
팩스 | (02)7142365
E-mail | lily12140@hanmail.net

ⓒ**황의동**, 2025
ISBN 979 - 11 - 24204 - 02 - 3 03150

값 17,000원

발행기관 | 장애인인식개선오늘 **(042)826-6042**
주최 | 장애인인식개선오늘(고유번호 305-80-25363. 대표 박재홍)
주관 | 대한민국 장애인 창작집필실
심사 | 발간지원 사업 심사위원회
후원 | 대전광역시, 대전문화재단, 갤러리예향좋은친구들, 문학마당, 한국장애인
　　　문화네트워크, 드림장애인인권센터, (주)맥키스컴퍼니, (주)삼진정밀

문의 | **(042)826-6042**